나를 알고
운명을 바꾼다

運命命理
운명명리

해닮 김현수
흰님 방승옥 지음

G-BOOK

추천의 글

선인지로(仙人指路)

우리 민족의 시원처에는 북두칠성이 내려다보고 있는 크나큰 호수가 있다. 그곳은 생명의 기후와 삶의 조건이 좋아서, 많은 동물뿐 아니라 맘모스 같은 큰 동물도 살고 있었다.

하지만, 약 1만 5천여 년 전에 찾아온 지축의 변화로 인해 겨울의 땅으로 변했다. 춥고 음산한 이런 환경 속에서 오랫동안 생활하게 되면, 어쩔 수 없이 따뜻함과 밝음을 찾아 우러러보는 것이 인간의 마음이다.

그런 연유로 밝음과 따듯함의 표상인 태양을 받들었다. 그래서 자작나무 옆에 단을 쌓은 뒤, 까마귀를 붙들어 맨 자작나무 가지를 손에 들고 춤을 추며 천제(天祭)를 올렸다.

이렇게 밝음을 숭상한 겨레붙이들은 자신들이 거주하는 지역의 큰 호수를 밝내(白河:바이칼)라 불렀고, 자식들의 이름뿐 아니라, 광명의 이념을 실천한 선인들의 이름에도 해(日), 불(火)이 들어가도록 했다.

태호(太昊), 소호(小昊), 복희(밝은 해), 부루(불), 해모수, 해부루, 발그네(밝은이: 박혁거세), 동명왕(東明王) 등등이다.

그리고 제일 밝은 색인 흰색의 옷을 즐겨 입었다. 뿐만 아니라, 옮겨 다니며 거주하던 곳의 지명도 백두산(白頭山: 밝머리산), 한양(漢陽), 평양(平陽: 중국땅의 지명), 수양산(首陽山) 등등으로 불렀고, 그 모든 땅을 밝달(박달)이라 했다. 그러므로 박달임금을 단군(檀君:박달나무+임금)으로 부르게 된 것이다.

이런 '밝'의 정신을 수행한 무리가 신라의 화랑, 백제의 수사 싸울아비, 고구려의 조의선인 등이다. 이와 같은 '밝'의 정신과 가르침을 선교(仙敎), 선도(仙道)라 하며, 중국의 도교 역시 여기서 비롯되었다. 또한 보통 사람들은 '밝'의 수행자들을 신선(神仙)이라 부르며 지극히 존경하였다.

그 '신선 선(仙)'의 뜻글자를 한자로 풀어보면, '사람 亻+ 뫼산 山'의 구조로, '선(仙)'은 산에 사는 사람이다. 그래서 대부분의 일반 사람들은 도인(道人)이라면, 산에서 거주하며 수행하는 사람으로 말한다. 그러나 '선(仙)' 자엔 더 깊은 뜻이 있다. 단지 높은 산에서 사는 사람이 아니라, 시야와 의식 수준이 산처럼 높아진 경지에 이른 사람이란 것이 '선(仙)'의 본뜻이다.

이렇게 되면 막힘없이 먼 곳까지 살펴볼 수 있음으로, 앞으로 닥칠 일뿐 아니라, 진행되고 있는 현재의 일까지도 알 수 있다는 뜻이다. 그러므로 자신뿐 아니라 남들까지도 갈 길을 잘 가르쳐 줄 수 있는 것이다.

   '밝'의 길! 이것의 핵심은 신라 말기의 선인(仙人)인 최치원 선생이 한자 81자로 옮겨 쓴 천부경(天符經) 속에 들어 있다. 바로 '본심본태양(本心本太陽), 앙명인중천지일(昻明人中天地一)'이다.

   '밝음'의 원천인 해! 이것을 닮고 실천하고자, '해닮'으로 이름하고 있는 김현수 군은 필자가 제일 아끼는 제자이다. 지향하는 삶의 목표가 바로 '광명이세(光明利世)'의 선인(仙人)의 길이기 때문이고, 어느 정도 성취를 이룬 사람이기 때문이다.

   따라서 독자 여러분들은 '해닮'이 쓴 이 책을 통해 밝은 지혜와 깨달음을 얻어, '밝'은 길을 잘 갈 수 있을 것으로 생각한다.

                                        2019. 9. 1 己亥年 한밝 김용길

머리말

내 인연 모두에게 진심으로 참회(慙悔)와......, 감사(感謝)로 발문 올리며,

'나'를 바로 알아야 한다. 삶의 궁극적 목적이다. 나는 이를 'ᄒᆞ나'로 규정한다. 나의 본성이요, 생명이다. 그 'ᄒᆞ나'를 찾아 ᄒᆞ빛으로 가야 한다. 그래야만 진정한 자존(自尊)과 평안(平安)에 이른다.

또 내 '운명(運命)'을 알아야 한다. '운(運)'은 나의 '때'이고, '명(命)'은 나의 타고난 분수다. 이를 알아야만 자신 운명의 참 주인으로 살 수 있다.
그러므로 'ᄒᆞ나 명리'는 현실과 세상을 잘 살아내기 위한 '생활 철학서'이다. 글인즉슨, '참나'를 알고 'ᄒᆞ나 명리'를 스스로 공부하자는데 방점을 찍고 있다. 그 인연으로 모두 운명의 주인이 되시기를 발원하는 '인문 명리서'이다.

도가(道家)의 정수는 '성명쌍수(性命双修)'이다. 이의 '성명(性命)'은 '심신(心身)'이고, '본성(本性)'은 '생명(生命)'일 것이다. 그 묘리가 '성리(性理)'와 '명리(命理)'이다.
성리(性理)의 4단 7정론과 명리(命理)의 4주 8자론이 그것이다.

물론 '성명쌍수(性命双修)'의 '원시반본(元始反本)'은 'ᄒᆞ나'이다. 그러니 결국 이 글은 'ᄒᆞ나'를 찾아가는 '신통방통(神通旁通)'의 길을 더듬고 정리한 것이다.
즉, '신통(神通)'의 '성리(性理)'와 '방통(旁通)'의 '명리(命理)'를 '쌍수(双修)' 삼고, 'ᄒᆞ나'로 돌아가자는 '복본(複本)'의 회향(回向)글이다.

하여, 일견 '나'를 돌아보고 정리한 글이지만, '이심전심(以心傳心)'의 법신(法身)과 정령(精靈)들을 향한 '소통회향(疏通回向)'의 장이기도 하다.
단순히 호기심의 그들 말고, 약간의 절박한 생활 수도인들, 무엇보다 젊은 미래들과 인연 소통하는 '운명 플랫폼'이기를 바람 한다.
'인욕(忍辱)'의 육바라밀 통과의례에 관한 나의 흔적이 공감되면, 내가 절박하게 걸어온 발자국을 향해 함께 걷고 싶기 때문이다.
그래서 더듬고 돌아온 나의 길을, 내가 본만큼 진정으로 전하고 싶은 그들께로 회향하는 어눌한 글 갈피들이다.

그러나, 말은 글보다 허접하고, 글은 삶의 생활生活보다 훨씬 공허한 법.!

　돌아보면, 이십여 성상(星霜)의 바람길이었는데, 이제 겨우 '정진(定進)'의 출발임을 고백해야겠다. 마침내 '선정(仙定)'에 들면 '오도송(悟道頌)'을 읊고, 또 '선시발문(仙詩跋文)'할 것이다.
　다시, 저 '바이칼' 알혼섬 부르한 바위 흰하늘로 향한다. 천산(天山) 흰빛옷의 '무가(巫歌)'를 신명으로 노래할 때까지다.
　'안해'는 큰 스승처럼 늘 생활인의 삶을 엄중히 질책해 주었다. 그리고 이 책의 여러 행간을 함께 써준 셈이다. 특히 '몸-나'의 대부분은 '안해'의 언어이고 글이다. 그래서 공저를 제안했고, 고맙게도 이에 기꺼이 합의해 주었다.
　'안해'는 곧, 몸-나와 이 시대의 진지(眞智) 밥상 이야기를 흰명주실처럼 풀어낼 것이다. 아마도 이곳에서 그 씨앗이 발아 숙성될 듯싶다.
　이 글을 기꺼이 출판해준 '다솜차반 김경렬' 매형과 누님께 마음 깊이 사의를 전한다.

　무엇보다, 명리 혜안의 흰빛 밝혀주신 한밝 김용길 스승님 위덕에 삼배 올린다. 사암오행 침법에서 출발한 나의 명리학이 한밝 명리학에서 결실하게 된 연원이다.
　특히 이 책에 실린 모든 명조에게도 '해닮'의 흰빛을 손 모아 축원 올린다. 그분들과......, 나의 인연 그들 모두에게도.

'흰나 명도(命道)'의 길에서......,
　평안의 흰빛으로 해원(解冤)하시기를, 안식하시기를.!

한기10, 956/서기 2019 己亥 초가을 鷄龍白石 흰시붉마루에서, 해닮

차례

- 추천의 글　002
- 머리말　004

1장 들어가며

- 어아가(於阿歌)　10
- 천부경(天符經)　12
- 삼일신고(三一神誥)(366자)　13
- 60갑자 조견표　14

2장 흔-나

- '흔 나의-달-딸에게'　16
- '흔 나의-아(我)-아(我)들에게'　19
- '나'　23
- '나'의 길라잡이　25
- '흔-나'　28
- 나=흔나=일　30
- '흔나 一 일'의 천부경(天符經)　32
- '나'와 '아(我)'와 '아픔'　34
- '나'-'애(愛)=사랑'　37
- '애(愛)'와 '호(好)'　39
- 나-참(眞) 참-나　41
- '나-본(本)-본래(本來)'　46
- '심(心)=마음의 세 갈래　48
- '나-얼-얼굴-얼씨구-어른'　51
- '나'- 점지(占志-点智) 하다　54
- '나- 진지(眞智) 드세요'　57
- '나-도(道)-도리도리(道理道理)'　59
- '도-효도(孝道)'의 본뜻　62

- '나-덕-떡-덩덕궁' 66
- 남자-놈, 여자-년 69
- 색(色)-색기(色氣)-새끼 71
- '진-진리다, 틀-틀리다' 73
- 가위 바위 보-삼신놀이 76
- 3-3한 혼류 이야기 79
- 줄-경위(經緯)-씨줄 날줄 82
- 씨, 씨앗의 혼 철학 85
- 21세기 웅녀(熊女) 88
- '살림살이' 여성(女聖) 91
- 여성의 성-씨(姓-氏) 문화 93
- 해닮(談)/나의 문학 '민조시'에 관한 단상(斷想) 95

3장 몸-나

- '몸-나' 이야기 108
- 몸나의 삼일신고(三一神誥) 112
- 몸, 풀어야 산다 116
- 몸 풀이, 절 풀이 118
- 각설이 수리경(覺說理 數理經) 120
- '몸 나'의 3끼(氣) 123
- 몸, 마음의 길 경락(經絡) 127
- 해닮(談)/사암오행침법 소고(小考) 129
- '몸-나'의 경제 자립 132
- 해닮(談)/혼의 [뒷간정원] 미학 135

4장 맘-나

- 맘 나를 찾아가는 명학(命學) 140
- 혼나-몸나-맘나를 밝히는 명리학 142

- 운명 명리(運命命理) 실전강좌   151
- 하나. 체용론(體用論)   156
- 한 호흡 가다듬고   187
- 해닮(談)/[토지]-남기고 흙으로 가다   202
- 둘. 역할론(役割論)   206
- 셋. 대행론(代行論)   224
- 넷. 향배론(向背論)   256
- 다섯. 명도-직업론(命道-職業論)   271
- 해닮(談)/운(運)-때를 모르는 철부지(節不知)   282
- 여섯. 육친론(六親論)   286
- 일곱. 통변론(通辯論)   300
- 여덟. 의명론(醫命論)   310
- 아홉. 역행론(逆行論)   334
- 열. 작명론(作名論)   352
- 열하나. 결론(끝맺는 말)   362

1장

들어가며

나는
·
혼나 — 天
몸나 — 地
맘나 — 人
·
삼신일체 三神一体

혼나님이다.

어아가(於阿歌)

- 어아가(於阿歌)는 고대 한민족 제천행사(祭天行事) 때에 불렀던 흔얼노래이다. 국조의 은덕과 성통공완(性通功完)의 핵심인 인간 본성의 선악(善惡)을 각성시킨 한혼가(韓魂歌)이다.

於阿於阿(어아어아)여,

我等大祖神(아등대조신)의 大恩德(대은덕)은

倍達國我等(배달국아등)이 皆百百千千勿忘(개백백천천물망)이로다.

於阿於阿(어아어아)여,

善心(선심)은 大弓成(대궁성) 하고 惡心(악심)은 矢的成(시적성)이로다.

我等百百千千人(아등백백천천인)이 皆大弓絃同(개대궁현동) 하고,

善心 直矢一心同(선심 직시일심동)이로다.

於阿於阿(어아어아)여,

我等百百千千人(아등백백천천인)이 皆大弓一(개대궁일)에
衆多矢的貫破(중다시적관파)하니,

沸湯同善心中(비탕동선심중)에 一塊雪(일괴설)이 惡心(악심)이로다.
於阿於阿(어아어아)여,

我等百百千千人(아등백백천천인)이 皆大弓堅勁同心(개대궁견경동심)하니,
倍達國光榮(배달국광영)이로다.

百百千千年(백백천천년)의 大恩德(대은덕)은
我等大祖神(아등대조신)이로다,
我等大祖神(아등대조신)이로다.

천부경(天符經)

-홍익인간 이념의 창조 조화 원리를 81자에 새긴 한민족 경전

一 始 無 始 一 (일시무시일)

析 三 極 無 盡 本 (석삼극무진본)

天 一 一 地 一 二 人 一 三 (천일일지일이인일삼)

一 積 十 鉅 無 櫃 化 三 (일적십거무궤화삼)

天 二 三 地 二 三 人 二 三 (천이삼지이삼인이삼)

大 三 合 六 生 七 八 九 (대삼합육생칠팔구)

運 三 四 成 環 五 七 一 妙 衍 (운삼사성환오칠일묘연)

萬 往 萬 來 用 變 不 動 本 (만왕만래용변부동본)

本 心 本 太 陽 昂 明 人 中 天 地 一 (본심본태양앙명인중천지일)

一 終 無 終 一 (일종무종일)

삼일신고(三一神誥)(366자)

-홍익인간의 이념을 구현하고 실천하라는 366자의 한민족 경전.

1. 虛空(天訓)(36자)
帝曰爾五加衆蒼蒼非天玄玄非天天無形質無端倪無上下四方虛虛空空無不在無不容

2. 一神(神訓)(51자)
神在無上一位有大德大慧大力生天主無數世界造兟兟物纖塵無漏昭昭靈靈不敢名量聲氣願禱絶親見自性求子降在爾腦

3. 天宮(天宮訓)(40자)
天神國有天宮階萬善門萬德一神攸居群靈諸哲護侍大吉祥大光明處惟性通功完者朝永得快樂

4. 世界(世界訓)(72자)
爾觀森列星辰數無盡大小明暗苦樂不同一神造群世界神勅日世界使者舝七百世界爾地自大一丸世界中火震𢦏海幻陸遷乃成見象神呵氣包底煦日色熱行翥化游裁物繁殖

5. 人物(人物眞理訓)(167자)
人物同受三眞曰性命精人全之物偏之眞性無善惡上哲通眞命無淸濁中哲知眞精無厚薄下哲保返眞一神　惟衆迷地三妄着根曰心氣身心依性有善惡善福惡禍氣依命有淸濁淸壽濁殀身依精有厚薄厚貴薄賤　眞妄對作三途曰感息觸轉成十八境感喜懼哀怒貪厭息芬𤍽寒熱震濕觸聲色臭味淫抵　衆善惡淸濁厚薄相雜從境途任走墮生長消病歿苦　哲止感調息禁觸一意化行返妄卽眞發大神機性通功完是

60갑자 조견표

	土	金	水	木	火	土(六氣)
一	1 甲子 (갑자)	2 乙丑 (을축)	3 丙寅 (병인)	4 丁卯 (정묘)	5 戊辰 (무진)	6 己巳 (기사)
二	7 庚午 (경오)	8 辛未 (신미)	9 壬申 (임신)	10 癸酉 (계유)	11 甲戌 (갑술)	12 乙亥 (을해)
三	13 丙子 (병자)	14 丁丑 (정축)	15 戊寅 (무인)	16 己卯 (기묘)	17 庚辰 (경진)	18 辛巳 (신사)
四	19 壬午 (임오)	20 癸未 (계미)	21 甲申 (갑신)	22 乙酉 (을유)	23 丙戌 (병술)	24 丁亥 (정해)
五	25 戊子 (무자)	26 己丑 (기축)	27 庚寅 (경인)	28 辛卯 (신묘)	29 壬辰 (임진)	30 癸巳 (계사)
六	31 甲午 (갑오)	32 乙未 (을미)	33 丙申 (병신)	34 丁酉 (정유)	35 戊戌 (무술)	36 己亥 (기해)
七	37 庚子 (경자)	38 辛丑 (신축)	39 壬寅 (임인)	40 癸卯 (계묘)	41 甲辰 (갑진)	42 乙巳 (을사)
八	43 丙午 (병오)	44 丁未 (정미)	45 戊申 (무신)	46 己酉 (기유)	47 庚戌 (경술)	48 辛亥 (신해)
九	49 壬子 (임자)	50 癸丑 (계축)	51 甲寅 (갑인)	52 乙卯 (을묘)	53 丙辰 (병진)	54 丁巳 (정사)
十	55 戊午 (무오)	56 己未 (기미)	57 庚申 (경신)	58 辛酉 (신유)	59 壬戌 (임술)	60 癸亥 (계해)

2장

혼 — 나

天·性·心·혼

'훈나의-달-딸에게'

'오도애덕(吾道愛德)-나의 길은 사랑의 덕행이다.'

눈빛이 초롱초롱한 어린아이가 엄마에게 묻는다.

"엄마, 나는 누구야?"
"……"
"나는 어디서 왔어?"

눈망울이 영롱해질수록 아이는 고개를 갸우뚱하며 끊임없이 질문한다.
아이의 질문은 진지하고 성스럽다. 그러나 엄마는 무심히 대답한다.

"응, 너 이 녀석. 너는 다리 밑에서 주워왔지 뭐. 호호호."
"네? 주웠다고, ……다리 밑에서요."

도대체 나는 어디서 왔다는 걸까? 정말 다리 밑에서 온 것일까? 그렇다면 나는 엄마의 아이가 아닌가? 다리 밑에서 주워온 남의 자식인가? 그렇게 아이의 풀리지 않는 의문은 세월 속으로 묻혀갔다.

'다리 밑? 아하, 내가 엄마 다리 밑에서 왔다는 얘기였구나.'
그 사실을 깨달을 때쯤은 수십 결의 바람 세월이 흘렀고.

세월은 쏜살이다. 아이는 어느덧 어른이 되어 다시 아이를 낳고.! 그 아이가 자라 다시 엄마에게 또렷하게 묻는다.

"나는 누구예요? 어디서 왔어요, 엄마?"
"응, 너 다리.!"
무심코 대답을 하려던 엄마가 말을 멈춘다. 멀리 밤하늘로 별똥별 하나가 떨어진다. 아하, 까맣게 잊었던 영혼의 말 씨앗 하나를 엄마의 아이가 다시 흔들어 깨운 것이다.

엄마는 사랑스러운 미소로 아이의 초롱한 눈망울을 영혼 깊이 바라본다. 그리고는 멀리 여름 밤하늘을 올려다보며 천천히 대답한다.

"너, 응, …..어디서 왔냐고. 너, 다리 밑에서 주워왔지, 호호호."

눈이 동그랗게 커지는 아이가 걱정스러운 눈빛으로 다시 묻는다.

"다리요. 어느 다리, ….요?"

엄마는 별똥별이 총총히 떨어지는 별 하늘을 가리키며 대답한다.

"저기 하늘다리. 저기 저 하늘강, 그 미리내강에 견우직녀가 놓은 까치다리. 그 오작교 다리 밑에서 주워왔지."

엄마는 아이의 손을 잡고서 은하수 별무리를 헤어가기 시작한다.

"별 하나, 나 하나, 별 둘, 너 둘.!"
"애(愛)야, 너는 별이란다, 별! 저기 하늘에서 내려온 별이야."

멀리 밤하늘을 바라보는 아이의 눈빛이 반짝 빛이 난다.

"애(愛)야, 너는 곧 꽃이 피겠지. 달이 커서 다시 지는 달거리 때마다 붉은 꽃 아름답게 피겠고. 엄마는 머지않아 그 꽃이 질 거야."
"딸아, 그래서 너는 달마다 꽃이 피는 '달'이고, 생명을 기르는 '땅'이며, 시집 (씨집)을 따라가는 '딸'이란다."
"엄마처럼… 아, 그래서 달이고, 땅이며, 딸이 되는 거예요."

달빛마저도 정겹게 눈이 부시는 별 밤이다. 엄마와 딸은 마주 보며 환하게 웃는다. 그 순간 아이의 눈망울이 별빛인지, 하늘강 별빛이 아이의 눈망울인지, 엄마와 아이의 두 영혼 속으로 별빛이 가득히 쏟아져 내린다.

月아야,
산다는 것,
끝없이 순수해지는 것.
그렇게 깨어난 내 영혼의 소리에
너의 마음 귀를 세우는 것이란다.

그 순수의 영혼이 던진 말 씨앗,

'나는 누구인가?'
'나는 어디서 와서 어디로 가는 것인가?'

그 의문을 풀어가는 것.

그뿐이다, 결국
우리들 한 생애가

달아야,
영혼불멸(靈魂不滅)이다!

'흔나의-아(我)-아(我)들에게'

'자존자애(自尊自愛)-스스로를 존엄하고 스스로를 사랑하라.'

　아빠와 아들은 낚싯대를 드리우고 나란히 앉았다. 맑은 호수에 물그림자도 나란히 아른거리고. 바람은 고요해 잔잔한 물거울에 봄산과 푸른 하늘도 잠겨 맑게 흔들리고 있었다. 고요가 심심해질 때쯤 아들이 말문을 열었다.

"아빠, 저는 어디서 왔어요?"
"응, 으응, 글쎄,.!"

느닷없는 질문에 아빠는 말머리를 잊지 못한다.

"아빠, 내가 엄마 뱃속에서 열 달 있었던 선 맞잖아요."

"아(我)들아, 그건 맞지. 그렇다면 너의 씨가 그 먼저 어디에 머물렀을까?"
"응, 글쎄요?"
아들도 갑작스러운 탓인지, 선뜻 대답하지 못하였다.

"당연히 아빠 몸에 머물다 갔겠지. 너는 아빠와 엄마가 함께 낳았으니까."

아빠는 사뭇 진지하게 말머리를 이어갔다.

"그럼 아빠 몸에서는 얼마만큼 머물렀을까요?"
아들의 질문도 점차 깊게 이어져갔다.

"짐작하건대, 아마 100일가량을 머물렀을 거야."
"아빠, 무슨 근거인데요?"

물거울 푸른 하늘에 떠있는 낚시찌는 미동이 없다. 유난히 푸르게 가라앉은 하늘

빛이 적막하게 고요하기만 하다. 그러자 아빠는 아예 몸을 돌려 아(我)들과 마주 앉아 말을 이어갔다.

"우리 조상들은 말이야, 아이가 태어나자마자 한 살을 주었잖아. 그래서 지금도 지구촌에서 거의 유일하게 출생 나이 한 살을 주는 우리 민족만의 나이 값 아니겠니."
"아(我)들아, 그건 틀림없이 애기씨가 아빠 몸에서 약 백일(100일), 엄마 몸으로 가서 약 265일(약 10개월)을 자랐다는 의미 아닐까. 그래서 지구에 온 지 일 년이 되었다는 근거겠지. 이는 우리 민족의 깊은 영안에서 확신된 생명나이 계산법일거야. 지구별 나라 중에서 거의 유일한 나이 값일 거고."

"그럼, 내가 아빠 몸에서 100일을 자랐다는 거잖아요."

"그런 이치가 합당하잖아. 그러므로 남자가 결혼하면 애기씨를 초대하는 마음 준비를 하고, 그런 뒤에야 생명의 씨를 뿌려야 옳은 거야. 다시 말해 아빠 몸에서 100일을 키운다는 백일 정성이 필요한 거지. 너도 명심으로 새겨둬야 해. 남자가 결혼하기 전에 꼭 깨우쳐야 할 생명 초대법이니까 말이야."

아빠와 아들의 대화가 잠깐 멈추었다. 그 순간 서녘 하늘로 유난히 빛나는 개밥바라기별이 떠오르고 있었다. 어느새 노을빛도 물너울 속으로 잠겨들며, 땅거미가 점점 내려앉고 있었다. 아(我)들의 질문은 계속된다.

"아빠, 그럼 나를 만든 건 아빠 엄마 맞잖아요."
"그래, 그건 틀림없는 사실이야. 정확한 건 아빠가 낳고 엄마가 기른 거지"
"그럼 나의 주인은 누구예요? 엄마 아빠인가?"
"글쎄다, 그럼 너는 아빠 엄마가 너의 주인이라고 생각하니? 물건은 그 만든 사람이 주인이니까 그렇게 생각한 거야?"

"글쎄요, ...? 그건 아닌 것 같은데요."
"그래. 그건 아니지. 아빠 엄마가 너를 절대로 우리 마음대로 할 수 없잖아. 그건 너의 주인이 부모가 아니라는 확실한 증거가 틀림없지."
여름 밤하늘에 별빛들이 점점 떠오르듯, 아(我)들의 의문은 점점 솟아오르고 있었다.

"아빠, 그럼 나는 분명 부모님 것도 아니면, 나는 어디서 왔으며 누구 거예요?"
"아빠한테 오기 전에 너의 씨는 아마 하늘 그 어느 별에서 왔을 거야.
별이야, 별. 그래서 넌 별이라고."
"그럼 누가 보낸 건 걸까요?"
"글쎄다, 너를 보낸 그 누가 따로 있을까?"
"…!"
"아(我)들아, 그래도 이 세상에서 너를 가장 마음대로 할 수 있는 건 너 자신 아닐까? 그러니 너의 주인은 당연히 너 자신일 것이고. 또 그 어느 별에서 여기 지구별로 온 것도 너 스스로 선택해서 오지 않았을까."

그 순간 잔잔히 떠 있던 아(我)들의 낚시찌가 물속으로 쑥 빨려 들어가고 있었다.

"야, 낚시 봐라. 아(我)들아, 왔다 왔어, 고기, 물고기."
"어, 어엿차라."

아(我)들이 잽싸게 낚싯대를 잡아채 올렸다. 낭창 낚싯대가 하늘 곡선으로 휘어지며 물고기가 낚싯줄을 따라 올라오고 있었다.

"와, 아빠 월척이에요. 이거 좀 보세요."
"그래, 오늘 아들이 하늘호수에서 월척을 낚아 올렸구나. 아니, 넌 오늘 너를 멋지게 낚아 올린 거다. 아(我)들아!"

잡은 물고기는 되살려 물 호수로 보내주었다. 아빠는 계속 밤낚시 채비를 서둘렀다. 아들은 하늘 한 번, 물 호수 한 번을 올려 내려다보며 입속말을 되새김하고 있었다.
'별, ….나 별, …..나는 별, …! 그런데 왜 왔니, 왜 왔지?'

가까이 흰 백로 한 마리가 어두운 호수를 가로지르며 날아갔다. 물빛 속으로는 달이 점점 차오르고 있었다. 달빛이 고요히 내려앉은 하늘호수에 아빠와 아들의 잔잔한 미소도 하늘 바람 물결을 타고 점점 퍼져나가고 있었다.

아(我)야,
씨줄 날줄의
한 중심점
그 극적인 만남.

아(我)들아!
너는 나(我)야,
그래서 넌 아(我)들이지.

그리고 넌 씨아(我)다.
생명의 불씨 불알
그 불씨알을 지닌 씨앗이다.

아(我)씨의 직녀와
씨줄 날줄의
그 씨알농사를 짓는 견우다.

'아(我)'가
'아이(我二)'를 낳고
'아기(我己)'를 낳으니,

너와 나는
아(我)들이다.

나는
아버지의 열매고.
넌
하늘 열매고,

아(我)들아.

'나'

사람은 왜 사는가?
사람은 태어나서 무엇 때문에 사는가?
사람은 삶의 궁극 목적이 무엇인가?

'나'는 이 물음에 대한 답변을 구해야 한다. 삶의 목적을 바로 세우기 위해서다. 그러기 위해서는 먼저 '나'를 찾아야 한다. 진정한 '나'를 깨우쳐 알아야 한다. 삶의 답을 찾기 위해서다. 내가 '나'에게 '나'를 찾는 물음을 던지기 시작해야 한다.

'나'는 누구인가?
'나'는 어디서 와서 어디로 가는가?
'나'는 어떻게 살아야 하는가?

흔히 삶의 목적은 '자아를 발견하여 자아를 완성하는데 있다'고 말한다. 여기서 말한 '자아'는 한자로 '자아(自我)'인데, 이는 '스스로 자(自) 나 아(我)'로서, '자아'란, '스스로 있는 나'라는 뜻이다.

그렇다면 삶은 '스스로 있는 '나'를 발견하여, 그 '스스로 있는 나'를 '더 온전히 진화 완성하는데 있다'는 결론에 이른다.

'스스로 있는 나'
'본래(本來-근본으로 돌아오는)의 나'
'본성(本性-근본 생명)의 나'
'생사(生死)가 없는 나'
'하늘에서 와서 하늘로 돌아가는 나'
'영혼(靈魂)의 나'
'언어도단(言語道斷) 불립문자(不立文字)라고 하는 나'
'나-참! 참-나!의 나'

그러므로 '삶'은 그 '자아찾기'의 여행인 것이다. 모두가 '지금 여기 참-나!를 찾아' 삶의 순례길을 걷고 있는 여행자들인 것이다.

문제는 순례자가 여행의 목적을 바로 알아차림 하는 것이다. 그래야만 여행길(道)을 잃고 헤매지 않는다. 딱 한 번 왔다 가는 삶의 소중한 여행길에서 그 목적지를 잃어버리면 되겠는가. 한 번뿐인 내 삶을 정처 없이 떠도는 '나그네(나+그네)'처럼 왔다갔다 허송세월해서는 안 된다는 말이다.

'나'의 길라잡이

'한국 인문학' 이해를 위한 개념 몇 가지

'나'를 찾는 길 – '道'

생(生)은 자아(自我)를 찾아 진아(眞我)로 완성되는 길이다. 따라서 삶의 애착(愛着)은 모두 자아를 찾는 행위이다. 다만 그 목적을 스스로 깨닫지 못하고 본능적으로 살아가고 있을 뿐이다.

그러므로 잠시 멈춰 서서 삶의 목적을 찾아야 한다. 본능적 행위들을 정리하고, 지금 내가 무엇 때문에 살고 있는지 삶의 목표를 명료하게 설정해야 한다. 그것이 진정으로 '나'를 찾는 길이다.

'나'를 찾는 이치 – '理'

사람은 모름지기 '도리-道理'를 다해야 한다. 모든 일에 '도리'를 다해야 옳지만, 특히 자신의 '도리-道理'를 반드시 다해야 한다. 즉, 자신이 살아가야 할 길과 그 이치를 깨닫는 일이다.

옛 우리 조상님들은 '도리도리-道理道理'를 가르쳐 그 중요성을 일깨우셨던 것이다. 한국 인문학은 '나'를 찾는 '길-道'과 그 '이치-理'를 공부하는 학문이다.

까마득히 잊어버렸던 '도리도리-道理道理' 공부를 해보자. 한국 인문학을 통해서 잃어버린 '나'를 찾고, 내가 가야 할 길과 그 이치를 깨달아야 할 것이다.

공부-工夫

공부란, 학문과 기술을 배우고 익히는 것(사전풀이)을 말한다. 그 공부(工夫)의 한자 풀이는 다음과 같다.

공(工)=二(천지의 둘) + ㅣ(뚫다)로서, 천지의 이치를 뚫어 통하게 한다는 뜻이다.

부(夫)=二(천지) + 人(사람)로서, 천지의 이치에 통하여 천지와 하나가 된 사람을 뜻한다.

한자의 뜻이 가르치는 '참공부'란 무엇인가. 천지의 이치에 통하고, 천지와 하나 되기 위해 배우는 학문을 '공부'라고 말한다.

지식과 지혜

'지식'은 앞서 말한(사전풀이식) 세상의 학문과 기술을 배우는 공부가 된다. 타인의 앎음알이가 지식에 의해 내 뇌 정보에 입력된 앎음들이다. 따라서 지식은 자기 것으로 숙성화되지 못한 정보라, 대부분 행동과 실천이 따르지 않는 정보력이다.

'지혜'는 받아들인 지식 정보가 자신의 내면에서 숙성화되어, 자기 것으로 승화된 깨달음의 정보이다. 따라서 대부분 행동과 실천으로 이어지는 생활의 창조적 정보력이다.

서양학 공부의 바탕 개념은 지식적이고, 동양학 공부의 바탕 개념은 지혜적이다. 특히 훈국 인문학 전반은 지혜의 생활철학에 근원을 둔다. 따라서 훈국 인문학을 공부하면, 생활 속에서 명철해지는 실천적 지혜인이 되기 마련이다.

젊어서는 암기 위주의 지식 습득에 용이하고, 늙어서는 깨달음 위주의 지혜 터득에 용이하다. 지식은 배울수록 어렵고 관념적이나, 지혜는 배울수록 쉽고 상식적이다. 특히 훈국 인문학은 지식인이 머리로 배우려는 것보다, 생활인이 순수한 마음으로 배울 때, 그 공부가 훨씬 쉽고 잘된다.(훈국 인문학을 어렵게 받아들이지 말 것)

'지식'은 머리에 있고 '지혜'는 가슴에 있다. 훈국 인문학 '공부(工夫)'로서 가슴에 삶의 열정을 품는 지혜인이 되어야 한다.

3신-三神

삼신은 삼위(三位(셋))의 신(神)을 말한다. 즉, 천신·지신·인신의 천·지·인을 뜻한다. 흔히 생명을 점지해 주신다는 훈민족의 생명신이 삼신이다. 삼신할미로 인격화되어 지칭되는데, 자칫 불경스러운 무녀(巫女)쯤으로 왜곡 인식된 경우도 있다.

천·지·인 삼신이란, 천지가 인간과 하나를 이루고, 인간이 천지와 하나를 이루는, 삼신일체(三神一體) 사상을 말한다. 곧 훈민족의 뿌리 문화가 삼신(三神) 사상이다.

3재-三才

훈민족 3신 사상이다. 천·지·인 3才라고 한다. 일포삼 삼즉일(一抱三 三卽一)의 3위1체 원리를 말한다. 원·방·각/가위·바위·보의 3변성도(三變成道)원리다. 부(天)·모(地)·자(人)의 원리 개념이 3才이다.

사주팔자-四柱八字

한자 뜻은 '네 기둥 여덟 글자'가 된다. 네 기둥은 '연·월·일·시'를 말한다. 즉, '우주-宇宙(집우·집주)'라는 '집'에 몇 년생, 몇 월달, 며칠 날, 몇 시의 시간과 공간에 세운 네 기둥의 우주 정보를 뜻한다.

그 네 기둥 사주-四柱를, 시간을 표시하는 네 글자와 공간을 표시하는 네 글자를 모아 여덟 글자로 표기하였으니, 이를 사주팔자-四柱八字라 한다.

즉, 모든 생명이 태어나는 그 시간-연·월·일·시에 형성된 시간과 공간의 4주(네 기둥)의 기운을 말하는데, 이를 10간 12지의 천간 지지 8자로 표기하였으니 '사주팔자-四柱八字'라 한다.

'ᄒᆞ–나'

'ᄒᆞ나–하나'는 우리말 숫자를 셀 때, 그 첫 번째로 읽고 표기하는 말이다. 이 '하나'는 모든 존재의 시작을 알리는 근원의 수리 표기 말이다. 이 말속 핵심 주제 말은 '나'이다. '나'를 풀어 밝히기 위해 바로 '하나'라는 속뜻의 말이 생겨난 것으로 본다. 즉, '나=한나'로서, '나'를 또 다른 말로 표현해 보라면 '한나'가 가장 정확한 말이 될 것이다.

다시 말해 우리말 'ᄒᆞᆫ'은 '나'이고, '나'는 'ᄒᆞᆫ'이라는 뜻을 내포하고 있다. 여기서 '한'은 '한국, 한민족, 한강, 한인, 한웅, 한글, 하늘, 한없이 크다, 밝다 등의 한사상 전반을 아우르는 아주 큰 의미의 한국어이다. 그 '한'이 '늘' 있는 곳이 바로 '한늘=하늘'인 것이다.

'한'이 '나'라는 뜻을 일러준 말, 그것이 곧 '한나=하나'가 되므로, 모든 존재는 '나'가 되며 '하나'가 된다. 만생명을 포함한 무생물까지도 모든 존재 이름이 '하나'다. 사람을 포함한 만물은 유형의 존재로 태어난 순간 모두는 '나'이고 '하나'가 된다.

그 '하나'에 극존칭의 '님'을 붙이면 '하나님'이 된다. 그러므로 모든 존재는 '하나님'인 것이다. 만생명도 각자 '하나의 님'인데, 하물며 한 사람 인간은 더더욱 존귀한 '하나님'인 것이다.

이의 '하나님'은 오직 우리 ᄒᆞᆫ 민족만의 존재 근원을 나타내는 거룩한 생명 말이다. 숫자 1을 나타내는, 혹은 존재 개체를 지칭하는 세계 유일의 표현 말이 '하나'이기 때문이다.(일본은 '1=시도쯔' 중국은 '1=니'이다) 그 '하나'의 존귀함을 지극히 드높이려는 극존칭이 바로 '하나님'인 것이다.

이처럼 '나'는 '하나'가 되고 끝내 '하나님'이 되어야 한다는 빛말씀이다. 이 세상에, 혹은 우주에 단 '하나밖에 없는 님'이기에, '나는 하늘같은 님'이 되어야 한다는 속뜻을 가르치고 있는 것이다.

다시 말해 '하나'는 '하+나'로서 '하늘+나'로 풀이되는데, 그 뜻은 '하늘에서 온 나'라는 의미가 되며, '나는 하늘이다'는 본뜻을 담고 있다. 또한 '한없는 나(한나)'의 속뜻이기도 하다. '하나' 혹은 '한나'의 뜻 모임말은 이와 같은 참으로 깊은 의미를 지니고 있다.

나=흔나=일

'나'의 '흔나-하나'는 우리말 다른 표기로 '일'이다. 이의 '일'은 다음의 세 가지 큰 뜻을 함의한다.

첫째, '하나(一)의 일'
둘째, '태양(日)의 일'
셋째, '일하다(事)의 일'

이 셋의 의미를 종합하면 '자아찾기 여행'의 길라잡이로 풀이된다.
첫째 '하나'는 '하늘의 나'를 뜻한다.
둘째는 '태양 같은 나'라는 뜻 의미를 담고 있다.
셋째는 그 '하나'를 찾아 '태양'처럼 환하게 밝히는 '일'을 하라는 뜻이다.

즉, '나=흔나=일'의 말뜻을 통해, '나'는 '흔나'를 찾아 태양처럼 밝히는 '일'을 하는 것임을 암시적으로 밝히고 있다.
다시 말해, 삶이란, '나는 하늘이며 태양임을 밝히는 일을 하는 것'임을 역설하고 있다. '나=흔나=일'이라는 말을 통해서 진리의 큰 깨달음을 가르쳐 주고 있는 것이다.

다시, '나'는 누구인가?
'나'는 '하나'이다. 우주의 유일무이한 존재이므로 '하나'이다. '하늘에서 온 나'이므로 '하나'이다. '하늘같은 나'이고, '한없이 존귀한 나'이므로 '한나'라고 부르는 것이다.

'나'는 '지극히 존귀한 님'이므로 '하나님'이다. '하나밖에 없는 님'이므로 '하나님'이다. '하늘같은 님'이므로 '하늘님'이다.
'나'는 이처럼 '하나님'이라는 극적인 존재로 태어났으므로, 예로부터 동양에서는 그 '하나'를 일러 '일태극(一太極)'이라 하여, '하나는 크게 다함이 없는 존재'임을 역설했던 것이다.

〈民調詩〉
훈

훈풀이

ㅎ은 하늘
·은 사람
ㄴ은 땅이라.

흔
말씀
천(天)
인(人)
지(地)

'훈나 一 일'의 천부경(天符經)

'천부경(天符經)'은 고대로부터 전해 내려오는 우리 민족 경전이다. 한민족 시조 '한인'의 뜻을 따라, '한웅'께서 받아오셨다는 '천부인(天符印)'으로 추정되는 우리 민족 빛말씀 경전이다.

예로부터 천부경은 구전과 녹도문으로 전해져왔다고 한다. 그러던 것을 신라의 고운 최치원 선생께서 한자 81자의 천부경을 묘향산 석벽에 새겼다고 전한다. 그 명맥은 구한말의 독립사상가 운초 계연수 선생에 의해 '한단고기' 사서에 옮겨 실려 오늘날까지 전하는 경전이다.

천부경 81자 중의 31자가 수리로 되어 있다. 특히 그중 1의 숫자가 11번 들어 있다. 1로 시작해서 1로 끝나는 우주 변화 원리 강령의 수리경이라고 말할 수 있다.
'하나의 일'로 시작해서 '하나의 일'로 끝나고, 한 중심에 1의 자성수 '6'이 자리 잡고 있으니, 천부경은 '하나 一 일'의 경전이라 해도 과언이 아니다. 그 1이 11번 들어있고, 또한 1에서 10까지의 숫자가 31자 들어 있는 오묘한 원리의 하늘경이다.

그 훈의 경전 천부경은 '일시무시일(一始無始一)'로 첫머리를 들었다.

'한나(一)의 처음(始)을 모르면(無) 근본 시작(始)의 '하나(一)'를 알 수 없다.'

'나(一)의 근본 시작(始)은 한없는 하늘(無始)임을 밝히는 일(一)을 시작하라'

이의 천부경 첫 구절은 이러한 깨달음의 풀이로 빛 밝혀 해석할 수 있다.

'천부경'과 연관 지어 동학(東學)의 '시천주 인내천(侍天主 人乃天)' 사상도 그 맥락이 상통한다.

'시천주(侍天主)'=내 안에 한울님을 모셨으니,
'인내천(人乃天)'=사람이 곧 한울님이다.

'내 안에 하나님을 모셨으니, 내가 곧 하나님이다.'

'나'는 'ᄒᆞ나'이고 'ᄒᆞ나'는 '일'이다. 천부경의 'ᄒᆞ나 — 일'의 빛말씀에서 '자아'의 단초를 발견할 수 있다.

'시천주 인내천'에서 'ᄒᆞ나'의 '하나님'을 만날 수 있다.

〈民調詩〉
ᄒᆞ 나 님

ᄒᆞ님을 보았는가?

머릿골 영대(靈臺)
신명(神明) 가슴팍
신궐(神闕) 태배꼽
붉은 밭(丹田)에서

찾았는가,
ᄒᆞ나.

'나'와 '아(我)'와 '아픔'

'나'의 한자 표기음은 '아(我)'이다. 그러므로 '아들(자식)'은 '我+들'로서, '나들'이라는 뜻을 내포한다. 또한 '아기=我氣'이니 '나의 기'로 풀이될 수 있다.

이처럼 우리말은 한글과 한자가 조합된 언어가 태반인데, 그 속에는 심오한 뜻이 담겨 있는 경우가 많다.

흔히 한글을 표음의 소리글이라 하지만, 한글 우리말 속에는 표의의 심오한 뜻을 가르치고 있는 말들이 대부분이다. 그러므로 우리말 한글은 소리글이며 뜻글이기도 하다.

'아픔'은 '아(我)+품'의 비의(秘意)가 숨어 있다. 즉, '아픔'은 '나를 푼다'는 의미가 있고, '아프다' 역시 '아(我)+풀다'로서, '나를 풀다'라는 숨은 뜻이 있다.

'풀다, 푼다, 풀이 등'의 말은 '맺히고 갇힌 것을 풀어 헤친다'는 뜻이다. 대부분 '한 풀다, 원을 푼다, 살풀이' 등의 말로 흔하게 쓰는 일상 말이다. 또한 문제를 푼다, 잘못된 것을 바르게 푼다는 뜻으로도 쓰이는 말이다.

이런 뜻과 '아픔-아프다'와 연관 지으면, '나를 풀다, 갇혀 있는 나를 푼다, 답답한 어둠에서 풀어 놓는다, 내 몸의 잘못된 문제를 푼다' 등으로 해석된다. 무엇인가 잘못된 부정거리를 풀어 닦는다는 '푸닥거리(풀어 닦을 거리)'와도 연관되는 말이다.

이처럼 '풀다, 풀이'는 비틀리고 꼬여버린 잘못됨을 바로 잡는다는 의미도 있고, 갇혀있는 기운을 풀어 헤친다는 뜻도 있다.

'몸이 아프다, 혹은 마음이 아프다'는 이 말은 뭔가 비틀리고 꼬인 몸을 푼다는 뜻이 된다. 갑갑하게 닫혀있는 마음을 풀어 놓는 행위로 풀이되는 뜻이다.

즉, '아픔'은 잘못 진행되는 몸의 기운을 바로 잡기 위해 '아(我) 푸는' 행위로 몸이 아픈 것이다. 또한 푸른 하늘을 닮은 마음이 어둠으로 갇히려는 것을 더 이상 갇히지 않고 풀어가려는 '아(我)품'의 행위가 바로 마음의 아픔인 것이다.

몸이 아픈 것을 병(病)으로 보면 안 된다. '아(我)+풀다'의 신성한 '자아 행위'로 바라보아야 한다. 그리고 비틀리고 꼬여 맺힌 몸이 잘 풀어지도록 돕는 것이 지혜다. 딱딱하게 굳고 긴장된 몸을 풀어 주는 이완의 몸으로 몸살풀이를 해야 하는 것이다.

마음이 아픈 것을 질(疾)로만 볼 것인가. 아니다. 그것은 '아(我)+품'의 '한나 행위'이며, '나=하나님'의 '한풀이' 의식으로 보아야 옳을 것이다. 마음의 어두움을 풀고 닦아내는 '한풀이 푸닥거리'로 인식해야 옳다.

몸과 마음의 '아픔'은 더 이상 타락하지 않으려는 '나'의 '살(煞=죽일살)풀이' 행위이다. '나=하나님'의 '한풀이 푸닥거리' 의식임을 깊게 인식해야 한다.

아프면 병질과 싸우지 마라. 그저 몸과 마음을 한없이 풀어 놓으면 그만이다.
굳어진 몸을 부드럽게 이완시켜 풀어야 한다. 차가운 몸을 따듯하게 덥혀주고 딱딱하게 굳은 곳을 풀어 주어야 한다.
아플 땐 닫힌 마음을 모두 내려놓고 욕심을 풀어 놓아야 한다. 어두운 마음을 활짝 열고 밝게 풀어 놓아야 한다. 그리고 몸과 마음 깊은 곳의 '나'를 바라보아야 한다.
이때 '하나님=하나밖에 없는 님, 하늘같은 님'을 찾아보아야 한다. '한나'가 아픈 '몸나'에게 주는 '하나님'의 은혜이다.

'아(我)!' 하고 지르는 신음 소리는 '한나(我)'를 부르는 내면의 참소리이다. '아(我)!' 하고 내지르는 비명 소리는 '한나(我)'를 찾으려는 내 영혼의 외마디 외침이다.
'아픔'이란, 바로 '한나'가 '갇혀 있는 나를 푸는 행위'이다. '나'를 더 이상 타락 시키지 않으려는 내 영혼의 무굿 행위이다. '아프다'는 것은 '나=하나님'이 '더 이상 자아를 잃지 않으려고 나를 푸는 몸살(몸이 살아난다) 행위'인 것이다.

'아픔'의 의미를 바로 깨달아야 비로소 '아픔만큼 성숙해지는 법'이다.

〈民調詩〉
我 풀다

풀어라,
몸과 마음
하늘도 땅도
사람 사람들

덩덕 덩덕궁
해원(解冤) 삼신(三神)굿 푸닥거리다,

恨없이
풀려라,

흔나를
풀어라.

'나'-'애(愛)=사랑'

'나'는 '하나'이고 존귀한 '하나님'임을 밝히고 밝힌다. 그러므로 '나'는 '애(愛사랑)'이다.

우리말 '애(愛)야!'하고 부르는 존칭말이 있다. 이 말은 '사랑아!'하고 부르는 속뜻이 들어있다.
그러므로 '우리 큰애(愛)'는 '우리 큰사랑'이라는 뜻이고, '애(愛)썼다! 애 많이 썼다!'는 말은 '사랑 많이 썼다!'는 칭찬과 격려의 말이다.
'애기(愛氣)'는 '사랑의 기운'이라는 한자말이고, '큰애기'는 '큰사랑의 기운'이라는 뜻의 존칭말이다.

누구나 태어나자마자 '나'는 '애(愛)'였다. 그 '애(愛)'가 성장하면 또 다른 '애(愛)'를 찾는다. 즉, '사랑'의 짝을 찾아 '사랑'을 한다. 서로 만나 '애정(愛情)'을 통하고, '애인(愛人)'이 된다. 그 사랑으로 부부가 되어 다시 '애(愛)'를 낳는다.

여기서 '나'의 본질은 '애(愛)'이고 '사랑'임을 확인할 수 있다. '나'는 '사랑'으로 태어났고, '사랑'을 찾아 '사랑'을 하며, 다시 '애(愛)'를 낳는 '사랑'의 화신인 것이 틀림없다. 그 '애(愛)'가 퇴화되거나 퇴행하지 하지 않기 위해 '나'는 본능의 '사랑'을 갈구하는 것이다. '사랑'없이 못 살겠다고 '사랑타령'을 하는 것이다.

이처럼 '나'는 그 '애(愛)'가 본질이므로, 사랑받고 태어난 사람이다. 이를 찬양하는 다음의 노래 가사를 음미해보자.

당신은 사랑받기 위해 태어난 사람
당신의 삶 속에서 그 사랑받고 있지요.

태초부터 시작된 하나님의 사랑은
우리의 만남을 통해 열매를 맺고

> 당신이 이 세상에 존재함으로 인해
> 우리에게 얼마나 큰 기쁨이 되는지
>
> 당신은 사랑받기 위해 태어난 사람
> 지금도 그 사랑받고 있지요.

인류의 성인은 그 사랑을 성장시키고 완성한 성스러운 사람이다. 그래서 그분들은 '서로 사랑하라, 자비를 베풀어라'고 인류에게 참 가르치심을 펼치신 것이다.

사랑을 받고 태어난 '애(愛)'는 성장을 하면, 스스로 그 '애(愛)'를 써야 한다. 즉, 사랑을 써야 한다. 사랑의 화신이며 사랑의 본질인 '나'를 끝없이 진화시키고 성장시키기 위해서다.

먼저 자신을 깊이 사랑하라. 그리고 저절로 내 사랑을 써라. 내 사랑이 커지면 모든 것을 사랑으로 바라보게 된다. 생명을 사랑하고 자연을 사랑하며 나아가 사람을 온전히 사랑해야 한다.

그 본능의 행위가 '애'를 낳고 '애'를 기르는 것이다. 그 거룩한 무상(無常)의 행위는 '나'를 잃지 않으려는 영혼의 각성이다. 관습적 행위가 아니라 '나'의 생명의식이고, '나'를 찾아 '나'를 진화 성장시키려는 '나=하나님'의 뜻인 것이다.

지금도 내 어머니는 '나'를 '애, 큰애야!' 하고 부르신다. 그 말씀은 '사랑아, 큰사랑아!'의 복음으로 들려온다. 혹은 '너의 사랑을 더 큰사랑으로 키워야 한다!'는 각성의 말씀으로 들린다.

그대 역시 '애(愛)'를 쓰고 있는가? 점점 '사랑'하며, 더 큰 사랑으로 살아가고 있는가?

'애(愛)'와 '호(好)'

'애(愛)'의 개념은 의식과 관념의 세계가 아니다. '애'를 낳고 '애'를 기르는 행위가 의식과 관념의 범주가 아니다. 의식이 배제된 성스러운 생명 본능이다.
　이를테면, 부모의 피와 살을 '애'에게 먹이는 것이 계산된 의식이 아닌 본능의 행위인 것이다. 그저 기쁘고 행복한 '나'의 '애'를 쓰는 행위인 것이다.

　이처럼 '애(愛)'는 영혼의 우주의식이다. 진정한 의미의 '사랑'은 그런 것이다. 남녀 간의 '사랑'도 마찬가지이다. 내가 사랑하는 그 무엇은 대가를 바라는 의식의 마음이 없어야 한다. '사랑'한다면 이기적이거나 계산된 대가를 바라지 않아야 한다. 나의 '애'가 그저 기쁘고 행복하게 '애를 썼다'는 것이 전부여야 한다. 그것도 나의 '애'를 더욱 진화 성장시키려고 '사랑'한 것일 뿐임을 인정해야 한다.
　만약 내 사랑의 행태가 이를 벗어났다면, 그건 내 사랑이 왜곡되고 빗나간 의식과 관념의 가짜 사랑이다. 그건 '애'를 쓴 것이 아니며 '사랑'이 아니다.

　'가짜 사랑'은 '애(愛)'가 아니라 '호(好)'이다. 즉, '사랑'이 아니고 '좋아하는 것'이다. 말하자면 내가 '애'를 낳고 길러 놓고, '애'에게 그만큼 되돌려 받아야겠다면 그건 '애(愛)'가 아니고 '호(好)'이다. 애의 '사랑'을 쓴 것이 아니고, '호'의 좋아하는 '욕심'을 쓴 것이다.

　남녀 간의 사랑도 마찬가지이다. '애'와 '호'의 개념이 분명하게 정리되지 않으면 관계의 혼란을 빗는다. 내가 너를 '사랑'해 주었으니, 너도 나를 그만큼 '사랑'해 주어라고 요구하는 것은 '사랑'이 아니다. 그것은 상대를 좋아한 것에 지나지 않는다. 그럴 땐 '너를 사랑한다'고 말하지 말고, '너를 좋아한다'고 말해야 한다.

　적어도 '사랑한다'는 말에는 '나'의 책임이 분명해야 한다. 특히 남녀 간의 '사랑'에는 그 개념을 분명히 정리하고 서로 확인해야 한다.
　물론 삶은 생활이라 앎을 실천하기란 쉽지 않다. 남녀가 '사랑'으로 부부가 되었다 해도 어찌 '사랑'만으로 살 수 있으랴. 그렇지만 남녀간의 '사랑의 언약'에는 그 바탕에 '애(愛)'와 '호(好)'의 개념 정리가 확실해야 한다. 그래야 생활 때문에 상대에게 '호

(好)'를 요구할 수는 있어도, 최종의 결론 마음 자락 바탕에는 '애(愛)'가 남을 수 있다. 그 '사랑'이 각자 담보되었을 때, 서로에게 책임을 전가하지 않고, 네 탓이 아닌 내 탓의 '애(愛)'를 쓸 수 있기 때문이다.

내가 '애(愛)'하고 있는지, '호(好)'하고 있는지, 깨어 있는 눈으로 '사랑'을 바라보아야 한다. 그 각성으로 함부로 '사랑하지 마라.' 특히 사람은 쉽게 '사랑한다'고 무책임한 허언을 남발하지 마라. '사랑해'는 최소한의 책임을 지킬 각오로 던져야 하는 깊은 말이다.

'사랑'은 '나'의 '애(愛)'가 성장하고 진화하여, 그 대상에게 한없이 줄 수 있는 힘이 있고, 지혜가 있을 때, 그때 '사랑'하여라. 그 깨어있는 '애(愛)'로 '호(好)'를 착각하지 말고, 단 한 번이라도 진실로 책임을 다하는 '사랑'을 하여라. 그래야 '나'의 '애(愛)'가 상처받지 않고 퇴행하지 않는다. 그래야만 그대 사랑의 대상인 '남'도 그의 '사랑', 즉 타아(他我)의 '애(愛)'도 진화 성장하기 때문이다.

자칫 '애(愛)'가 '애(哀)'가 되면 '나' - '하나님'이 아프다.

〈民調詩〉
사랑애(愛)

애 기(愛氣)야,
애(愛)썼다,

사 랑으로
사 랑을 낳자,

사 랑애(愛)
큰애(愛)야.

나-참(眞) 참-나

● '나-참! 참-나!'

　일상에서 우리가 흔히 쓰는 말씨이다. 아무런 뜻도 개념도 없이 무심코 쓰고 있는 말이지만, 이말 속에도 잃어버린 '나'를 찾게 하려는 조상의 지혜가 깃들어 있다. 마치 우리 민족의 진언(眞言)처럼 각자 내면의 자아의식을 일깨우고 있는 것이다. 즉, '얼'빠진 '나'에게 '얼 차리라'는 큰 깨달음을 자각(自覺)시키고 있는 말이다.

　이 말은 '나'는 '참'인데, '참 나'는 무엇이고, 또 누구인가를 묻고 찾는 의미의 철학적 질문이 담겨 있다.
　여기서 '참'은 한자 '참 진(眞)'의 뜻을 나타내는 우리말 '훈음(訓音)'인데, '나-참!'은 '나는 진짜가 있다'는 되새김말이고, '참-나'는 '진짜 나'는 누구인가를 묻고 있는 화두(話頭)의 말이나.

　또한 '나-참=참-나'의 개념은 '나-거짓=거짓-나'의 상대적 개념이 성립되는 말이기도 하다. 이 말은 '나-참=참-나'가 있지만, '나-거짓=거짓-나'도 있다는 증거이다. 이의 근거를 바탕으로 '나-참=참-나'(진아眞我라 부른다)를 찾고, 그 반대의 '나-거짓=거짓-나'(가아假我라 부른다)는 무엇인가를 스스로 밝혀가야 한다.
　즉, '나의 진가(眞假)'를 알아야 한다는 뜻이다. 나의 '진가'를 모르고 얼빠진 허수아비처럼 허송세월하지 말라는 뜻이다.

　그렇다면 그 '나-참=참-나'는 누구인가.
　'나-참! 참-나'를 파설하기 위해 다시 우리 민족 경전 '천부경(天符經)'을 인용하기로 한다.
　그 첫 구절은 우주변화 원리의 일원론적 '나'를 설파하고 있다.

● '일시무시일(一始無始一)'

'一=나-하나-사랑'
'始=시작-근원'
'無始=한없는-알 수 없는'
'一=나-참'

'나는 하나님이고 애(愛)이며 신(神)이다. 그 근원은 한없이 알 수 없는 참-나이다.'

그다음 구절은 '참-나'를 찾기 위해 '하나 一 일'를 가르고 쪼갠다. 다음과 같다.

● '석삼극무진본(析三極無盡本)'

'析=가르다-쪼개다-나누어 밝히다'
'三極=세 번-삼재(三才)-근원의 셋'
'無盡=무궁무진-다함이 없음'
'本=뿌리-근원-바탕'

'참 나=나 참'을 찾기 위해 쪼개보니(析), 그 근원은 셋이 있는데(三極), 그 뿌리 근원은 무궁무진한(無盡本) 삼위일체이다.'

이는 '나-참 참-나'를 깨닫게(깨고 닫게) 하기 위한 세 가름(析三極)을 한 것으로 풀이된다. 즉, 일원론적 '하나-한나'인 '나'를 삼분법적 '나'로 갈라 쪼개 놓고 '참-나'를 찾고자 하는 것이다.

 *한민족 삼신-삼일三神-三一사상
 일함삼 삼포일(一含三 三包一) 집일함삼 회삼귀일(執一含三 會三歸一)
 =하나는 곧 셋이요, 셋은 곧 하나이다. 나는 너와 우리를 머금고 있고, 우리는 너와 나로 하나가 된다.

'참-나'를 찾기 위한 세 가름(析三極)을 '천부경(天符經)'은 다음과 같이 펼쳐 놓았다.

● '천일일 지일이 인일삼(天一一 地一二 人一三)'

'천일일(天一一)=하늘의 나는 첫째 나다'
'지일이(地一二)=땅의 나는 둘째 나다'
'인일삼(人一三)=사람의 나는 셋째 나다'

　天 一 一
　地 一 二
　人 一 三

세 가름의 빛말씀에서 '나'를 찾는 깨달음의 참 말씀을 좀 더 되새겨보자.
'나-참'은 하늘에 속한 첫째 '하늘의 나'가 있고,
땅에 속한 둘째 '땅의 나'가 있으며,
사람에 속한 셋째 '사람의 나'가 있다는 뜻 아닌가.

이 말은 '나'는 처음에 '하늘의 나'였고, 다음에는 '땅의 나'였으며, 그다음에는 '사람의 나'가 되었다는 개념 설정을 하고 있는 것이다.
또한 '나'는 처음에는 '하늘'이었고, 두 번째는 '땅'이었으며, 세 번째는 '사람'이었다는 말도 된다. 이 짧은 빛말씀은 '나'에 대한 우주 철학적 통찰을 하게 하는 깨달음의 가르침이다.

이처럼 '나'를 갈라 쪼개 놓고 보니(析三極), '나'는 우주 근원의 무궁무진한 근본(無盡本) 존재임을 역설하고 있다.
'천부경'은 이처럼 '나-참 참-나'의 깨달음을 주고 있다. 또한 '나-거짓 거짓-나'를 묵상(黙想)하게 하려는 참 진리를 담고 있는 것이다.

● '나'=세 갈래의 '나'

'나'는 '하나'이지만 가르면 '셋'으로 나뉜 '나'가 있음을 알 수 있었다.

● '천일일(天一一)'=하늘에 속한 '한나'

'나-참'이고 '참-나'를 말한다. 하늘에서 왔으며 하늘로 돌아가는 '나'다. 그러므로 영원한 '영아(靈我-영혼의 나)'이다. 본래의 '나'이므로 '본아(本我)'가 된다. 앞서 말한 '하나-한나'의 '하늘의 나'가 여기에 해당된다.
　또한 '애(愛)'의 '나' 역시 '하늘에 속한 나'이다. 불가의 절집에서 말하는 '불성(佛性)'을 뜻하는데, 우리말 '천성(天性)'의 '하늘 나'가 같은 말이다.
　불가(佛家)에서는 수도(修道)를 통해 '견성성불(見性成佛-본성을 보고 부처를 이루라)'하라고 가르친다. 우리 경전 '삼일신고(三一神誥-천지인 삼위일체 신의 가르침)'는 '성통공완(性通功完-본성과 통하는 공을 완수함)'하라고 가르쳤다.

　'천일일(天一一)'의 '한나'는 '생사가 없는 나'이다. '이뭐꼬?'의 '한 물건'을 말하며, '불립문자(不立文字-문자로 말 할 수 없음)의 나'이고, '언어도단(言語道斷-언어가 끊어진 길)의 나'를 말한다.
　불가 절집에서는 문자와 언어로 설파할 수 없다는 '불성(佛性)'의 '나'다. 그런데 우리는 '천성(天性)'의 '한나'를 일상의 생활 언어로 쓰고 있는 것이다. 그것이 '하나'이고 '하나님'이다. 그리고 '애(愛)'이며 '천일일(天一一)'의 '나-참'이다.

● '지일이(地一二)'-땅에 속한 둘째의 '몸나'

　땅에 속한 '나'는 '몸 나'가 될 것이다. 땅이란 눈으로 보이는 유형의 물질세계에 속한다. 그 물질세계를 아우르는 몸이 바로 땅에 속한 둘째의 '나'가 된다.
　그러므로 '몸의 나'는 땅에서 나는 음식으로 생명을 유지하고 기른다. 마치 어머니의 젖처럼 땅에서 나는 먹거리로 몸의 피와 자양분을 얻어 기르는 것이다.
　또한 '몸의 나'인 육체는 '하늘의 나'인 '참-나'를 모시는 집과 같다. 내 몸은 바로 '하나'의 '하나님'인 '본아 본주(本我 本主)'를 모시는 성전과 같다. '영(靈)'이 기거하시는 '육(肉)'이 바로 '몸 나'가 된다.

● '인일삼(人一三)'-사람에 속한 셋째의 '맘나'

　사람에 속한 세 번째의 '나'는 '마음의 나'가 될 것이다. 눈으로 보이지는 않지만 분명히 존재하는 '의식의 나'를 말한다. 이는 사람에 의해 몸과 뇌에 입력된 모든 정보의 의식으로 만들어진 '맘나'이다.

　천부경 '인일삼(人一三)의 나'를 '맘 나'라고 말 할 수 있다. '몸 나'가 태어나는 순간부터 직접과 간접으로 입력되는 모든 정보로 만들어진 '마음의 나'이다. 그러므로 '참-나'가 아닌 '남-나(남의 나)'로 발현되는 '가짜 나'도 '맘-나'에 해당한다.
　이와 같은 '나-세 갈래의 나'를 정리하면 다음과 같다.

天-한 나-영-성(性)
人-맘 나-혼-명(命)
地-몸 나-육-정(精)

근본의 나는 '한 나'이다. 보이는 나는 '몸 나'이다. 그리고 의식의 나는 '맘 나'이다. 이의 3위가 1체를 이루어 '나'가 된다.

'몸 나'는 '한 나'와 '맘 나'의 기반이다. 하지만 '맘 나'가 없는 '몸 나'는 식물인간과 같다.

무엇보다 '한 나'를 모르는 '몸 나와 맘 나'는 '얼빠지고, 어리석은(얼이 썩은), 얼간이(얼이 나간 이)'가 된다.

〈民調詩〉
한 · 맘 · 몸

'몸' 안에 '맘'이 있다,
'맘' 그 빛 속에
'한' 나,

하늘

흔

나.

'나-본(本)-본래(本來)'

천부경은 '나-하나'를 또 다른 표현으로 '본(本)'이라 하였다. 정확히 '무진본(無盡本)'이라고 밝혔다.

여기서 '무진(無盡)'은 '무궁무진(無窮無盡)'의 줄임말이다. '한없고 끝없다'는 뜻이다. 우리말에 '무진 애(無盡 愛)'를 썼다는 말처럼 흔히 쓰는데, 모두 '나(我)-애(愛)-본(本)'을 설파하는 한국인의 언어 유훈(遺訓)이다. 즉, 나는 무궁무진한 사랑이며(無盡愛), 무궁무진한 근본(無盡本) 시작임을 깨닫게 해주는 말이다.

이의 '본'에서 비롯된 말 중 하나가 '본래(本來)'이다. 이 말은 시작 근본으로 돌아오라는 뜻말이다. 수많은 작용으로 변화를 하여도 '본래'의 본처(本處) 자리로 돌아오라는 참뜻을 전하는 말이다. 천부경은 다음과 같이 그 빛말씀을 전하고 있다.

● '만왕만래용변부동본(萬往萬來用變不動本)'

'만왕만래(萬往萬來)'='한나'가 만 번을 가고 만 번을 돌아오고
'용변(用變)'='나'의 쓰임에 따라 변하여도
'부동본(不動本)'='한나'의 근본은 움직임이 없다.

'나'는 삶의 여정에 따라 그 쓰임이 끊임없이 변한다. 자녀로 변하고 배우자로 변하며, 부모로 변하기도 하고, 직업인으로 변하기도 한다. 우리의 삶이 그야말로 '만왕만래(萬往萬來)' 하고 있지 않은가. 그 상황과 쓰임에 따른 모습은 끝없이 변한다.

그렇지만 '나'는 '참-나'를 잊지 말고 근본 자리로 돌아오라는 뜻이다. 삶의 변화에 따른 허울에 빠져 영원히 '가짜 나'로 살지 말라는 빛말씀이다. 언제든 '부동(不動)'의 본래(本來)로 돌아와야 한다는 뜻이다.

'한-나'의 또 다른 표현이 '본(本)'이다. 또한 '하나'가 '하늘-나'라면, 그 하늘에도 마음이 있는데, 흔히 우리는 이걸 '천심(天心)'이라고 한다. 바로 그 하늘마음(天心)을 다른 말로 본심(本心)이라고 말한다. '나'의 근본 마음이라는 뜻이다. 그 본심=천심을 천부경은 다음과 같이 밝혀 놓았다.

- **'본심본태양앙명인중천지일**(本心本太陽昂明人中天地一)'

'본심(本心)'= '나'에게는 본래의 마음이 있는데,
'본(本)'= '나'의 그 근본은
'태양앙명(太陽昂明)'=태양처럼 높이 밝고 밝으며,
'인중천지일(人中天地一)'=사람 가운데 하늘과 땅과 하나로 있다.

이러한 '나'와 '본'과 '하나'를 다시 정리해서 풀어보기로 하자.
'나'-'하나'는 '무진본(無盡本-무궁무진함의 근본)'이다. 삶의 여정에 따라 만왕만래(萬往萬來-만 번을 가고 만 번을 돌아옴)한다. 이러한 '나'의 모습은 여러 쓰임에 따라 변(用變)한다. 그러나 그 근본은 부동(不動)의 흔들림이 없어야 한다.

'나'의 '본심=천심'은 나의 '본(本)'에 있는 근본 마음이다. 그 '본심'은 '태양앙명(太陽昂明)'-태양과 같이 높이 밝고 밝은 하늘마음이다. '나'의 '본(本)'은 '인중천지일(人中天地一)'-사람 가운데 천지와 하나 되어 빛나고 있다.

천부경은 이처럼 '나'의 '근본(根本)과 '본심(本心)'의 실체를 태양빛처럼 환하게 밝혀 주고 있다.

〈民調詩〉
돌아가라

한 바퀴
원(元)을 돌아

본래(本來)
그 자리

돌아가라,
흔나.

'심(心)=마음의 세 갈래'

'마음'은 무엇인가?

마음의 실체를 모르면 '심봉사'이다. 그러나 마음을 바로 알고 마음의 주인이 되면 '심청이'가 된다.

'마음'은 무형의 실체로서 보이지는 않으나, 실제 작용하여 유형의 존재인 '몸 나'를 움직이는 '맘 나'의 정보이다. 우리말에는 그 마음에도 크게 세 갈래가 있음을 설파하고 있다. 다음과 같다.

'한 나'의 마음-본심(本心)
'몸 나'의 마음-진심(眞心)
'맘 나'의 마음-선심(善心)

'본심'은 '한 나'의 마음을 말한다. 의식의 범주를 벗어난 무의식의 하늘마음이다. 마치 우주 정보를 총합한 유전정보와 같다. 그래서 천심(天心)이라고 말할 수 있다.

앞서 '천부경'은 '본심'을 잘 설파해 주고 있는데, 태양과 같은 그 본심의 실체를 바로 알고, 스스로 최고의 자존심(自尊心)을 잊지 말아야 한다. 진정한 자존심으로 태양처럼 본심이 빛나면 '신명(神明)'이 난다. '신명(神明) 나는 삶'을 살고, '한 나'의 본심을 자꾸 써야 자존심이 높아진다. 자존심이 신명이고 신명이 자존심이다. 그렇게 본심의 본래로 돌아가는 삶을 살아가야 한다.

'진심'은 '몸 나'의 마음이라고 말할 수 있다. '몸 나'의 실체인 육체는 참 정보의 마음으로 발현되는 정보이다. 꾸밈없는 몸 감각의 정보로 육체의 마음을 드러낸다. 몸이 느끼는 6감의 마음일 것이다. 그 마음을 '진심'이라고 말한다.

이의 '몸 나'는 있는 그대로 진실하므로, 그 육체에 입력된 정보를 '진심'이라고 말하는 것이다.

따라서 '몸 나'의 몸을 잘 간수하고 닦으면 '진심'으로 살아갈 수 있다. 반대로 몸을 지키지 못하면, '진심'이 사라지고 온갖 '욕심'에 지배당하는 삶을 살아가게 된다. 그러므로 수신(修身)이 곧 진심이다. 건강한 몸으로 수신(修身)을 잘 한 사람은 진심의 사람이다. 거꾸로 몸의 건강을 망치고 수신하지 못한 사람은 욕심의 사람이 되기 쉽다.

'선심'은 '맘 나'에서 비롯된 의식의 마음이다. 즉, 사람에 속한 셋째 나로 인해 생긴 뇌 정보의 마음이다. 이의 '선심'은 각자 삶의 환경에 따라 뇌에 입력된 개개인의 마음이다. 그러므로 각자 다른 마음이라 자칫 악심(惡心)으로 발현되기 쉽다. 그래서 '선심(善心)'을 기준해야 하는 '맘나'의 마음이다.

이처럼 '선심'은 각자의 뇌에 입력된 정보를 따라 형성된 마음이라, 그 기준이 선량해야 한다. 조석으로 바뀌고, 하루에도 12번 바뀐다는 '맘 나'의 뇌 정보라, '착한 마음'으로 기준을 삼지 않으면 쉽게 '나쁜 마음'이 되기 때문이다.

특히 세상의 관습과 교육의 지식정보로 가득히 입력된 뇌 정보의 마음은 '거짓 나'가 많다. 그러므로 '맘 나'가 자신의 '선심'을 다스리지 못하면 '심봉사'로 살게 된다. 남이 입력시켜 놓은 남의 마음을 이기지 못하면 '참-나'로 살 수 없기 때문이다. 결국 진정한 자존심(自尊心)을 모르는 '심봉사'로 살아간다.

정말 중요한 것은, 하늘 마음의 '본심'을 끌고가는 운전자가 사람 마음의 '선심'이라는 점이다.
즉, '한나'가 위대해도, 그 '한 나'를 이끄는 조종자가 '맘 나'라는 사실이다.

그러니 '나'를 모르고 '마음'의 실체를 모르는 청맹과니는 '심봉사'이다. 그러나 마음의 세 갈래를 바로 알고 '맘 나'를 조율하는 마음의 주인이면 '심청(心淸)'이다. '심봉사'의 눈을 뜨고, '심청이'처럼 마음을 맑게 닦아 '진심'과 '본심'을 쓰고 살아가는 마음의 주인이 되어야 한다.

마음의 눈을 뜬 '심청이'가 되어, 상황에 따라 마음을 내려놓을 수 있는 '하심(下心)'이 곧 '선심'이다.

〈民調詩〉
新심청전

공양미 삼백석에 몸을 팔아라,

'한나'에 인당(印堂)
'몸나'는 관원(關元)
'맘나'엔 단중(丹中)

인당수(印堂水)야,
풍덩.

연꽃이 피어나는 맘눈을 떠라,

본심은 태양
진심은 달빛
선심은 별빛

청아,
심청,
心淸.

'나-얼-얼굴-얼씨구-어른'

'한-알'
'한-얼'
'한-울'

'나'는 '한-알'로 생겨나서, '한-얼'로 살아가다가, '한-울'로 돌아간다.

여기서 말하는 '한-알'은 '씨-알'과 같은 의미의 말이다. 생명의 씨(정자精子)를 말하는데, 이를 불씨, 혹은 빛씨로 비유하는 말이기도 하다. 그 불씨알을 간직한 주머니가 남성의 '불알'이 되는 것이다. 이는 앞서 말한 '한-점'과도 상통하는 말이다.

다음의 '한-얼'은 '나의 얼'이기도 하고, '얼-나'이기도 하며, '혼-나'가 되기도 한다. 이의 '나-얼'은 우리 말 속에서 쉽게 찾아볼 수 있는 한국인의 언어 철학인데, 그 뜻과 의미를 찾아 나의 '한-얼'을 '얼차려'야 하고, 나아가 '어른'(얼이 늘어난 사람)이 되어야 할 것이다.

● '얼굴'

'얼이 드나드는 굴'이라는 의미를 함의하고 있다. '얼이 굴러다니는 곳'이라는 의미도 된다. '얼'의 씨앗은 빛에서 비롯되었으니, 모름지기 '얼굴'에서는 '얼빛'이 빛나고 있어야 한다.

● '얼시구=얼씨구'

'얼시구'는 '얼+시(矢)+구(口)'로 파자(破字) 되는 말이다. 즉, '얼을 알아라(知)'는 뜻을 전하는 말이다.
'얼씨구'는 '얼의 씨가 입과 입으로 전해져라'는 뜻으로도 풀이된다. '얼+십구(十九)'의 의미로도 되새김해 볼 말이다. 여기서 '십구(十九)'는 '적멸-생멸의 번뇌를 벗어난 경지'의 숫자를 의미한다. 따라서 '얼씨구(얼+九)'는 '얼이 생멸의 번뇌를 벗어난 경지에 이른다'는 뜻으로도 풀이된다.

● '얼차려'

'얼을 알아차리라'는 의미의 말이다. 흔히 '얼빠진 놈'은 '얼차려'를 시킨다는 뜻으로 많이 쓰인다. 이 말은 '참-나'와 '얼-나'와 같은 개념의 말이 되는데, '얼차려'는 '참-나를 알아차려라'는 의미의 말이기도 하다.

● '어른'

'어른'은 '얼이 늘어난 사람'을 의미한다. 즉, '얼이 성장하여 진화된 사람'이라는 뜻이다. 그러므로 각자(覺者)는 누구나 '얼차려'서 '얼시구-얼씨구'하고 '어른'이 되어야 한다는 뜻이다.

만약 '어리석어(얼이 썩다)' '얼간이(얼이 간 사람)'로 살아간다면, '어른'이 되지 못하고 '얼치기(얼이 되다만 사람)'로 살다 갈 것이다.

'한-알'의 씨알이 몸이 되고, '한-얼'이 커져서 '어른'으로 그 빛이 성화되면, 그때 비로소 '한-울'의 '애(愛)-사랑'으로 완성되어지는 것이다.

이를테면 '한-알'은 '튼튼한 건강'과 같고, '한-얼'은 '더 없는 지혜'와 같으며, '한-울'은 '한없는 사랑'과 다를 바 없다.

'나'는 '어른'으로 살아가고 있는가? 지금.

〈民調詩〉
각설이 얼시구(覺說理 얼矢口)

얼간이 얼차려라,
얼이벙벙 얼빠진 놈

얼이썩은 얼치기들아,
얼씨구시구 들어간다아~!

작년에 왔던
각설이 (覺說理)
거지 (巨智)

죽지도 않고
또 왔네,
얼쑤

일씨구,
또 왔네.

'나'– 점지(占志-点智) 하다

우리말에 '나는 삼신할머니가 생명을 점지(占志 点智)해 주셨다'는 말씀(쓸모있는 말)이 있다.

여기서 '삼신(三神)의 점지(占志)'를 빛말씀으로 되새겨 보기로 하자. '나-참'을 깨닫는 참말이 될 것이므로.

먼저 '삼신(三神)' 할머니는 누구를 지칭하는 말인가? 두말할 여지 없이 천·지·인(天·地·人) 삼재(三才)를 지칭하고 있는 한민족의 언어이다.

앞서 천부경(天符經) 구절에서도 석삼극무진본(析三極無盡本) 해보니, '나'를 존재하게 한 삼신(三神)이 있음을 설파했는데, 그 삼신은 다름 아닌 '하늘·땅·사람'임을 밝힌 바 있다.

그 천·지·인(天·地·人)이 바로 삼신(三神)이다. 그리고 '할머니'는 생명의 신성성을 상징하는 여성성의 의미를 함축하고 있다. 또한 본래 우리 민족의 생명 시조를 지칭하는 '마고(한민족 창세 신화 부도지符都誌의 천모天母)할미'에서 연원된 존칭이기도 하다.

따라서 '삼신할머니'는 '천·지·인(天·地·人)'과 한민족 창세 시조 '마고할미'를 존칭하는 의미로 전해지는 말뜻이 된다.

이와 같은 맥락에서 '나'는 '삼신(三神)의 나'임을 거듭 증명하고 있다. 그러한 천·지·인(天·地·人)의 '나'이므로, 매 순간 삼신(三神)과 '나'는 생명나눔을 하고 있는 것이다.

천·지·인(天·地·人) 삼신(三神)인 '나'는 하늘의 공기(天氣)와 땅의 지기(地氣)와 사람의 인기(人氣)를 받아먹으며 생명살이를 하고 있는 것이다. 그러므로 '나'는 지고한 '하나님'이며, 사랑의 화신인 '애(愛)'가 되는 것이다.

'점지(占志-点智)'는 무슨 뜻인가?

먼저 '점'의 의미는 '시작과 중심과 마침'에 있다. 하얀 백지나 무한 하늘에 하나의 '점'을 찍으면, 그 점은 존재의 시작이 되고, 또한 중심이 되며, 결국 마침의 의미가 된다.

즉, 아무것도 없는 곳에 '점'을 찍었으니, 실상의 존재가 시작된다는 의미가 성립된다. 이는 삼신(三神)이 '나'라는 '점'을 찍어주었으니, 비로소 '나'라는 실상의 존재를 인정받는 시작점인 것이다.

또한 '나'라는 '점'을 찍었으니, '나'는 광대무변한 우주의 중심이라는 선언을 하고 있다. 오로지 '나'라는 '점'을 찍은 곳이 모든 것의 중심이 된다는 의미이다.

그리고 삼신(三神)의 완성된 생명 존재로서의 마침표로 성료(成了)되었다는 의미의 '점'도 내포하고 있다.

또한 '점'의 '점(占)'은 '지키다, 차지하다, 점치다'의 뜻을 의미하는데, 무엇보다 '참-나'의 자존을 지키는 지혜를 뜻하는 빛말씀으로 풀이된다 하겠다.

'점지'의 '지'는 '지(志)와 지(智)'의 의미로 해석된다. 앞의 '지(志)'는 '뜻 지'로서, '나'를 '점'찍은 삼신(三神)의 뜻을 알아야 한다는 가르침을 주고 있다.

뒤의 '지(智)'는 '지혜지'로서, '나'라는 생명을 점지한 삼신의 지혜를 깨달아야 한다는 의미의 해석이다.

우리 한민족은 누구나 삼신할머니가 엉덩이를 두들겨, 삼신 반점(몽고반점이라고도 함)을 찍어 주며, '나'라는 생명을 점지해 주셨다는 집단 잠재 무의식을 지니고 있다.

그러므로 그 점지(点志)의 의미를 바로 깨달아야 한다. 즉, '참-나'는 우주의 시작점이고, 중심점이며, 생명 탄생의 자존적 마침 점임을 자각해야 한다.

이러한 삼신 점지(三神 点志)의 뜻을 바로 깨닫는 지혜를 밝혀야 한다. 그리고 모두가 '나-참'을 완성해 가야 하겠다.

〈民調詩〉
三神 흔적 찾아

아침에
아점(我点) 찍고

점심(点心)에는
구심점(求心點) 잡고

저녁이 오면
점넋을 기리고.

'나― 진지(眞智) 드세요'

'밥 먹어라!'
'식사하세요!'
'진지 드세요!'

이 말들은 모두 밥 먹는 일을 권유하는 우리식의 표현 방법들이다. 권유의 대상에 따라 표현을 달리해서 쓰는 우리말들이다.

이중 '진지 드세요! 진지 잡수세요!'는 그냥 간과해서는 안 될 선인의 깊은 가르침이 담겨 있다.

이의 식사를 권유하는 예법 말은 대개 자신보다 윗사람이거나, 연세가 높은 어른들에게 쓰는 언중인데, 그 속에는 큰 깨달음의 지혜가 담겨있다. 우리의 '얼'을 생활 식사 습관에서 일깨우려는 빛말씀이 새겨져 있는 것이다.

'진지'의 '진(眞)'은 한자 '참 진(眞)'에서 빌린 말이다. 이의 '진(眞)'은 '참―나'의 '진리', '나―참'의 '진아(眞我)'를 담고 있는 말이기도 하다.

그리고 '진지'의 '지(智)'는 '지혜'를 나타내는 한자 말뜻이다. 또한 '알 지(知)'의 뜻을 담은 말이기도 하다.

따라서 '진지(眞智)'는 '참 지혜'를 나타내는 말이다. 즉, '진리를 깨닫는 지혜'를 나타내는 우리말이며, 또한 '참―나'의 '진아(眞我)'를 깨닫게 하려는 '진언(眞言)―진리의 말'이다.

'어르신, 진지 잡수세요!'

이의 참말을 풀어 보면 거룩한 축복의 말씀으로 전해온다. 위대한 말씀 철학이 담겨있는 한민족임을 깨닫게 된다. 풀어쓰면 다음과 같은 큰 뜻을 전하고 있다.

'얼신(얼+神), 진리를 깨닫는 지혜의 양식을 잡수세요!'
'얼의 신이시여, 참―나를 깨닫는 생명의 양식을 드십시오!'

이 말은 이렇듯 각자(覺者)를 지극히 찬미하는 극존(極尊)의 경배 인사인 것이다. 또한 연세(年歲―해를 살아온 세월)가 높아 백발이 성성해지면, 더 이상 밥을 축내고 있는, 식충 같은 삶을 살지 말라는 엄중한 경고의 말이기도 하다.

한 숟갈 밥은 '나-참'의 거룩한 생명양식이다. 그 밥도 때에 따라 먹는 의미가 다르다는 뜻을 일러주고 있는 것이다.

즉, 어릴 때의 밥은 육체를 성장시키는 몸의 양식이 된다는 뜻이다. 따라서 이때는 육체 성장을 위한 '밥'을 잘 먹어야 한다.

또한 젊을 때의 밥은 일을 하고 생활을 영위하기 위한 일의 양식이며, 노동의 식사일 것이다. 역시 이때는 잘 살기 위해서 열심히 '식사'를 하고 부지런히 생활해야 맞는 것이다.

그러나 장년 혹은 노년의 밥은 '나-참'을 성숙시키는 '진지(眞智)'로 드셔야 한다. '어른(얼이 늘어난)'이 되기 위한 '진지를 잡수셔야' 한다는 뜻이다.

그렇지 않고, '어른'이 밥이나 먹으며 식사로 끝나는 밥상머리의 삶은 어리석은(얼이 썩은) 식충이 되기 쉽다.

이렇듯 평상의 생활언어로 전하는 우리말의 진리를 깨우치지 못하면 결국 '얼간이(얼이 간사람)'가 되고 만다.

일상의 밥상머리 철학을 깨닫지 못하면, '나-참 기(氣)막힌' 철부지(節不知-철을 모르는 사람)신세를 면치 못하게 될 것이다.

〈民調詩〉
참 밥상머리 경(經)

나(我)
원(願)
참(眞)!

밥
잘 먹어!

식사
잘 하고!

진지(眞智)
꼭 드세요!

'나-도(道)-도리도리(道理道理)'

'도(道)'는 '길'이다. 사람이 마땅히 지켜야 할 '도리'를 말한다. 또한 깊이 성찰한 깨달음의 진리를 의미한다. 그러므로 '도'는 '지혜'를 상징한다.

따라서 '도인(道人)'은 삶의 길을 깨우친 사람을 말한다. '도사(導師)'는 진리의 길을 이끄는 스승이 되겠다. 요즘 혹세무민(惑世誣民-세상과 민심을 어지럽힘)의 '사이비도(似而非道)'가 횡횡한 탓인지, '도(道)'의 본뜻이 약간의 비아냥 웃음거리가 된듯하다.

우리 민족은 '도(道)'의 가치를 매우 소중히 가르치고자 했다. 그 반증으로 3천리 강산을 여덟 갈래의 팔도(八道)로 나누고, 그 지명에 '도(道)'를 붙여 의미부여를 했다. 이웃 중국의 '성(城)'이나 일본의 '현(縣)'과는 달리, 지역 공간 구역을 표기하는 데도 '도(道)'를 썼다는 것은, '길-도(道)'의 철학이념을 중시한 유훈(遺訓)이 아닐 수 없다.

3천리 강산을 8도(함경·평안·황해-3도/ 강원·경기·충청·전라·경상-5도)로 분할한 것도 우주 변화 원리 강령에 따른 것이다. 하나의 물질을 3재(三才)로 가르면 8조각으로 나뉘는데, 이는 흔히 몸의 구성 비율을 8등신이라 말하는 것과 같은 원리에 근거한 이치이다.

즉, 물질과 공간의 최대 분열수가 8이므로, 이러한 원리에 근거하여 3천리 한반도를 8도로 분할하였던 것이다.

그리고 늘상 '도덕(道德)'의 근본 가치를 깊이 각성(覺性)하라는 훈혼을 새겨 '길 도(道)'로 명명한 것이다. 다시 말해, 8도(道)에는 진리의 길-도덕의 길-만사(萬事)의 길인 '도(道)'를 기준으로 살아가라는 유훈이 새겨 있다고 보는 것이다.

그 확실한 가르침이 '도리도리(道理道理)'이다. 우리 민족은 지금도 어린 아기에게 '도리도리'부터 가르친다. 대개 어린 애기(愛氣)가 '머리(머리는 하늘을 의미한다)'를 곧추 세우기 시작하면 '도리도리'를 가르친다. 지금도 한국인이면 집단 무의식적 육아 행위로 '도리도리' 주문을 한다. 좌우로 머리를 가로 젖히는 고개 운동을 따라하게 하며, '도리도리'의 영성 주문을 입력시킨다.

이는 어린 순수 영혼의 유전정보, 혹은 뇌 정보에 '도리도리'를 깊이 되새김질하는 영적 기도문인 것이다.

좌우의 고개 짓은 무엇인가. 세상살이를 오른쪽을 보고 옳은 도리를 벗어나지 말고, 왼(외진)쪽도 보고 그 도리를 지키라는 염력의 주문인 것이다. 즉, 옳은 길 외진 길을 바르게 판단하고 선택해서 살아가라는 거룩한 가르침인 것이다.

그 엄정한 '도리'의 기준은 '도리도리 각궁(覺穹)'에 있다. '각궁(覺穹)'은 '깨달음(覺)의 하늘(ㅋ)'을 말한다. 즉, '하늘의 이치를 깨달아라'는 말뜻이다.

따라서 '도리도리 각궁(꺆궁)'은 '도리의 하늘 이치를 깨닫고 그 기준으로 옳고 외진 길을 판단해서 가라'는 뜻을 가르치는 말이다.

이는 우리 민족의 하늘사상을 자자손손 전해준 생활경전의 '도리도리경(道理道理經)'인 것이다.

요즘 '극악무도(極惡無道)'의 세상이란 말을 흔히 듣는다. '극악(極惡)'은 무도(無道)'에서 비롯된다는 뜻이다. 어쩌다 '도리도리'를 새까맣게 잊어버린 '무도(無道)'의 세상으로 변했는지 모르겠다.

우리 민족 누구나 '도리도리'를 안 배우고 자란 사람 있을까. 그렇다면 누구나 순수 영혼에 새겨진 '도리도리'를 수시로 끄집어내어 새겨보아야 한다. 사람살이의 모든 것에 '법도(法道)'가 있기 때문이다.

그 '법도-법의 길'을 '도리도리 각궁'에 새겼다는 뜻이다. 하늘을 우러러 한 점 부끄러움이 없는 삶이라면 '도리도리'를 생활 실천하는 사람이다. '도리도리'를 하면서 좌우로 고개를 돌리듯, 생활 속에서 오른쪽 왼쪽의 '옳은 길 외진 길'을 좌우로 잘 살피는 삶의 사람이다.

그런 사람이 생활의 '도인(道人-지혜의 길을 아는 사람)'이다. 그렇게 익어 '어른(얼이 늘어난 사람)'이 되면 '도사(道師-진리의 길을 가르치는 스승)'가 될 수 있는 것이다.

흔민족 모두 '도리도리 각궁(道理道理 覺ㅋ)'이다.

〈民調詩〉
도리도리경(道理道理經)

사람아,
도리 도리(道理道理)

오른(옳은)쪽
왼(외진)쪽

하늘길 따라

도리도리 깍궁(覺弓).

'도-효도(孝道)'의 본뜻

'도' 중의 으뜸 도가 '효도'이다. 우리 민족은 특히 '효도'를 지극히 중시해왔다. 그러므로 '효 사상'의 뿌리 의식이 강한 민족이다. 혈연과 지연(地緣), 학연(學緣) 등 끈끈한 정(情)문화가 뿌리 깊고, 조상과 가족 등 종씨 족보 연대가 강한 혈통의 민족성을 지녔기 때문일 것이다.

'효도'는 부모를 공경하고 잘 섬기는 인륜의 규범을 말한다. 인륜 규범의 근본에 해당하지만, 요즘 시대는 '효도'의 의식이 심각하게 퇴색해가고 있는 실정이다. 부모에게 '효도'를 요구하기에는 무리가 따르는 시대 상황을 맞이하고 있는 것이다.

그렇다면 진정 이 시대가 요구하는 '효도'는 무엇일까. 우리 민족 사상의 '효도'에서 그 참뜻을 찾아보기로 하자.

'효'의 한자는 '효도 효(孝)'이다. 이 '효'자가 만들어진 원리를 풀어 파자해보면 '효'의 본뜻을 쉽게 알 수 있다.

이 '효(孝)'자는 '흙 토(土)+삐칠 별(丿)+씨 자(子)'가 모여 만들어졌다. 뜻을 조합해 보면 다음과 같다.

- **효(孝)='흙(땅-土)에 빛의 별(삐칠-丿)인 씨의 자식(씨-子)을 낳는 일'**

이처럼 '효'의 문자 속에는 '효'가 무엇인지, 그 참뜻을 명백히 설파하고 있다. 한마디로 '효'란 '지구로 하늘의 빛나는 별인 사람 씨앗을 초대하여 낳는 일'이라는 뜻이다. 그것이 '효도'임을 정확히 가르친 것이다.

그렇기 때문에 '도'중 최상의 으뜸 도를 '효도'로 삼았던 것이다. 모두 삼신 생명 문화의 뿌리 의식에 근거한 우리 민족 사상이다.

대대손손 자식을 낳는 일은 생명의 길(道)을 이어가는 '도중의 도'가 틀림없다. 그러한 생명의 길을 끝없이 이어가라고 '효도'를 으뜸 사상으로 가르친 것이다. 그 참 가르침을 '효(孝)'의 문자 속에 새겨둔 것이다.

부모를 공양하는 인륜 규범의 '효도'를 가르치는 시대는 이제 막을 내리고 있다. 그보다는 대대손손 생명의 길(道)을 이어가는 참 '효도(孝道)'를 가르쳐야만 하는 시대로 변하고 있다. 자식을 낳고 기르는 일이 점점 '효도'를 벗어나고 있는 실정이기 때문이다.

우리의 전래동화 '나무꾼과 선녀'는 생명의 길을 번성시키려는 교훈을 담은 이야기이다. 남녀가 둘이 만나 자식 셋을 낳아야 한다는 생명이야기가 핵심줄거리이다. 진정한 의미의 '효도'를 바탕으로 한 구전 이야기인 것이다.
남녀가 둘이 만나 셋을 낳아야만 생명 번성의 '효도'가 이루어지기 때문이다.

'효도'는 땅에 사람의 별빛 씨를 초대하는 생명의 길이다. 따라서 진정한 '효도'는 다름아니라 '내가 부모보다 빛나는 별로 살아야 한다. 그리고 나는 내 자식을 낳아 나보다 빛나는 별로 키워야 한다', 그것이 참된 의미의 '효도(孝道)이다.

이제 인륜 규범의 '효도'를 뛰어 넘어 '한 나'의 '효도(孝道)'를 실천해야 한다. 그러한 창의적 '효도'는 성숙하게 진화한 인간이 천지 부모를 봉양하는 큰 의미의 '효도'가 된다.

우리 민족이 '효도(孝道)'를 '도' 중의 '으뜸도'로 여긴 까닭을 바로 알아야 한다. 그리고 그 '효도'를 실천하는 '효행(孝行)'에 적극 앞장서야 할 것이다.

〈民調詩〉
효 경(孝經)

하늘아,

사람아,

이 땅에(土)

비치는 별(丿)

한 알의 빛 씨(子)

초대한다.

효(孝)

도(道)

〈民調詩〉
도라지(道羅地) 피다

무궁화 만발할 때 피는 꽃이라,
도라도라 흰 꽃.

조선의 꽃이란다,
백두대간 어둠지마다 꽃뿌릴 뻗어
피어나라, 빛꽃.

저 붉은 여름꽃들
조선 뜰에서 고개 낮추란다.

두 하늘 하나 가득
무궁화꽃으로 꼭 만발하리니.

흰빛의 꽃 약속들 잊지 말자며
하늘 나팔 분다.

염천의 불꽃처럼 사랑하자며
도라도라 핀다.

도라지(道羅地)
심심산천 흰송이마다

빛 길(道) 펴라(羅),
흰땅(地).

'나-덕-떡-덩덕궁'

'덕'은 '사랑'이다. '도'가 '지혜'라면 '덕'은 '사랑'이다. 즉, '도'가 '머리의 깨달음'이라면 '덕'은 '몸으로 베푸는 사랑'이다.

따라서 '도덕'이라 함은 '지혜와 사랑'을 말하며, 사람이 '도리의 지혜로 덕을 베푸는 사랑'을 뜻한다.

그러므로 사람은 '도덕'이 인간완성의 지표가 된다. 이는 '도의 지혜를 깨닫고, 덕의 사랑을 실천하는 사람'이 되어야 한다는 인간완성의 기준이 되는 말이다. 예로부터 이러한 완성된 인간을 '도덕군자(道德君子)'라고 지칭해 왔던 것이다.

이의 '덕(德)'을 생활 철학으로 새겨 가르치려 했던 말이 '떡'이다. 다시 말해 '덕'이 된소리 경음화로 '떡'이 된 경우로 추정된다.

이처럼 '덕'을 '떡'으로 상징할 만큼, 그 의미 맥락이 어떻게 통하고 있는 것인지, 여러 사례를 통해 성찰해보기로 하자.

'떡'은 우리 전통의 대표적인 음식인데, 그만큼 우리 민족 생활 전반에 쓰이는 특별 음식이다. 모든 제례 의식과 가정의례 등 생활 축제의 모든 행사에 '떡'은 반드시 차림 음식이 된다.

그중 '백일 떡'의 백설기 떡은 생명 나눔 떡으로 대표적이다. 100은 우리말 '온'인데, '온전함'을 의미하는 수리이다. 그래서 오늘날까지도 사람이 태어난 지 100일 되는 백일잔치는 온전한 생명 선언 날의 의미가 있다.

이때 다른 건 몰라도 백일 떡은 반드시 잔치 떡으로 나누고 돌려먹는 축제 음식으로 전해온다. 사람 생명이 태어나서 100일의 생활환경 적응을 무사히 통과했다는 세례의식의 떡이기도 하다.

백일에 생명의 빛을 상징하는 흰색 쌀가루로 만든 떡이 바로 백설기 떡이다. 주변의 모든 사람들에게 한 사람 삶의 출발을 인정받는 인증의례 떡인 셈이다. 그 '덕'을 '떡'으로 칭송하여, 인정받고 축복받으려는 백설기 떡 나눔이 '백일 떡잔치'인 것이다.

백설기는 가능하다면 100사람에게 떡을 나누길 권면하는 풍습에서도 그 의미를 엿볼 수 있다. 여기에는 한 사람 생명을 100인이 '덕'으로 축복해 주고, 또 그 한 사람은 일생을 많은 이(100인)에게 '덕'을 베풀고 살아가라는 생활 철학이 담겨 있다.

이처럼 우리 음식 '떡'은 모든 사람에게 베풀고 나누어 먹는 '덕'과 같은 의미의 축제 음식이다. 특히 백일 떡은 그런 의미의 통과의례를 축복하는 생명 나눔 떡인 것이다.

'떡'은 '떡시루'에 담아 떡을 찐다. 전통 방식은 '가마솥'에 '시루'를 얹고 훈증의 '김'으로 떡을 찐다.

여기서 '가마'는 사람 머리의 중심 회오리 표식을 빌려온 뜻 말인데, '가마'는 하늘과 통하는 표식이다. 그래서 '가마'는 '하늘'과 상통하는 말이다.

그 위에 '시루'를 올리는데, 그 시루바닥에는 오방의 구멍이 뚫려있다. 이는 '인·의·예·지·신(仁·義·禮·智·信)의 5덕을 상징하는 다섯 구멍이 된다. 그리고 떡을 찌는 훈증의 '김'은 우리말 '기(氣)'로서, 사람의 5덕을 새로운 기운으로 찐다는 의미를 담고 있다.

즉, '하늘 가마'에 '오방 시루'를 얹고 햇'기-김'으로 5덕의 시루떡을 찐다는 의미이다. 이처럼 '덕'은 '떡'으로 의미 부여를 상징했으며, 5덕을 갖춘 사람으로 거듭나서, 5덕을 베푸는 사람이 되라는 큰 가르침을 '떡'에 새기고 있는 것이다.

언젠가는 하늘 가마에 자신만의 5방 시루를 얹고, 새로운 '김'으로 '5덕(사랑의 덕, 의리의 덕, 예의의 덕, 지혜의 덕, 믿음의 덕)'의 새 떡을 쪄서, 이웃의 100사람에게 생명의 떡 잔치를 베풀라는 뜻을 전하고 있는 것이다.

이처럼 '덕'과 '떡'에는 우리 민족의 깊은 생활 철학이 담겨 있다. 하늘의 '도'를 씨앗으로 땅의 '덕'으로 완성하라는 의미의 도덕 '떡 경(經)'을 설파하고 있는 것이다.

〈民調詩〉
떡 경(經)

가마에 시루 앉혀 떡을 쪄라.

인·의·예·지·신(仁·義·禮·智·信)
5덕 덩 덕궁(德弓)

德
쪄라,

베풀
德.

남자-놈, 여자-년

흔히 쓰는 우리말 중에 남자는 '놈'이라 하고, 여자는 '년'이라고 부른다. 왜 그렇게 불렀을까. 어떤 의미를 담아 '놈'과 '년'을 구분지어 불렀을까. 그 뜻을 찾아 되새겨 보기로 하자.

남자의 '놈'은 씨를 놓는 놈이라는 뜻의 의미가 담겨 있다. 즉, 씨를 놓음의 '놈'을 말한다. 무엇보다 생명의 씨를 놓는 '놈'의 뜻을 새긴 말이다. 생명 농사의 씨줄을 놓는 '놈'이라는 뜻을 의미한다.

그러므로 '이 놈'은 '인(人) 놈'의 변형 말이 된다. 사람의 씨줄을 따라 씨를 놓는 놈이라는 뜻이다. 또한 인연(因緣)의 씨줄을 따라 씨를 놓는 놈이 바로 '이 놈'인 것이다. 인과의 씨줄을 맞춰 씨를 놓는 놈이라는 뜻을 담은 말이다.

또한 '저 놈'은 '천(天) 놈'의 변형 말이 된다. 이는 하늘의 씨줄을 따라 씨를 놓는 놈이라는 뜻이다. 즉, 천연(天緣)의 날줄을 따라 씨를 놓는 놈이라는 뜻이다. 하늘의 연줄을 따라 씨를 놓는 놈이 바로 '저 놈'의 변음 말인 것이다.

그렇다면 여자의 '년'은 어떤 의미의 말일까. 한마디로 인연을 묶는 '년(緣)'이라는 뜻이다. 인(因)의 씨줄을 받아 과(果)의 연(緣)줄을 묶는 '년'이라는 뜻이다.

그러므로 '이 년'은 '인(人-因) 년'의 변형 말이다. 남자의 씨를 받아 인연(因緣)을 엮어가는 '년'이라는 뜻이다. 마치 생명의 베를 짜듯, 씨줄을 받아 날줄을 엮어가는 '년'이라는 뜻 말이 '이 년'이다.

그래서 '저 년'은 '천(天) 년'의 변형 말이 되는 것이다. 즉, 하늘의 씨줄을 받아 '천(天) 연'을 엮어가라는 뜻 말이 '저 년'이 된다. 자고로 여자는 인연의 씨를 받아 천연을 엮어가는 존재임을 증험한다. 그 생명 복음의 말이 '년'에 깃들어 있는 것이다.

남자는 씨를 놓으러 '장가(長家-집을 늘려감)'를 가는 '놈'이다. 씨를 놓으러 집을 늘

리어 가서, 사람 인연의 씨줄도 놓고, 하늘 천연의 씨줄도 놓는 '이놈-저놈'이다.

여자는 씨를 받으러 씨집(시집)을 가는 '년'이다. 씨집을 가서 남자의 불씨알(불알)을 받아 생명의 불씨를 꺼트리지 말아야 하는 '년'이다. 그 사람 인연(人緣)의 씨줄을 엮고 또한 하늘 천연(天緣)의 날줄도 엮는 '이년 저년'인 것이다.

남자의 '놈'과 여자의 '년'에는 이처럼 생명 철학의 복음이 담겨 있다. 상스러운 욕말을 통해 더욱 생명 이음을 부추기려는 말씨이다. 씨놈과 인연의 생명 말뜻을 담아, 우리의 언어문화 유산으로 남긴 말이 바로 '년-놈'인 것이다.

〈民調詩〉
노세 노세

차차차
차차차

노세 노세 젊어 노세
늙어지면 못 놓나니,

인연 따라 이놈도 놓고
저놈을 따라 하늘씨도 놓고,

얼씨구
차차차,

절씨구
차차차,

놓으세
놓으세.

색(色)−색기(色氣)−새끼

'색'은 눈으로 보이는 빛의 선들이다. 보이지 않던 태양 광선이 달빛과 지구별의 광학 작용에 의해 물질의 '색'을 띠는 것이다. 보이지 않던 허공의 빛살기운이 보이는 '물색'의 기운으로 변한 것이다.

'색'은 해와 달의 짝짓기 운동을 따라 광합성 작용의 '색깔'을 띤다. 보이지 않는 기의 파동이 강한 진동에 의해 보이는 색의 기운을 띠게 되는 것이다. 빛의 생명 운동에 의해 '색기(色氣)'로 변한 만물이 저마다 '색기'가 된다.

이를테면 색을 띤 빛의 기운이 '색기(色氣)'이다. 즉, 물질로 형상화되어 색을 띤 생명의 기운을 말한다. 그 '색기'의 변형말이 '새끼'이다. 보이지 않는 빛의 씨앗이 일련의 생명 운동인 '색−SEX'에 의해 '색기'로 변하고, '새끼'로 태어나는 것이다.

그러므로 '색(色)'은 '성(性)'과 같은 생명의 말이다. 그 '색을 쓰는 일'은 '색기'의 '새끼'를 낳기 위한 '성(聖)스러운' 짝짓기 운동이며 '성(性)운동'이다. '년'의 밭에 '놈'의 씨를 놓는 행위가 '색 쓰는 일'이다. 영어의 '색쓰−SEX'도 그 어원이 같다.

반야심경에 '공즉시색 색즉시공(空卽是色 色卽是空)'이란 말이 있다.

'보이지 않는 실체는 보이는 색에 깃들었고, 보이는 실체에는 보이지 않는 실상이 깃들어 있다.'

'보이지 않는 '참 나'는 보이는 내 물색 이전에 깃들었고, 보이는 '몸 나'에는 보이지 않는 '참 나'가 깃들어 있다.'

그렇다. '한 나'는 부모가 '색기(色氣)'를 만들려고 '색(色)'을 쓰기 이전에 '공(空)'에 머물러 있었으니, 허공의 기운인 '공기(空氣)'를 떠돌아 존재했다.

그러다가 지구별에 이르러 부모를 만났고, '애(愛)'를 낳는 짝짓기 '성(性)행위'로

'색기'가 되었으며, 몸을 얻어 '새끼'로 태어난 '몸 나'가 된 것이다.

'색기-새끼'로 변한 '나'는 성장하면서, 지구의 모든 정보가 입력된 '맘 나'로 또 하나 생겨난 것이다.

즉, '나'는 하늘의 '한 나'에서 땅의 '몸 나'가 되고 사람의 '맘 나'로 변해, 3신1체의 '나'가 된 것이다.

그 순차를 보면 '한 나'→'몸 나'→'맘 나'가 된다. 이 순차가 다시 돌아가는 역순은 '맘 나'→'몸 나'→'한 나'가 된다.

우리말 '돌아가셨다'는 말은 '나'를 되돌려 왔던 길로 다시 간다는 말이다. 필시 '맘 나'에서→ '몸 나'로→ 끝내 '한 나'의 길(道)로 되돌아가는 것을 이르는 말일 것이다.

〈民調詩〉
색기 새끼

空기의 하늘 한 나
色기의 몸 나
새끼 자라
맘 나.

맘 나가 뒤를 돌면
몸 나도 살아

한 나의 자궁

돌아가는
천궁(天弓).

'진-진리다, 틀-틀리다'

'진'은 '진실'이고 '진실'은 '가득 찬 열매'를 말한다. 그 한자 '참 진'의 '진리(眞理)'는 '참된 이치'가 된다.

그 반대 개념이 '틀'이고 '틀리'가 된다. '틀'이란 어떤 물건 등을 똑같이 찍어내기 위해 만들어진 고정화된 기구를 말한다. 무엇을 담아내기 위해 만들어진 상자와도 같다.

이처럼 똑같은 것을 찍어내기 위해 만들어진 구조물이 '틀'이다. 생명 없는 물건을 찍어내듯, 딱 정해진 상황을 이해하고 설명하기 위한 고정 관념이 '틀리'가 된다. 그 틀에 박혀 죽은 이치가 바로 '틀리'이다.

'틀'에 갇힌 생각은 '틀리'가 되고, '틀리'는 '틀어진 이치'로 '틀리다' 또는 '틀렸다'는 뜻이 된다. 즉, 옳지 않다, 맞지 않다는 말인데, 진리에서 벗어난 틀리로서, '틀리다, 틀렸다'는 의미이다.

'틀'에 박힌 사람은 자칫 '틀리'를 주장한다. 견고한 고정관념의 '틀'에 갇혀 자신이 알고 있는 '틀리'로 고집을 부린다. 대개 지식의 '틀'이 고정화된 의식의 '틀리'로 아집을 부린다. 체험적 체득의 산지식이 아니고, 머리로 습득한 죽은 지식의 '틀'을 벗어나지 못한 채 몽니를 부린다.

그 고정화된 '틀'을 깨고 있는 그대로의 진실에 다다른 것이 '깨달음(깨고 다 달음)'이다. 지식의 알음알이인 '틀리'를 깨고 지혜의 깨달음인 '진리'를 밝혀 '한 나'에 이르러야 한다.

진리는 생각의 틀 밖에서 끊임없이 변화하는 자연의 원리이다. 그러므로 고정관념의 '틀리'를 깨고 깨달음의 '진리'를 얻으면 대자연의 자유를 얻는다. 틀 안에 갇혀 있던 '맘 나'가 '참 나'의 자유로 나아간다.

'틀 속'은 답답한 '틀 안'이다. 그 '틀 속'에 갇혀 자유를 구속당한 '맘 나'는 '틀리'

의 '안이다'. 우리말 '아니다'가 동음가차 되는 말씨올이다. 즉, '틀리다'는 '아니다'와 맥락이 통하는 우리말이다.

'틀'과 '틀리'는 '맘 나'를 구속하는 지식과 관습과 세속의 고정관념에 뿌리 박고 있다. 사람이 끊임없이 만들어 내는 무리와 조직의 '틀'이 '맘 나'를 '틀 안'에 가두고 있는 것이다. 그 사회와 조직의 '틀 안'에 영원히 갇히지 말고, '틀 밖'의 '어른-얼이 늘어난 사람'이 되어야 한다.

거듭 밝히지만, '어른'이 되면 더욱 '틀리' 안에 갇혀 영원히 '진리'로 나아가지 못한다. 그래서 '어른'이 될수록 '진지-진리의 지혜'를 잡수시라는 것이다. 오래 묵은 '틀'을 깨고 '진지'를 드셔야만 어린아이의 순수로 돌아갈 수 있다.

'어른'은 빛나는 영혼의 어린아이로 되돌아간 사람을 말한다. 세속의 '틀'을 알되, 그 '틀 안'에 갇히지 않은 대자유의 '진인(眞人)-진리를 깨달은 사람'이 바로 '어른'이다.

진리가 '참-나'를 자유롭게 한다. 그리고 영혼의 어린아이가 천국의 문을 연다. 모두 '틀'을 훌훌 벗고 '참' 하늘로 돌아가자.

〈民調詩〉
틀리다

틀리로 틀을 놓아
틀 안에 가둬
틀에 박힌
사람.

틀어진 틀 안에서
틀을 깨야만
틀로부터
훨훨.

틀리다, 틀렸으니
틀 밖의 세상
틀림없이
하늘.

가위 바위 보 – 삼신놀이

'가위 바위 보'는 '삼신(三神)'의 놀이이다. 우리 민족 전래의 삼신할머니 뜻이 담겨 민속에 비전된 전통 놀이문화이다.

'가위 바위 보'의 삼신은 '천 지 인'을 말한다. '하늘 땅 사람'의 물상이며, '원 방 각'의 도식을 말한다. 또는 '시간 공간 인간'을 상징한다. 이의 삼신이 하나로 있으니, 이를 3위 1체, 혹은 3신 1체라고 말하는 것이다.

'천부경'은 이의 1체 3위의 이치를 다음과 같이 파설하였다.

'천이삼 지이삼 인이삼(天二三 地二三 人二三)'
'하늘은 땅과 사람으로 셋이고, 땅은 하늘과 사람으로 셋이며, 사람은 땅과 하늘로 셋이다'

이러한 삼신 삼재 원리를 '가위 바위 보' 놀이를 통해 철저히 가르친 것이다. 그 비유는 다음과 같다.

가위 – 인(人) – 각(覺)
바위 – 지(地) – 방(方)
보 – 천(天) – 원(圓)

먼저 '가위'는 '사람'을 상징한다. '사람'을 뜻하는 '가위'는 크게 두 가지 의미를 함의한다.

첫째는 어떤 물건을 쓸모 있게 자르는 기능의 '가위'를 상징한다.
이의 '가위'는 엄지와 검지, 혹은 검지와 중지를 벌려 가위 모양을 형상한다. 물건을 자르고 재단할 때 쓰는 가위 모양을 취하는 것이다.

둘째는 '신–신적인 존재'의 순우리말이 '가위'이다. 이를테면 '한–가위'는 '하늘–

신'을 말하며, '한민족의 큰 신'이라는 뜻이다.

또 우리말에 '가위 눌렸다'는 말이 있다. 잠을 자면서 '신에게 눌렸다'는 표현이다.

이처럼 '가위'는 물건을 자를 때 쓰는 형상의 뜻과 신적인 존재라는 고귀한 의미의 뜻을 새긴 말이다.

주목할 점은, 이의 가위를 '사람'으로 비유하여 맨 앞에 세웠다는 점이다. 그리고 '하늘'을 상징하는 '보'를 삼신 놀이에서 이긴다는 점이다.

이 말뜻 의미는 '가위'의 사람은 드높은 '한-가위'가 되어야 한다는 오랜 숙원을 담은 것이다. 그리고 '보'의 하늘을 쓸모 있게 자르는 '한-가위'가 되어야 한다는 훈육(訓育)을 담아놓은 놀이이다.

● **한 가위-홍익인간**(弘益人間)

'한 가위'는 '하늘같은 사람' 또는 '한 나가 된 사람'이라 할 수 있다. 앞서 밝힌 '삼일신고(三一神誥-3위 1체 신의 가르침)'의 '성통공완(性通功完-본성과 통하는 공을 완수함)'을 이룬 사람을 뜻한다.

그 '한 가위'가 된 사람이 '홍익인간(弘益人間-널리 이롭게 하는 사람)'이다. 국조 단군의 건국이념이다. 우리 민족의 개천(開天)사상인데, 삼신놀이에는 '가위-한 가위'가 되어, 그 개천의 뜻을 '가위'로 자르고 재단하는 '홍익인간'이 되어달라는 뜻을 전하고 있다.

● **한 가위-인내천**(人乃天)

'개천(開天)'의 뜻은 약 일 만년을 이어 내려와 '개벽(開闢)'이 되었다. 이 말은 '하늘이 뜻(개천)이 땅에서 이루어지다(개벽)'의 맥락을 힘께 한다. 하늘이 열리고 땅도 열렸다는 뜻이다. '보'(天)가 열리고 그 안에 '바위'(地)가 열렸다는 뜻이다. 그리고 '가위'(人)를 세운다는 삼신놀이가 '가위 바위 보'이다.

'후천 개벽~후천 개벽!' 동학의 파랑새들이 외쳤던 하늘 소리이다. 천지의 부모 품에서 다 자란 자녀들의 자주 선언과도 같다. 하늘 아버지의 뜻을 받아, 땅 어머니의 품에서 자라, 사람 자녀의 '홍익인간'을 실천하겠다는 외침과도 같다. 삼신 놀이의 '가위'를 세워 '보'를 재단하고 홍익을 하겠다는 선언과도 같다.

그 개벽(開闢) 선언이 '인내천(人乃天)'이다. '사람이 곧 하늘이다'고 삼신께 고한 것이다. '보'의 하늘을 이기고 '가위'의 홍익인간을 구현하겠다는 파랑새들의 후천 개벽 선언인 것이다.

'가위 바위 보'는 '나와 너와 우리의' 삼 세 판 삼신놀이이다.
'가위 바위 보'는 '홍익인간 인내천 한가위'의 삼신 뜻을 전하는 삼신놀이인 것이다.

〈民調詩〉
삼신놀이

삼 세 판
갈라 보자,

가위 바위 보

사 람
땅
하 늘

너도 나도 우리,

三神아,

한가위.

3-3한 흐류 이야기

　3은 한민족의 3신 수리이다. 앞서 수없이 나열했던 3재 사상의 우리 민족 숫자이다. 마치 가위 바위 보의 3세판 놀이처럼 한민족의 수많은 문화와 흐류 이벤트가 이의 3재 3신 원리로 진행되고 펼쳐진다.

　한민족은 천지인 3신 3재가 1위 3체요, 3위가 1체이다. 멀리는 국조 환인 환웅 단군의 3성을 섬기고, 가까이는 3·1 만세 운동에 33인 대표가 독립 선언을 한 것도 모두 3신의 3-3한 이야기가 배경이다.

　세계 3차 대전도 6·25 한국 전쟁이다. 일본 언론의 축소 은폐에 의해 민족 동란으로 폄훼되었으나, 가장 많은 나라가 참전한 세계 3차 대전이 틀림없다. 인류 무력 전쟁의 3세판 마지막 대전을 한반도에서 마친 것이다.

　민족 분단의 38선도 3신과 무관하지 않다. 그 한 많은 동족상잔의 한민족 한풀이도 3세판으로 이루어졌다.

　그 첫판이 88 무진(戊辰) 잠실 올림픽이었다. 잠실은 누에 집을 말하는데, 고대 한민족 누에 무명실 농사 문화 유래가 깃들어 있는 지명이다. 그다음 해 기사(己巳)년부터 동서의 축이 열려 동유럽 사회주의 철의 장막이 급격하게 무너졌다.

　두 판 축제는 임오(壬午) 서울 월드컵이다. 서울은 '새울·새밝' 등의 의미를 담고 있다. 기적인 4강 신화를 이루었고, 3박자 고유 리듬(찌 짝 찌 짝짝)의 응원 박수와 붉은 악마 응원단이 세계인에게 각인되었다.

　마지막 3세판이 최근의 무술(戊戌) 평창 올림픽이었다. 무진 잠실 올림픽에서 정확히 30년 만에 펼쳐진 무술 평창 올림픽이었다.
　평창은 평화가 창성한다는 의미의 지명이다. 그것이 '평창 평화 평양'의 '3ㅍ'을 상징하였고, 남북 단일팀이 급조되는가 하면, 극적인 평화 올림픽의 성화가 타올랐다.
　무진 잠실 올림픽 이듬해, 기사년(己巳年)에 동서의 축이 열렸듯이, 무술 평창 올림픽 이듬해 기해년(己亥年)에는, 필시 남북 평화의 축이 확실히 열릴 것이다. 모두 3신 3재의 조화 도수(度數-법의 수)이다.

● '하나의 봄'

'하나 된 봄이 왔다'
2018년 남북 평화 메시지 공연이 판문각에서 성대하게 펼쳐졌다. 여기에는 우리 한민족의 '흔나를 보았다'는 의미심장한 개벽의 메시지도 담겨 있다.

그리고 남북 정상이 판문점에서 만나는 극적인 평화 선언이 세계의 이목을 집중시켰다.
2000년 김대중 대통령이 처음으로 하늘길을 열었고, 2009년 노무현 대통령이 두 번째로 땅의 길을 열었다. 그리고 2018년 문재인 대통령이 3세판의 38선 판문점에서 사람의 길을 열게 된 것이다. 모두 3세판으로 이루어진 평화의 흔류 이야기였다.

세계 평화를 주도하는 한민족 3신의 극적인 드라마는 계속 펼쳐지고 있다. 그 마당에 북한 핵이 중심이니, 핵심(核心)은 세계 평화 마당으로 나아가는 한민족의 '가위 바위 보' 놀이이다. 어느 한 편이 일방으로 이길 수 없는 3-3한 흔류 이야기가 될 것이다.

여기에 남·북·미 3자 회담 또한 3신 3재의 각본이다. 거기에 중·러·일의 6자 회담이 3신의 짝을 이룬 6각을 의미한다.

3-3한 이야기는 끝도 없다. 우리 민족의 3마치 장단과 트로트 3박자 호흡도 모두 3신 3재의 율려(律呂)이다.

나와 너의 흑백 논리가 아닌, 나와 너와 우리의 한민족 상생 합덕 3신 논리이다. 모두가 삼신할미의 3-3한 생명 이야기이다. 인류 평화와 사랑을 이루는 '한나의 봄' 이야기가 될 것이다.

내 아내 내 남편이 아닌, 우리 아내 우리 남편의 호칭이 자연스러운 3신의 후예들이 엮어가는 각본 없는 흔류 드라마일 것이다.

　세계 평화의 핵심(核心)을 이끄는 흔류 평화 이야기는 현재 진행형이다. '가위 바위 보'의 3신 3재 후예들이 엮어갈 3-3한 이야기이다. 세계 인류는 그 3-3한 흔류 이야기에 계속 눈과 귀를 모을 것이다.

〈民調詩〉
3-3한 봄날

3-3한 이야기 좀 들어보자,

강남 간 제비
돌아와,
다시

3월 3짓
봄날.

3신의 이야기 좀 들어보자,

나와 너의 벽
허물고,
우리

3신 3재
봄날.

줄-경위(經緯)-씨줄 날줄

그런 '줄' 몰랐다. 그럴 '줄' 몰랐어!

흔히 쓰는 일상의 우리말이다. 예상하지 못한 일이나, 어떤 사건의 결과를 보고 자주 쓰는 말이다.

이렇듯 어떠한 일이나 결과를 이끌고 오는 '줄'이 있어, 생각 밖의 작용이 운명을 지배하고 있음을 설파하는 언중이다. 모든 일의 결말에는 보이지 않지만 그런 인과 (因果)를 이끌고 오는 '줄'이 있다는 얘기이다.

'줄'의 으뜸 줄은 '새끼줄'이다. 볏짚을 꼬아 만든 볏짚 이음줄인데, 왜 '새끼줄'이라고 하였을까.

농경을 근본한 우리 민족은 농사일에 없어서는 안 될 '줄'이 '새끼줄'이었다. 그런데 이 '새끼줄'은 아이가 태어나면 사립문 액막이의 '금줄'로 사용되었다.

태어난 생명을 보호하고 산모를 회복시키려는 '금단의 줄'로 사용한데서, '새끼줄'이라는 이름이 붙은 것으로 추정된다.

마치 오늘날 나선형 구조의 염색체 줄을 연상시키는 '새끼줄'인데, 여기에 솔잎 가지와 숯, 붉은 고추 등을 끼워 '금줄'을 걸었던 것이다.

이는 잡귀와 액막이 부정거리를 쫓는 물품들이면서, 생명의 상징성을 '새끼줄'에 매달아 삼신께 알린 생명의식이었다.

이때, 솔잎과 숯이 끼워 있으면 딸아이를 낳았다는 표식이었다. 딸은 생명의 불씨를 꺼뜨리지 말고 '새끼줄'을 이어가라는 뜻을 상징하였다. 남자 아들은 솔잎과 붉은 고추를 끼워 금줄을 쳤다. 붉은 고추는 남자의 생명 불씨를 상징하였고, 그 불씨로 새끼줄을 이어가라는 의미를 새겼던 것이다.

이 금줄은 세 이레(3×7) 즉, 21일을 걸어두었다. 생명을 주관하는 3신과 7성이 조화롭게 적응하는 기간이었던 것이다. 물론 산모와 아기가 회복하고 적응하는 최소한의 시간도 된다.

모두 그런 '줄' 알아야 하는 생명의식의 '새끼줄' 이야기인 셈이다.

● 씨줄 날줄

　직물 등의 베를 짤 때, 가로줄은 '씨줄'이라 하고, 세로줄은 '날줄'이라 한다.
　천지도 이와 같이 생명의 베를 짜고 있는 것으로 여겼다. 즉, 하늘이 '날줄'을 내리면, 땅은 '씨줄'을 펼쳐 생명의 그물코를 짜고 있다고 본 것이다. 하늘의 '날줄'과 땅의 '씨줄'이 생명을 엮어가는 '사랑줄'을 말하는 것이다.

　그 '줄'을 '날씨'라고 한다. 보이지 않는 '줄'이지만, 자연의 만물 생명을 기르고 있는 '날줄 씨줄'의 '날씨'가 그것이다.

　한자로는 '경위'라고 한다. '날 경(經) 씨 위(緯)'의 '경도 위도'를 표시하는 '경위선'이기도 하다.
　흔히 '경우가 틀렸다, 경우 없는 사람'이라는 말을 쓰는데, 상식과 도리에 어긋난 경위에 맞지 않을 때 쓰는 말이다. 정확히는 '경위가 틀렸다'고 써야 맞다.

　대자연의 눈으로 보이지 않는 '날씨'의 생명줄은 기운, 또는 파동의 에너지이다. 그 '씨줄 날줄'은 6줄이 있다 하여, 그것을 6기(氣)로 파설하였다. 다음과 같다.

6기(氣) - 풍 · 한 · 서 · 습 · 조 · 화(風氣·寒氣·暑氣·濕氣·燥氣·火氣)

풍기(風氣) - 봄 날씨를 주관하는 대표적인 기운이다.
한기(寒氣) - 겨울 날씨를 주관하는 찬 기운이다.
서기(暑氣) - 여름 날씨를 주관하는 더운 기운이다.
습기(濕氣) - 늦여름 장마철을 주관하는 축축한 기운이다.
조기(燥氣) - 가을 날씨를 주관하는 건조한 기운이다.
화기(火氣) - 모든 생명의 온기를 주관하는 불기운이다.

　전래동화의 '견우(牽牛-견우성)'가 생명의 '날줄' 씨밭을 갈고 있다. '직녀(織女 직녀성)'는 생명의 베틀에 앉아 '씨줄'을 짜고 있다. 그 견우와 직녀가 만난다는 '7월 7석'은 생명의 7성신이 남녀의 짝을 짓는다는 것을 상징한다.
　오작교(烏鵲橋)를 놓는 까마귀와 까치는 해와 달을 물고 오는 하늘새이다.
　그해의 까마귀는 일본(日本)의 나라새가 되었고, 달의 까치는 한국(韓國)의 나라새가 되었다.
　해가 지면 달이 뜨는데, 이제 태양은 달에게 그 권세를 넘겨야 하는 '경위'에 와 있다. 달의 시대, 여성 중심의 세상으로 향하고 있는 '줄'도 알아야 한다.

 '나'는 그런 '줄'로 태어나서, 그런 '새끼줄'로 엮여, 그러한 '날씨줄'에 조화하며 살아간다. 이 엄정한 '인과(因果)의 줄'을 알아야 한다.

 그런 '줄' 알아야 그럴 '줄'도 안다.

〈民調詩〉
날*줄 씨*줄

목숨도 줄이 있어
날줄 알아야
숨줄 따라 살지.

인연도 줄이 있어
씨줄 알아야
명줄 따라 살지.

천지도 줄이 있어
날*씨* 밝아야
경위 따라 살지.

씨, 씨앗의 훈 철학

몇 해 전, 우리의 토종 씨앗이 미국에서 되돌아온 일이 있다. 귀리, 돌콩, 코끼리마늘 등의 희귀한 우리의 유전자원들이 반세기만에 제 국적의 본토로 되돌아온 것이다.

정작 우리 땅에서는 멸종되어버린 각종 씨앗들을 美 농업연구청이 되돌려 준 것이라고 한다. 우리의 희귀종을 수거해 가져가 온갖 개량종을 배양 재배해 세계 시장에 되팔아 먹은 뒤이다. 그 미국이 이제 마치 큰 선심을 베푸는 모양새로 우리 손에 잃어버린 토종 씨앗을 쥐어준 것이다. 그나마 이웃 일본은 아예 그 리스트조차 공개하지 않는다 하니, 참 쓴웃음이 나지 않을 수 없다.

에라, 어디 빼앗긴 것이 씨종자뿐이랴 마는.! 이참에 우리의 씨알 정신이나 온전히 되찾았으면 싶어 몇 말씀 씨 뿌려 볼까 한다.

씨앗! 한 생명의 모든 정보가 갈무리 되어있는 핵! 그래서 우리 할배님들은 씨앗을 지극한 생명 사상으로 가슴 새겨 가르쳐왔던 것이다. 가장 견실한 씨종자를 받아 들보에 매달아 두고 햇농사를 준비했던 씨앗 민족이다! 그 씨앗 철학의 유훈을 우리 언어문화에 오롯이 훈올씨로 새겨 놓았음이다.

● [씨]-'김 한 국'씨!

우선 이름에 '씨'를 붙여 가르쳐왔다. 한국인 이름이 세 자인 까닭은 天·人·地 '삼신의 씨앗'임을 밝힌 것이다.

그 이름에 '씨'를 붙여준 까닭은 사람 생명 각 개인은 바로 하늘의 씨앗이요, 또한 땅의 씨앗이며, 바로 사람의 씨앗이라는 가르침을 새겼던 것이다. 곧, 사람이 바로 하늘님의 한알 씨앗임을 일깨우고자 했던 것이다.

또한 '하나님=환님=환한님=밝달님=불님'으로 해석되어지는 하늘님께서 남자에게 사람 생명의 씨알을 주셨으니, 그 씨알주머니가 바로 '불알'이다. 그러므로 남자의 고환은 하늘님의 빛씨를 간직한 성스러운 씨알 주머니이다.

'김알지'니, '박혁거세'이니, '고주몽'이니 하는 난생 설화는 다름 아닌 남자의 '불씨알'에서 탄생한 천지창조의 역사적 사실을 비유한 것이다. 하나의 탄생설화로 희화시킨 신화를 마치 알에서 시작된 알새끼의 후손으로 폄훼해서는 안 된다.

그저 '이름 씨'를 받은 모든 각자는 하늘의 씨알임을 온전히 깨우쳐야 옳다.

그래서 여자 아씨(我氏)는 하느님 '나(我)'의 씨종자를 받는 사람이라는 뜻이다. 남자의 불씨를 받으러 '시집-씨집'을 갔던 것이며, 그 불씨를 꺼뜨리지 말라는 뜻에서 숯을 끼워 딸이 태어났음을 알렸던 것이다. 여자는 하늘 씨받이의 성업을 하는 '여성(女聖)'임을 크게 일깨우기도 하였다.

뿐만 아니다. 우리 할배님들은 마음도 씨가 있다 하여 '마음씨'라 하였다. 착한 마음씨가 자라 복을 낳고, 악한 마음씨는 자라 죄를 낳는다는 것을 일깨운 것이다. 또한 미운 마음씨는 원망을 낳고, 사랑의 마음씨는 행복을 낳는다는 깨우침을 준 것 아니겠는가.

말에도 '말씨'가 있으니 말을 잘 가려서 해야겠고, 글에도 '글씨'가 있다는 뜻이니, 글 한 줄에도 혼을 담아 써야하지 않을까. 몸에는 '맵시'가 있고, 손에는 '솜씨'가 있다 했으니, '씨'를 심고 가꾸는 정성의 삶을 살아가라는 가르침이다.

아, 이 얼마나 씨앗 철학의 유훈을 철저히 새겼는가 말이다.

선인들은 이 땅을 감로의 땅이라 하여, 천수(天授=하늘 물림)의 은혜를 입은 천손의 땅임을 가르쳐왔다. 어디 이 땅의 식물이나 곡물만이 희귀 우량종의 유전자원으로 씨내림을 해왔겠는가. 씨 중에 씨앗이 사람 씨임에랴.

인류 모두가 하늘님의 씨앗임에는 틀림없지만, 그 씨앗의 품종에는 질적 차이가 있다. 분명 반만년의 유구한 역사 속에서 고르고 고른 씨앗! 그 사람 씨앗 종자가 이 땅에서 홍익의 꿈으로 싹트고 있음을 난 믿는다.

씨알-닭알은 삼칠일=세이레=21일 만에 깨어나는 법이다. 지금은 21세기이다. '김알지, 고주몽, 박혁거세'의 혼알이 이 시대의 안방에서 깨어나고 있음을 또한 믿는다.

'한민족=환한 민족=하늘 민족!' 그 하늘 씨앗 민족은 분명 인류에게 홍익 상생의 위대한 씨종자가 될 것이다!

〈民調詩〉
글씨 詩

하늘씨

씨알 불알

아씨 씨 시집

말씨

솜씨

맵시

21세기 웅녀(熊女)

해(日)는 하늘을 상징하고 남자를 상징한다. 달(月)은 땅을 상징하고 여자를 상징한다.

'달'이 땅을 상징하기 때문에 볕이 잘든 땅을 '양달'(陽땅)이라 하고, 어둡고 그늘진 땅을 '응달'(陰땅)이라고 한다.

'달'은 또 여자를 상징하기 때문에 그 여성 생리 주기를 '달거리'(월경-月經)라 한다. 그 하늘의 '달'과 땅을 뜻하는 '달'과 여성의 생리를 뜻하는 '달'은 모두 그 의미가 서로 상통한다.

'달'은 곧 땅의 생명 살림살이를 주관한다. 그러니 '달거리'는 여성의 생명 잉태를 주관하는 생리주기가 된다. 그 '달거리'의 여성은 '난자(卵子)'를 지니고 있다. '난자(卵子)'의 '란(卵)'은 '알'이라는 글자 뜻을 지니고 있다. 이의 '달'과 '알'의 뜻이 모여 '달알=닭알=달걀'이 되었다.

땅을 '달'이라 했으니, 지구(地球)는 '달구'의 의미가 있다. 우리말에 '병아리'를 '달구새끼'라고도 부르는데, 이는 곧 지구를 '흙으로 된 달알=닭알=달걀'의 의미로 연관시킨 말이다.
이러한 우리 문화적 배경이 '김알지'와 '박혁거세'등의 난생 설화와도 그 뿌리 깊은 맥을 함께 한다.

그 '달알=닭알=달걀'은 21일 만에 부화(孵化)한다. 그러니 21세기의 이 시대는 '흙으로 된 알'이 깨어나는 시기이다. 곧 지구의 '달구'가 깨어나고, '달거리'의 여성이 깨어나며, 인류의 영적 의식이 부화(孵化)하고 있는 것이다.

이는 곧 인류 의식이 21세의 성인이 된 것과도 다르지 않다. 무엇보다 여성의 생명성과 그 어머니의 사랑이 활짝 꽃 피어나는 시대를 예고한다.

그 시대의 벽두(劈頭)에 웅녀(熊女)의 후손들이 서 있다. 21일의 세이레 만에 '빛의 여자'가 된 삼신(三神)할미의 딸(달)들을 말한다.

'웅녀(熊女)'를 '곰의 여자'로 곡해해서는 안 된다. 그 '웅(熊)'의 글자는 '능(能)+화(火)'가 조합된 글자 뜻을 지닌다. 그러니 '웅(熊)'은 '불을 다스리는 능력' 혹은 '빛 밝을 웅'의 뜻을 나타낸다. 그러니 '웅녀(熊女)'는 21일 만에 '불을 다스리는 능력'을 지닌 성스러운 여자를 의미한다. 또 빛으로 밝아진 '빛의 여자'가 '웅녀(熊女)'이다.
그러니 '웅녀(熊女)'는 하늘의 서자(庶子)이신 환웅(桓雄)의 뜻을 받들어 밝달(밝은 빛의 땅) 겨레의 개국시조(開國始祖)이신 '단군'을 낳았던 것이다.

이는 남자의 생식력을 '불'이라 하였고, 그 불씨 주머니를 '불알'이라 이름 하였던 그 의미와 맥이 상통한다. 즉, 여자의 '웅(熊)'은 남자의 그 '불을 다스리는 능력'으로 풀이되기 때문이다. 21일 만에 '불을 다스리는 능력의 여자'인 웅녀(熊女)가 되면, 곧 남자의 불씨를 받아들여 '성스러운 자식'을 낳게 된다는 뜻으로 통한다.

여자는 그 생명의 불씨를 꺼뜨리지 말고 지켜가야 한다. 하여, 웅녀(熊女)가 될 여자가 탄생하면 세이레(21일) 동안 사립문 새끼 금줄에 까만 숯을 끼었던 것이다. 그리고 그 불씨를 받으러 '씨집(시집)'을 간다는 말로 그 성스러운 의미를 되새겨 전했던 것이다.

한민족 개국시조(開國始祖)의 성스러운 어머니 '웅녀(熊女)'가 21일 만에 '빛의 여자'가 되었듯이, 21일 만에 '웅녀(熊女)'가 된 '빛 밝은 여자'의 혈통을 내려 받은 한국(桓國)의 여자가 21세기 벽두(劈頭)에 서 있다. 지금의 21세기 벽두(劈頭)에 조선(朝鮮)의 여자들은 모두 '빛의 여자'로 그 소명(召命)을 받들어야 한다.

그 '빛의 여자'가 '빛의 자식'인 단군을 낳았듯이, 21세기 '웅녀(熊女)'인 한국의 여자들은 모두 '빛의 자식'을 낳아야 한다. 젊은 여자는 마땅히 21일의 기도와 간구(懇求)를 통해서 새 생명을 초대해야 할 것이다.
그리고 무엇보다 이 땅의 한국 여자들은 성스러운 어머니의 가슴으로 이 세상을 품고서, 깊은 어둠 속에서 '빛의 사람'들을 낳아야 한다. 그 사랑은 지혜의 빛이 깃들어 있는 지극한 사랑이어야 할 것이다.
'나'는 '한 알'이요, '너'는 '한 얼'이며, '우리'는 '한 울'이다. 나와 너와 우리가 모두 '하나'라는 뜻이다. 이것이 한민족 철학 사상의 뿌리 바탕이다. 그리고 홍익(弘益)은 생명 나눔이요, 사랑 나눔을 말한다.

그 한민족의 홍익(弘益) 상생(相生)의 뿌리 바탕은 21세기 '웅녀(熊女)'의 가슴으로부터 열매 맺게 될 것이다. 즉, 자식을 지극히 사랑하는 한국 어머니의 모성 본능에서, 21세기 생명 문화는 아름다운 열매를 맺게 될 것이다. 그러니 해 뜨는 동방 아침의 나라가 21세기 인류의 희망이요, 등불일 것이다.

어미닭이 포란(抱卵)을 시작하면 21일 만에 병아리가 부화(孵化)한다. 다만 여러 개의 유정란(有精卵) 중에서 약간의 선후(先後)가 있을 뿐이다.

지금 인류는 하늘이 포란(抱卵)하고 있는 한반도의 알집을 지켜보고 있다. 특히 '빛의 여자'로 깨어나고 있는 웅녀(熊女)들을 성스러운 희망으로 바라보고 있을 것이다.

〈民調詩〉
고마 마고

웅진(熊津)은 고마나루
'고마'는 '마고'

삼신할미
웅녀.

'마고'는 어마마마
높으신 엄마

'고마'와요,
엄마

'살림살이' 여성(女聖)

'살림살이 잘한다. 살림 잘해!'
 보통 집안의 크고 작은 일들을 '살림살이'라고 한다. 대부분 여성들이 주관하고 있는 '안살림'을 말한다. 엄마나 아내가 도맡아 하는 집안의 온갖 궂은일들을 '살림살이'로 인식하고 있다.

 '살림살이'의 본뜻은 하찮은 세간살이 일이 아니다. 마땅히 가족의 생명을 살리는 '살림의 살이'라는 뜻이다.

 '살림'은 '죽임'의 반대말이다. 그러므로 '살림살이'는 가족의 생명을 살리는 일이라는 뜻이다. 엄마가 살림살이 하는 것이고, 아내가 살림살이를 도맡는 것이다.
 이와 같은 성스러운 살림살이는 아버지나 남편이 잘못 하는 일이다. 사랑의 손길이 엄마나 아내를 따르지 못하기 때문이다.
 거칠고 투박한 바깥사람은 생명을 기르고 살리는 일이 서툴다. 따뜻한 밥을 짓고 정성스러운 손맛을 내서 밥을 먹게 하는 일이 여성을 따를 수 없는 살림살이의 일이다.

 '엄마'는 높고 고귀함이 오라고 부르는 '옴마'의 변음소리이다. 살림살이의 높고 고귀한 능력을 지닌 존재를 부르는 참말이다.

 '아내'는 '안해'에서 비롯된 말이다. '집안의 해'라는 뜻이다. 그러므로 '안해'가 밝으면 집안이 밝고, 안해가 어두우면 집안이 어두워진다.

 집안 살림살이 어느 것 하나가 가족의 생명과 관계없는 일이 어디 있는가. 생명을 기르는 밥상을 차리고, 가족의 옷가지를 손질하고, 식구들의 잠자리를 정돈하는 모든 일이 성스러운 살림살이 아닌가.

 그 살림살이를 집안의 허드렛일로 취급하고 인식하는 것은 잘못된 생각이다. 생활 의식주의 모든 일이 가족과 식구들의 살림이요, 생명을 살리는 성스러운 참살이

인 것이다.

  이 '살림살이'의 참뜻을 여성 스스로 자각(自覺)해야 하고, 남성은 두말할 것 없이 '살림살이'의 고귀하고 깊은 뜻을 바로 인식해야 할 것이다.

'사람생명 살림 잘하는 살림살이'의 참 여성(女性)은 성스러운 여성(女聖)이다.

〈民調詩〉
소서노

노피 곰 도드샤

부여의 딸
고구려 아내
백제 어머니

강 강 수월 래 (江康受月來)

달아,
따님아,
노피 곰 도드샤.

여성의 성-씨(姓-氏) 문화

'너 성씨가 뭐지? 그 사람 성씨 알지?'

이때 말하는 성씨는 한자 '성씨(姓氏)'로 쓰는 말이다.
그중 한자 '성(姓)'은 '여자(女)+생(生)'으로서 '여자에게서 생기다'는 우리말이다.
'씨'는 당연히 남자의 '씨앗'을 뜻한다.

이 말뜻의 유래를 보면 '여자에게서 생긴 성'과 남자에게서 받은 '씨'를 묻는 말임을 알 수 있다.
그런데 이 '성씨'의 순차를 보면 '성(姓)'이 먼저고, 그다음은 '씨'가 뒤를 잇는다. 여기서 증명해주듯, 우리 민족의 고대 문화는 가모장(家母長)의 모계 중심이 우선이었음을 짐작할 수 있다.
이는 생명의 관점에서 보아도 당연히 여성 중심 문화에 우선권이 주어진다. 생명을 점지하는 삼신할미의 여성성이 그것을 증언하고 있다.

특히 우리 민족 창세 사서 '부도지(符都誌)'에 등장하는 '마고' 역시 생명을 주관하는 '창세 여신(女神)'임을 입증하고 있다.
최근 발견된 중국 황하 문명 이전의 '요하 홍산문명'의 신전에도 여신상이 등장하는데, 이 역시 고대 우리 동이족 문명으로 규정하고 있는 실정으로 보아, 모계 중심의 '여성주의' 뿌리 문화가 우선이었음을 짐작하게 한다.

최근 고대의 모계 중심 문화로 회귀하려는 사회 현상이 빈번하다. 엄마의 성(姓)을 따라 이름을 쓰는 경우도 다반사이다. 또는 엄마 성과 아빠 씨를 동시에 사용하여 '성씨'를 부르는 사례도 흔하게 볼 수 있다.

그 밖에도 '미투' 운동 등 여성의 인권이 크게 존중받는 사회 현상으로 변하고 있다.
이런 현상들은 한국적 생명 문화인 여성 중심 사회가 멀지 않았음을 반증하는 것이다.

동 서양을 막론하고 남자 중심의 가부장(家父長) 문화가 극심한 인류 역사였다. 서양 성경의 창세기는 남자의 갈비뼈에서 여자를 탄생시켰고, 선악과를 따 먹은 원죄도 여성이 주범이었다.

동양은 '억음존양(抑陰尊陽)'의 '남존여비(男尊女卑)' 사상을 덧씌워 여성을 억압하고 경시하였다.

그런 문화 현상일까. 어느 나라든 여자가 결혼을 하면 남자의 성씨를 따른다. 서양은 물론 일본을 비롯한 대부분의 나라와 민족의 관례이다.

그런데 우리나라는 아직까지 여자가 결혼을 해도 남자의 성씨를 따라 쓰지 않는다.

오히려 남자가 결혼을 하면 '택호(宅號)'를 쓰게 하는데, 여자가 태어난 지명을 붙여 '택호'를 부른다는 점이다.

예를 들면, 여자가 '공주'에서 시집을 왔을 경우, 남자는 그때부터 '공주 양반'이라는 '택호'로 평생을 불렀다. 여자도 물론 '공주댁'으로 부른다. 특이한 여성 중심 문화의 증거가 아닐 수 없다.

이와 같은 여러 사례가 여성의 생명 문화를 중시했던 흔적들이다. 우리 문화의 뿌리가 여성 중심에 깊이 있다는 것을 확인할 수 있다.

〈民調詩〉
살림 엄니

하늘을 잉태하고
사람을 길러,

살림살이
엄니.

따순 밥
두 젖가슴
목숨 한 술갈

떠 멕이는 엄니.

해닮(談)

나의 문학 '민조시'에 관한 단상(斷想)

1. 민조시란 무엇인가?

민조시(民調詩)는 한국문학의 정체성입니다. 한국문학의 존재 본질을 명확히 제시한 시문학(詩文學)입니다.

먼저 한국문학의 정체성부터 찾아볼까요. 문학의 정체성은 우선 문학사상에서 찾아야 합니다. 사상과 감정이 글로 표현되는 언어예술이 문학이기 때문입니다. 따라서 한국문학의 정체성 역시 한국인의 뿌리사상에서 찾아야 할 것입니다.

한국문학의 뿌리사상은 무엇입니까. 서구에서 유입된 문예사조에 한국사상이 있겠습니까. 고전주위-낭만주위-사실주의-자연주의, 또는 최근의 모더니즘, 포스트모더니즘 등에서 한국문학의 뿌리사상을 찾을 수 있겠습니까.

한말 개화기와 일제강점기의 민족문학, 그리고 남북 분단기의 이데올로기 문학, 현대의 민중적 리얼리즘 문학을 관통하는 한국무학사조가 있습니까. 여타 현대문학사조가 정의하는 뿌리사상이 무엇입니까. 한국문학 정체성을 한마디로 대별할 수 있는 현대문학의 뿌리사상은 과연 무엇입니까. 한국문학이 자문자답해야 할 중차대한 문제 아니겠습니까.

문학사상사의 문제는 이시대 한국문학의 거대 담론의 문제입니다. 한국인의 한국어로 글을 쓰는 모든 사람이 정립해야 할 절대 과제입니다. 한국문학을 존재하게 하는 본질적 가치문제이기 때문입니다. 곧 한국문학의 정체성 찾기입니다.

그러한 시점에 '民調詩'가 태동했습니다. 단기 '4333년'-서기 '2000'년 '6'월에 이 땅에 '새 정형시 民調詩(3·4·5·6調) 개척 선언문'을 발표했습니다.

'民調詩'- 왜 한국문학의 정체성이라고 주장할까요. 왜 한국문학의 거대 담론으로 말하고 있는 걸까요.

한국문학의 '새 정형시'란 이유는 차치하고......, '民調詩'는 한국문학의 정체성을 분명히 했기 때문입니다. '民調詩'는 한국문학의 정체성을 명확히 적시했기 때문입니다. '民調詩'는 다음의 한국문학 뿌리사상을 확고히 제시했기 때문입니다.

'새 정형시인 民調詩의 사상적 배경은 한민족 고유의 정신 문화 유산인 'ᄒᆞᆫ'사 상에 그 밑바탕을 펼쳐두고 있으며, ……'
　　-'새 정형시 民調詩(3·4·5·6調) 개척 선언문' 中에서-

　'ᄒᆞᆫ'사상입니다.
　'ᄒᆞᆫ'사상의 'ᄒᆞᆫ'은 '한국'-'한겨레'-'하늘'-'한얼'-'하나'-'한없다'-'하느님' '아리' 등의 대한민족 국가, 사상, 생활 전반의 한국인 정체성을 특별히 규정할 때 쓰는 말입니다.
　그 ᄒᆞᆫ사상은 '환한빛'의 광명사상입니다. 上古 '환인국'의 '환한나라'에서 기인합니다. '환웅국' 역시 '밝달-배달'의 '밝은나라'입니다. 그 ᄒᆞᆫ사상을 계승한 '단군조선'도 '아사달-해돋는 아침땅'의 'ᄒᆞᆫ'사상이 그 정체성입니다.

　작금에도 서울 '광화문(光化門)' 현판에 내걸어놓은 ᄒᆞᆫ사상입니다. 오로지 '빛(光)'이 되라(化)'는 유훈-'ᄒᆞᆫ'의 ᄒᆞᆫ민족 뿌리사상입니다. 서울 '한강'의 'ᄒᆞᆫ'이 되며, '아리랑'의 '아리' 또한 'ᄒᆞᆫ'의 다른 표기가 됩니다.

　문화적 민족주의 문학이 아닙니다. 계몽문학, 생명문학, 순수, 참여문학 등의 시대 문학사조가 아닙니다.
　오로지 ᄒᆞᆫ민족 유구한 뿌리사상을 총합한 'ᄒᆞᆫ'문학입니다. '나(ᄒᆞᆫ알)'와 '너(ᄒᆞᆫ얼)'와 '우리(ᄒᆞᆫ울)'를 밝히는 한국문학의 정체성입니다. ᄒᆞᆫ류로 나아가는 인류문학사조입니다.

　'民調詩' 문학사조입니다.

2. 나는 민조시를 이렇게 쓴다.

　그렇기에 나는 民調詩를 흔사상 묵정밭갈이 글씨올 가꾸기에 뜻을 두고 있습니다.
　언급한 바와 같이, 흔사상은 고조선 한민족 뿌리사상입니다. 환인과 환웅과 왕검의 상고조 개천 개국 이념입니다. 여기 나를 있게 하고 오늘 흔민족을 존재하게 하는 대한국의 뿌리 정체성이기도 합니다.

　그 흔철학이 흔류로 깨어나야 하는 시점이라고 봅니다. 잃어버린 뿌리 역사와 함께 정맥을 되찾아야 할 때라고 봅니다. 그 몸부림으로 나의 民調詩 붓율은 생명력을 얻고자 합니다. 그 주체 혈맥인 이 시대 대한민국이 그 흔혼을 낯설어하고 있기 때문입니다. 그 낯설기가 바로 나의 民調詩 창작 의지가 됩니다.
　民調詩의 사상적 배경이 흔혼이거니, 이 의지는 민조시인의 시대 사명이어야 할 것입니다. 그 문예운동이 民調詩 개척의 대의명분일 것입니다. 하여, 나의 붓길에 내려준 흔-天符의 소명이 내 민조시 글밭갈이 되새김질 필혼입니다.

　흔사상의 장구한 정맥에는 〈복본-複本〉의 유훈이 있습니다. 잃어버린 뿌리 근본을 회복하라는 가르침입니다. 인류가 잃어버린 天符-하늘뜻을 되찾아, 우리의 '서낭당'-혹은 '소도'-'부도'의 밝달터로 반드시 되돌아가라는 〈원시반본-元始反本〉의 흔사상이 그것입니다.

　그러므로 나의 民調詩 글밭갈이는 그 複本의 꿈을 믿고 따릅니다. 그 묵정밭은 1만년도 넘는 시공의 거리입니다. 그 시공의 거리에는 나의 민조시를 기다리는 숱한 흔의 정녕들이 내 붓끝을 여미게 할 것입니다. 나의 붓빛으로 깨어나야 할 억겁의 생령들이 흔춤의 흔바탕 신명거리 제전을 부정거리 하고 있을 것입니다.
　아마도 내 이번 생도 턱없이 모자랄 유장한 붓길판일 것입니다. 그러나 나의 필력이 다하는 그 날까지, 나는 民調詩와 더불어 흔의 天符를 쫓아 신명을 다할 요량입니다. 나와 民調詩가 짊어진 업보라 여기고서.

　문학에 '人'을 앞서 쓰면 '인문학'이 됩니다. 인간을 근본하는 흔사상과 같은 뜻의 인문학입니다. 홍익이요, 인내천의 인본학이 그것입니다.
　그 인문학의 주체가 문학이며, 문학의 주체가 시문학이고. 나는 시문학의 주체가 곧 民調詩(한국문학의 새 정형시)로 불리어지기를 꿈꿉니다.
　그 날까지., ! 하여, 나의 民調詩 쓰기는 흔사상의 複本을 끝내 꿈꿀 것입니다.

3. 民調詩와 자유시의 차이점은?

　극명한 차이점은 시형식입니다. 이를테면, 民調詩는 정형시이고 자유시는 정형시가 아니라는 명백한 차이입니다.

　본시 자유시는 정형시의 형식을 벗어나 자유롭게 쓰는 시라는 뜻입니다. 그러므로 자유시는 정형시를 근거한 상대적 의미의 시가 됩니다. 즉, 전통시의 운율과 형식에 구애받지 않으며, 정형시의 일정한 틀을 해체해버리고 쓰는 자유로운 형식의 시입니다.

　이와는 반대로 民調詩는 엄정한 형식을 정확히 지켜야만 하는 정형시란 얘기입니다. 어쩌면 현대시조보다 그 형식이 더욱 엄정하다고 볼 수 있습니다.

　현대시조의 음수율은 종장 첫 구만 3자 고정입니다. 나머지는 약간의 음수율을 변용하는 여지가 다소 있습니다. 그러나 민조시는 3·4·5·6조의 형식을 그 음수율 차례대로 엄정하게 고수해야 합니다. 현대시조보다 음수율의 자율성이 없다하니, 아마 퍽이나 의외로 생각할 것입니다.
　그런데 어찌 현대시조의 진화를 들먹일 수 있는 새 정형시라고 번듯하게 내세울 수 있겠냐는 생각이 우선할 것입니다. 현대를 충분히 담아내지 못하는 구태의 율격인가, 자유분방한 사조를 수용하지 못해 외면당한다는 현대시조의 한계를 어찌 극복하겠는가, 하는 여러 의문이 쉽게 대두될 것입니다.

　그렇습니다. 민조시는 현대시조의 45자 형식에서 우선 자유롭습니다. 3·4·5·6조의 단 18자로 한 편의 시를 쓸 수 있습니다. 민조시인이 시조의 45자를 민조시의 18자로 함축할 수만 있다면, 상상만으로도 충분히 빼어난 시가 될 것입니다. 이는 현대인의 긴장성과 감성의 빠른 속도도 충분히 만족시킬 수 있는 새 정형시가 될 것입니다.

　민조시는 또한 현대의 다양한 문명 언어를 충분히 소화할 수 있습니다. 음수율을 거듭 장단 추임새 할 수 있는 자유 형식의 음수율이 장치되어 있기 때문입니다. 이를테면, 시어의 필요 배열에 따라, 3·4·5·5·6조, 혹은 3·3·4·4·5·5·6조로의 여러 변용이 가능한 자율을 허락하고 있습니다.

　이 둘의 '테제'가 민조시의 특성입니다. 이러한 새로운 형식의 율격을 확립함으로서, 이제 민조시는 한국문학의 삼각체제를 구현하는 제3의 시문학으로서 자리매김하고 있다고 저는 봅니다.

민조시는 전통의 시조에서 정형율을 계승하고 현대의 자유시에서 무한의 표현 자율을 획득함으로서, 새로운 정형을 갖춘 한국적 자유시가 될 것입니다. 즉, 전통의 시조와 현대의 자유시를 아우르는 한국적 형태의 '융합문학'으로도 새롭게 조명될 것입니다. 더욱 확립 체계를 갖추어야 하는 여타의 문제 제기는 차후로 미루고 말입니다.

민조시 역시 시조와 같이 여러 형태로 분류됩니다. 따라서 연민조시나 장민조시 등은 마치 자유시처럼 써지고 읽혀집니다. 여러 행으로 쓴 민조시를 읽다보면 자유시와 큰 차이가 없어 보입니다만, 그렇지 않습니다. 엄밀히 다릅니다.

앞서 언급한바와 같이, 민조시는 3·4·5·6조의 정형율을 한 음수도 벗어나서는 정형시가 안 됩니다. 가령 3·5·4·6이라든지, 3·4·3·4 등의 자율적 음수 운용을 절대 허락하지 않습니다.

또 한 가지, 맨 마지막 결구의 끝 調는 반드시 '6조'이어야 합니다. 이 역시 民調詩만의 엄정한 정형율입니다. 이러한 정형 율격을 정확히 지켜야만 민조시라 할 수 있습니다.

정형시든, 자유시든, 민조시든 시인이 작품으로 문학의 최고 가치를 구현하는 시를 써내는 일이 절대 우선이겠습니다. 어떤 형식을 取寫할 것인가는 앞으로 한국문학의 몫이 될 것입니다.

다만, 현재 한국문림의 보편화된 '자유시'가 '민조시'를 '시조'와 함께 한국 새 정형시로 확립할 수 있도록 반갑게 손잡아 격려하기를 바라마지 않습니다.

4. 民調詩와 시조의 관계?

民調詩와 시조는 한국 정형시입니다. 民調詩는 최근에 개척된 새로운 현대 정형시이고, 시조는 대략 7백여 년 이상의 뿌리를 내려온 우리 민족 고대 정형시가 되겠습니다.

따라서 시조는 民調詩의 모태가 틀림없습니다. 시조 3장의 3·5·4·3은 民調詩 3·4·5·6(3+3)을 태동시킨 근원이 분명합니다.

다만, 民調詩가 시정신의 바탕을 '훈사상'으로 명확히 규정한 반면, 시조시는 그 '훈사상'을 딱 잘라 우리의 시정신으로 체화시키지 못한 차이가 있겠습니다.

특히 시조시 창작 지점인 고려 말부터, 조선의 사대와 일제의 식민과 남북의 분단까지 우리의 '훈사상'은 그 정체성을 온전히 상실하였으니. 시조 7백년 시절의 민족 문학도 결국 우리의 '훈사상'을 구현하지 못한 것이 사실입니다. 이 시대가 우리의 '훈'을 '恨'으로 오인하는 얼빠짐으로 전락하였으니 하는 말입니다.

그런 중에 民調詩는 '훈사상' 문학의 구현을 선언하였습니다. 잃어버린 우리의 뿌리 얼을 되찾는 민족문학 정신을 명확히 선언한 것입니다. 훈사상이 체화된 민족문학 구현을 말하는 것입니다.

이처럼 '시조'와 '민조시'는 민족문학이 담아내려는 각각의 내용 바탕과 역할 작용이 달랐을 뿐입니다.

특히 '민조시' 개척은 '시조'가 못다한 한국 정형시의 역할 사명을 이제 보다 크고 넓게 발전시키겠다는데, 한국 새 정형시 창작의 대의명분이 있다고 보겠습니다. '시조'의 전통을 계승하여 한국문학의 세계문학으로 '법고창신(法古創新)'하려는 개척 의지가 바로 한국문림의 자생 신단수(神檀樹)-'民調詩'라고 봅니다.

민족문학의 그릇에 담긴 내용(정신)의 차이가 다른 점이 있듯이, 그 내용을 담아내는 그릇(형식)에도 차이가 있습니다.

그것은 정형시 歌形의 5조와 6조의 차이입니다. 즉, 시조가 3·5·4·3이라는 음수율로 5조 중심의 형식을 취한 반면, 民調詩는 3·4·5·6이라는 음수률로 6조 중심의 형식을 취한 것입니다.

이는 한국 문학사조의 분수령이 될 거라고 봅니다. 시의 본향이 정형시이고, 우리 정형시의 두 갈래 형식이 5조와 6조로 구분되는 민족문학사조가 될 것이기 때문입니다.

여기 민조시의 '6'조 선언의 의미와 그 원리 근거는 무엇일까요. 여기에는 실로 엄청난 의미가 내포되어 있으며, 우주 변화의 원리에 상응하는 문학사조와 원리 근거가 내포되어 있습니다.

훈의 세 마치 3수는 천지인 바탕입니다. 그 3수에 天1이 용변하여(3+1)=4수가 되고, 地1이 용변하여(3+1)=5수가 되는 이치가 됩니다. 거기에서 3=4=5의 음수율이 설정된 것인데, 그 율려로 노래 호흡이 되고, 장단 가락 걸음보가 되었던 것입니다.

즉, 3·4·5의 한국 시조 바탕의 음수율이 되었고, 중국 한시의 7언시(3+4)와 5언시가 되었으며, 일본 '와카'와 '하이쿠'의 5·7·5=7·5·5조 노래시가 되었던 것입니다.

이는 3才 바탕에 天1과(4조) 地1의(5조) 음수율로만 가형을 이루었으니, 그것은 곧 천지(3+4+5)의 율려만 찬양한 결과의 노래시가 되었던 것이며, 天地人 3才 용변의 주체인 人1의(6조) 음수율은 제외된 공각의 율려였던 것입니다.

즉, 天地가 주체가 되는 율려 陰陽歌만 불렀지, 人이 주체가 되는 율려 三神歌를 부르지 못했다는 근거가 됩니다.

3조 바탕에 天地(4·5조)가 주인이 되는 율려수 3·5·4·3조를 근본하는 시절가는 '時調'가 되었던 것입니다. 우주 율려의 시절을 대변하는 노래였으니, 마땅히 때의 '時'에 노래의 '調'로서, 그중에서도 5조(地) 중심의 가형을 이루었던 것입니다. 그 천지 주체의 '時調詩'가 한국 정형시의 주인으로 자리매김하였던 것입니다.

그와 달리, 人(6조)이 주체가 되는 율려수 3·4·5·6조를 근본하는 民本歌는 '民調詩'가 되는 것입니다. 우주 율려의 人本을 대변하는 노래가 되니, 마땅히 '民'에 노래의 '調'로서, 그중에서도 6조(人) 중심의 歌形이 되는 것입니다. 그 사람 중심의 인본율 3·4·5·6조 '民調詩'가 한국 정형시의 새 주인으로 자리매김하는 분수령이 되는 것입니다.

흔의 민본 예악 民調詩와 흔의 천지 율려 時調는 21세기 한국문학의 새 지평을 열어가는 관계일 것입니다. 흔의 두 정형시가 세계인의 노래로 꽃피고 열매 맺는 그 날까지 말입니다.

5. 民調詩와 하이쿠와의 관계?

하이쿠는 일본 정형시입니다. 5·7·5조 또는 7·5·5조의 음수 정형율로 시가를 이룬 일본 시문학입니다.

주지하다시피 民調詩는 3·4·5·6조의 음수율 18자인 한국 정형시입니다. 하이쿠는 민조시보다 한 음수 부족한 17자인 일본 정형시입니다. 그 하이쿠 음수율 7·5·5조(5·7·5조)에서 7조는 3·4조=(7조)의 변형과 같으니, 결국 하이쿠도 3·4·5·5조의 가형으로서, 3·4·5·6조의 民調詩와 크게 다를 바 없는 일본 정형시인 셈입니다.

즉, 民調詩는 한국인의 호흡을 3·4·5.6조의 18번으로 노래한 민족문학으로 규정한 반면, 하이쿠는 일본인의 호흡을 3·4(7)·5·5조의 17번으로 노래한 민족문학으로 규정한 간명한 차이가 있다고 봅니다.

결국 하이쿠는 우리의 시조 3·4·5(5)조의 가형과 같은 맥락의 정형률인데, 거기서 한 음수율 더 장단 마치를 두드린 '6조'를 발견하여, 3·4·5·6조의 새로운 한민족문학을 선언한 우리민족 새 정형시가 民調詩입니다.

여기 民調詩와 하이쿠의 관계를 조명하면서, 제가 밝히고자 하는 중요한 논거는 조금 특별한 맥락에 근거하고 있습니다. 저는 그것을 주목합니다.

일본의 세계문학 하이쿠의 뿌리는 일본 고시가 '와카'에 있습니다. 그 '와카'는 고대 일본 천황가의 역사와 '祭神歌'를 노래 전승한 고시가 '만엽집'에서 기인합니다.

이의 '만엽집'은 공히, 일본 최초의 '와카'로 〈난파진가-難波津歌〉를 확언하고 있습니다. 혹은 〈매화송-梅花頌〉으로도 불리는 일본 최초의 '와카'를 말합니다.

이는 '홍윤기' 박사의 논고 '일본 詩歌의 7·5조는 한국의 律調이다.'(民調詩學 제5호 재록)에서 소상히 밝힌 바 있습니다. 논문 주제는 일본 정형 고시가 '와카'인 〈난파진가〉의 효시가 누구인가를 밝힌 내용입니다. 언제 누가 '와카'를 창시하여 일본 정형시가의 뿌리 문학으로 계승하였는가 하는 문제였습니다.

즉, 일본 정형시 '와카'와 '하이쿠'의 효시 〈난파진가〉를 과연 누가 썼느냐를 구체적으로 열거하면서, 바로 백제인 '박사 왕인'의 창작 시가라는 중요한 사실에 주목한 바 있습니다. 일본에 논어와 천자문을 처음 전해주고, 황태자를 가르친 천황가의 스승이며, 일본 문화의 태사부로 존엄한 '왕인 박사'를 말합니다.

'와카'의 효시인 〈난파진가〉가 바로 백제인의 호흡인 5·7·5·5·5조 음수율로 처음 쓰였다는 것은 매우 중요한 사실입니다. '하이쿠' 역시 그 장단 호흡 음수율에서 5·7·5조/7·5·5조로 일본 정형시의 가형이 되었으니, 백제인의 후손인 우리와 일본인의 장단 호흡이 크게 다르지 않으며, 한국 근대시가 일본에서 계승되었다기보다는, 고대 백제 문학이 일본으로 전승되었음을 규정한 것입니다. 일본문화사에서 한.일 문학사의 뿌리 갈래를 분명하게 정립한 '홍윤기' 박사의 논지입니다.

이처럼 한.일 문학사의 뿌리를 정립하는 일도 중요하지만, 이 〈난파진가〉에는 한.일 고대사가 밝혀내야 할 숨겨진 秘史의 중요한 단초도 새겨져 있습니다.

'홍윤기' 박사는 이 〈난파진가〉를 천황가의 역사를 노래한 시라고 밝혔습니다. 4세기 말 일본 천황의 등극을 권유한 역사 찬시로 논지를 펼친 바 있습니다. 3년간 공석이었던 천황의 자리에 등극을 권유하면서 '박사 왕인'이 찬하여 읊은 '매화송'이 바로 〈난파진가〉라고 소개하였습니다.

그런데 그 〈난파진가〉에는 놀랄만한 백제의 숨겨진 역사가 담겨 있다는 사실입니다.

'박사 왕인'을 초청한 일본 천황은 저 유명한 '日本武尊-야마타다케루'입니다. 일본 교토 히라노 신사에 모셔진 '제1수木神'입니다. 그 '왜건명-倭建命'이 다름 아닌 백제대왕 '근초고대왕'이라는 역사적 진실입니다. 바로 '日本武尊-근초고대왕'이 태자 '근구수황자'를 가르치는 태사부로서 '박사 왕인'을 초청한 것입니다.

'근구수왕자'는 일본의 저 유명한 '응신천황'이 됩니다. 뿐만 아니라, 일본 역사의 '아이부인'이요, 한.일 역사 왜곡의 주인공인 임나일본부설의 '신공황후'는 '근구수대왕비'가 됩니다. 그리고 거기서 태어난 왕태자가 바로 태중 삼한왕으로 지목된 원자 '침류왕'입니다. 저 유명한 칠지도의 주인공 '침류대왕'을 말합니다.

'홍윤기' 박사가 지적한 '왕인'의 〈난파진가〉가 창작된 시점은 언제일까요. 고금 '와카집'의 해설은 황태자 '우지노와키이라츠크'와 손위 형인 '오오사사키노미코토'가 서로 왕위를 양보하면서 자리를 비워둔 채 3년을 지내게 된 시점이라고 발표합니다. '홍윤기' 박사는 대략 405년으로 추정하였습니다.

그러나 사실은 히라노 신사의 제2구도신 '근구수대왕-응신천황'이 서거한 394년부터 396년까지 3년간 천황 자리가 공석이었으니, 그때 '침류대왕'과 그의 이복형인 '인덕천황'이 왜왕의 천황 자리를 서로 양보하면서 3년간 등극을 미루게 되는 시점으로 봅니다.

근초고왕과 근구수대왕의 대륙 백제를 회복하고자 했던 '침류대왕-우치천황'이 선왕 '응신천황-근구수대왕'의 장자인 '인덕천황-닌도쿠덴노'를 왜왕으로 권유하지만 쉽게 등극을 승낙 받지 못한 상황이었던 것입니다.

이때, 선왕의 스승이요, 황실의 정무장관격이었던 '박사 왕인'이 바로 〈난파진가〉를 찬시하여, '인덕천황'의 천황 등극을 권면하는 노래가 바로 '와카'의 효시 〈매화송〉이었던 것입니다.

이의 중차대한 〈난파진가〉의 발표 시기와 역사 비화는 다시 밝힐 기회가 있을 것으로 봅니다. 기회가 닿는 대로 한·일 고대사 전반의 〈난파진가〉를 다뤄보고자 합니다.

다만, 백제 태사부의 율려시가 오늘날 일본 문학의 '와카'가 되었고, 그 장단 호흡이 세계 속의 일본 문학 '하이쿠'(17자)가 된 것도 중요한 사실이지만, 일본 정형문학의 효시 〈난파진가〉에는 이러한 한·일 역사의 秘意까지 담겨 있다는 사실은 더욱 중요합니다.

거기서 한 수(18자) 더 나아간 대한국의 율려시가 '民調詩'입니다. 나는 이 한 수가, 필시 일본 문학 '하이쿠'(17자) 보다 한 수 앞선 '韓神의 한 수'가 될 것으로 믿어 의심치 않습니다. 누가 무어라하든, .!

6. 民調詩의 전망에 대하여

民調詩는 흔류의 흔문학이 될 것입니다. 인류에게 흔문학의 존재 가치를 일깨우게 될 것입니다. 종내 만국인에게 또 하나의 흔아리랑이 되리라 전망합니다.

民調詩에는 천부 율려의 하늘 노래 숨결이 담겨있습니다. 우리의 천부경(天符經) 율려 숨결입니다.

民調詩의 '3=4=5=6'조는 하늘 율려 "0=1=3=6"조의 천부경 음수율입니다. 바로 "0=1=3=6"의 천부경 이치가 '3=4=5=6'의 民調詩 율려를 탄주하게 한 것입니다.

'0'은 하늘입니다. 동양의 무극(無極)입니다. '천부경'의 '일시무시일--始無始一'을 뜻하기도 합니다.
'1'은 존재 근원입니다. 동양의 태극(太極)입니다. '천부경'의 '석삼극무진본-析三極無盡本'에 해당합니다.
'3'은 '천인지'의 3위1체입니다. 동양의 삼재(三才)입니다. '천부경'의 '일적십거무궤화삼--積十巨無櫃化三'의 해석입니다.
'6'은 생명 근원(여섯)의 율수(律數)입니다. 동양의 성태극(成太極)이요, 6기(六氣)입니다. 천부경의 '대삼합육-大三合六'을 뜻합니다.

혹여, 일본의 '와카' 5·7·5·7·7조의 후반 7·7조를 떼어내고 5·7·5조의 '하이쿠'를 개척한 일본의 모방과는 엄정한 차별이 있습니다. 민조시의 6조는 분명 단견의 눈으로 폄훼할 수 없는 우리의 흔사상 원리에 근거한 정형 율조이기 때문입니다.

여기 6은 '0'의 '像'이 발현된 것이며, '1'의 '体'가 드러난 것이고, '3'의 '用'이 작용한 율수입니다. 바로 우주변화 원리가 반영된 흔사상의 핵입니다. 그 '6'수를 民調

詩가 발견하여 새로운 歌形의 한국 정형시를 발표한 것입니다.

　이처럼 '0'='1'='3'='6'은 ᄒᆞᆫ사상의 천부(天符) 원리입니다. ᄒᆞᆫ의 천부경(天符經) 율수(律數) 원리입니다. 그 율조 원리가 반영된 '3=4=5=6'조가 바로 民調詩입니다.

　그 천부 율려가 인류의 가슴을 깨어나게 할 것입니다. 그리하여 인류가 ᄒᆞᆫ의 홍익상생으로 '하나(0-1-3-6)'되게 할 것입니다.
　ᄒᆞᆫ사상의 핵심은 인본의 '성통광명-性通光明'에 있습니다. 조화경 천부경의 '본심본태양앙명-本心本太陽昻明'일 것입니다. 교화경 '삼일신고=三一神誥'의 '성통공완=性通功完'의 유훈일 것입니다.

　그 도덕군자행은 율려-律呂요, 예악=藝樂에 있다 하였습니다. 하여, 民調詩는 도행(道行)의 천지 율려로 '0'='1'='3'='6'의 하늘 숨결을 깨닫는 천부경의 노래가 될 것입니다.
　民調詩는 또 덕행(德行)의 풍류 예악으로 '3=4=5=6'의 천부 율려가 만방에 울려 퍼지는 ᄒᆞᆫ사상의 노래가 될 것입니다. ᄒᆞᆫ류의 율려-예악으로서 ᄒᆞᆫ사상 '성통광명=性通光明'의 노래시가 될 것입니다.

　民調詩-언젠가는 꼭 ᄒᆞᆫ아리랑일 것입니다.

〈甲午 東學 2回甲年 立冬에-鷄龍山 'ᄒᆞᆫ시붉마루'에서〉

3장

몸-나

地・精・身・몸

'몸-나' 이야기

'몸-나'는 눈으로 보이는 육신(肉身)의 나를 말한다. 머리와 몸통과 손발로 이루어진 실제 실존의 나를 말한다.

'몸'은 '모음'에서 비롯된 말일 것이다. 생명의 모든 것이 모여 있는 신비체가 '몸'이다. 세포 하나부터 몸체 각 부위와 기관 장부 등이 신비스럽게 모여 있는 신체가 바로 '몸 나'이다.

무엇보다 'ᄒ 나'가 부모의 씨밭과 정혈(精血)을 빌려, 나의 '몸'을 만들어 살고 있는 집이 '몸 나'이다.
그리고 '맘 나'를 길러 이의 '몸 나'에 모아 놓고 있는 것이다. 그렇게 'ᄒ나'와 '맘나'를 모아, 하나의 '나'로 보여주는 실체가 바로 '몸'인 것이다.
바로 이 보이는 '몸 나'의 집에 보이지 않는 '한 나'와 '맘 나'를 모아 놓았으니 '몸'인 것이다.

누구나 '나'를 인식하는 기준은 '심신(心身)'일 것이다. 즉, '몸과 맘'으로 이루어진 '나'를 인식의 존재로만 이해하기 쉽다.
거기에 인식의 새 기준으로 'ᄒ 나'가 있음을 깨닫자고 거듭 설파하고 있는 주제가 바로 '자아 찾기'의 핵심이다. 그 'ᄒ 나'를 깨닫고 더욱 '빛 나'로 성화시키자는 진리의 담론이 '진아 찾기'이다.

그 중심의 실상과 결과가 바로 '몸'이다. 왜냐하면 궁극의 'ᄒ 나'가 더욱 '빛 나'가 되기 위해서는 '몸 나'로 보여 주어야하기 때문이다. '몸'이 바르고 튼튼해야만 가능한 일이기 때문이다.

만약 나의 'ᄒ 나'가 머무는 '몸'이 부실하고 허술하면, 'ᄒ-나, 참-나'는 조금도 '빛 나'가 될 수 없다. '몸'이 무너지고 깨지게 되면, 'ᄒ 나'는 급하게 우선 '몸 나'를 보수하는 일이 시급해진다. 얼굴을 '빛 나'게 하기는 커녕, 병든 몸을 치료하는데 급급해진다. 그러므로 'ᄒ 나'의 진화는 멈추게 되고, 끝내 '몸 나'가 회복되지 못하면 'ᄒ 나'

도 함께 퇴화되는 죽음의 결과를 초래한다.

'몸'은 이렇듯 매우 중요한 나의 실체이다. 제아무리 '맘 나'를 다스리고, 보이지 않는 '흔 나'를 진화시키고자 해도, 보이는 '몸 나'가 없으면 모두 무용지물이다. 오로지 '몸'이 건강했을 때, '맘'도 잘 다스려지고, 영혼의 '흔 나'도 진화가 가능하다.

특히 의식의 '맘 나'는 일체를 이루고 있는 '몸 나'를 깊이 알아야 한다. 나의 '몸'을 잘 알고 그 중요성을 깨달아야 한다. 그리고 '몸 나'를 소중히 간수하는 '몸' 중심의 생활 수신(修身)을 지극히 실천해야 한다.

비유하건대, '흔 나'가 아버지라면, '몸 나'는 어머니와 같다. 그리고 '맘 나'는 자녀가 되는 것이다.
이 셋이 '나'라는 한 가정을 이루고 있다. 그 '나'라고 하는 가정의 모든 살림살이는 누가 맡고 있을까. 바로 어머니의 역할인 '몸 나'에게 있다. 그만큼 '몸'이 중요하다.

그 '몸 나'를 찾아가는 여행을 떠나보자. 나의 모든 꿈을 담아내는 내 '몸'으로의 탐구를 시작해 보자.

● '몸'-소우주

'몸'은 알면 알수록 신비스럽다. 그리고 무한의 정보를 담고 있다. 거듭 강조하지만 '한 나'와 '맘 나'를 담고 있는 온전한 그릇이다.

그 '몸'을 탐구해보면 우주의 섭리와 완벽히 닮아 있음을 알게 된다. 그런 까닭에 '몸'은 소우주라고 말하기도 한다. '몸'을 왜 소우주라 하는지, 그 이치를 지혜로 밝혀 보기로 하자.

'몸'은 '한 나'의 '몸 나'이다. 둘로 나뉘면 천지를 닮은 '심신-몸과 맘'의 '둘 나'이다. 형태로는 '머리'와 '몸통'의 둘이다. 또 이목구비에 각각의 두 구멍이 있고, 손발의 두 수족이 있다.
'셋'의 '몸'은 '천지인 3재(才)'와 같다. 머리와 몸통과 손발의 3재(才)를 닮은 구조와 기능을 하고 있다.

자연의 섭리를 주관하는 하늘의 큰별이 있다. 먼저 해와 달이다. 밤낮의 어둠과 밝음을 주관하니 '음양(陰陽)'이라고 한다.

다음은 5행성이 있다. 화성, 수성, 목성, 금성 토성의 5행별을 말한다. 이를 합쳐 '음양오행'이라 한다. 우리가 쓰는 달력의 7요일(일·월·화·수·목·금·토)이 바로 음양오행인 것이다.

자연은 음양의 해와 달을 바탕으로 5행의 별이 계절의 6기(6氣-여섯 기운)를 운행하고 있다. 그 하늘 섭리의 질서를 '5행 6기'라고 한다. 이를 그대로 내려받아 땅의 5대양 6대주가 형성된 것이다.

하늘의 5행(行) 6기(氣)와 땅의 5대양 6대주를 그대로 빼닮은 형상이 사람 몸의 5장 6부이다. 이를 3재와 연관 지어 좀 더 세분하면 다음과 같다.

머리에 5관(눈·귀·코·혀·입)과 6식(색·소리·향·맛·의식·촉감)이 있다.

몸통에는 5장(간·심장·비장·폐·신장)과 6부(담·소장·위·대장·방광·삼초)가 있다.

손발에는 5지(다섯 손발가락)와 6감(분노·기쁨·근심·걱정·슬픔·공포)이 작용한다.

천지인이 각각 1개월씩 3달을 가서 4계절을 운행하니, 12달이 1년이다. 이를 닮은 몸은, 머리와 몸통과 손발의 3축이 수족(手足)의 4지로 운행하니, 12경락으로 1체를 이루고 있다.

12달의 1년이 24절기로 운행하니, 우리 몸의 척추가 24마디로 세워져 있고, 갈비뼈 역시 24개로 구성되어 있다.

또한 1년이 365일이니, 우리 몸의 뼈마디가 365마디로 구성되었으며, 12장부의 12경락에는 365혈이 자리 잡고 있는 것이다.

'몸'은 이처럼 완전한 소우주의 신비체이다. 하늘과 땅과 사람이 '하나'를 이룬 온전한 생명체가 틀림없다.

'몸'은 그러므로 하늘의 기운을 마시고, 땅의 음식을 먹으며 살림살이를 하고 있다. 천지와 한몸으로 온전한 생명살이를 하고 있는 나의 실체가 바로 '몸'이다.

'몸 나'를 참으로 귀히 여겨야 한다. '맘 나'가 알아차리고 '흔 나'를 일깨워야 하는 모든 것의 중심에 '몸 나'가 있기 때문이다.

〈民調詩〉
소우주

해와 달
머리와 몸통

5행과 6기
5장과 6부
5대양 6대주.

1년은 4계절
한 몸통 4지 수족

한 해 12달 3백 6십 날
12경락에 3백 6십 혈

24절기로 24척추뼈

한나
몸 나의 집,
신성한
우주(宇宙)
집.

몸나의 삼일신고(三一神誥)

'삼일신고(三一神誥)'는 '천부경(天符經)'과 더불어 한민족 3대 경전 중의 하나이다. '천부경'은 우주 변화 원리와 '훈 나'의 조화 섭리를 전하는 '조화경(造化經)'이라면, '삼일신고'는 '삼신사상'의 원리와 '훈 나, 몸 나, 맘 나'의 '참나'를 가르치려는 '교화경(敎化經)'이다.

모두 한자 366자의 경전이며, 다음의 5훈(五訓)에 대한 가르침으로 구성되어 있다.

천훈(天訓) – 하늘에 대한 가르침.
신훈(神訓) – 신에 대한 가르침.
천궁훈(天宮訓) – 하늘나라에 대한 가르침.
세계훈(世界訓) – 세계관에 대한 가르침.
진리훈(眞理訓) – 진리에 대한 가르침.

이중 '신훈(神訓)'의 다음 경문을 먼저 살펴보자.

성기원도 절친견 자성구자 강재이뇌(聲氣願禱 絶親見 自性求子 降在爾腦)

성기원도(聲氣願禱) – 목소리와 기운으로 원하는 것을 기도해도,
절친견(絶親見) – 친히 볼 수 없고,
자성구자(自性求子) – 오로지 스스로의 본성에서 씨알(神)을 구하면,
강재이뇌(降在爾腦) – 너의 머릿골로 이미 내려와 있다.

'삼일신고'의 '신(神)'에 대한 가르침이다. 되새겨 깨달아야 할 빛말씀이다. '자성-본성'을 밖에서 구하지 말고, 내 안에서 구하게 되면, 이미 내 머릿골로 내려와 있음을 알게 된다고 밝힌다.

'신을 멀리서 찾지 말고 내 안에서 구하라'는 명쾌한 빛말씀인 것이다.

다음은 '삼일신고'의 '진리훈(眞理訓)'이다. 참 진리를 쉽고 명료하게 새겨주고 있다.

제1절

인물 동수삼진 왈 성명정(人物 同受三眞 日 性命精)

인물(人物) - 사람과 만물은
동수삼진(同受三眞) - 다 같이 셋의 참됨을 받는데,
왈 성명정(日 性命精) - 그것은 성품과 목숨과 정기이다.

제4절

유중 미지 삼망 착근 왈 심기신(惟衆 迷地 三妄 着根 日 心氣身)

유중 미지(惟衆 迷地) - 많은 무리의 사람들은 미혹의 땅에 태어나면서,
삼망 착근(三妄 着根) - 셋의 허망함에 뿌리를 내리게 되나니,
왈 심기신(日 心氣身) - 그것은 마음과 기운과 몸이 된다.

삼신(三神)으로부터 받는 3진을 '성 명 정(性 命 精)'이라고 한다. 그런데 땅에 몸을 받고 태어나면서 3망이 뿌리내린다. ㄱ 3망을 '심 기 신(心 氣 身)'이라고 한다.

제6절

진망 대작삼도 왈 감식촉(眞妄 對作三途 日 感息觸)

진망(眞妄) - 3진과 3망이,
대작삼도(對作三途) - 서로 짝을 이루어 세 갈래의 길을 만드니,
왈 감식촉(日 感息觸) - 그것은 맘의 느낌과 기운의 호흡과 몸의 촉감이다.

생명의 3진과 생활의 3망이 서로 대적하며, '삼악도(三惡道)'의 길을 걷는 것이 '삶'이라는 뜻이다. 나의 '맘과 기운과 몸'은 '느낌과 호흡과 촉감'으로 3진과 3망의 길을 오고 간다는 것이다.

제8절

중 선악 청탁 후박 상잡(衆 善惡 淸濁 厚薄 相雜)

종경도임 주타 생장소병몰 고(從境途任 走墮 生長消病歿 苦)

'중 선악 청탁 후박 상잡(衆 善惡 淸濁 厚薄 相雜)'
－많은 사람들은 마음의 선악과, 기운의 맑고 흐림과, 정기가 두텁고 얇아지는, 혼잡스러운 삶을 살아간다.

'종경도임 주타 생장소병몰 고(從境途任 走墮 生長消病歿 苦)'
－그러한 삶의 길을 마음대로 가다가 무너지면, 결국 쇠약해져 병들고 죽는 고통에 이르고 만다.

이 빛말씀은 '나 참'을 잃고 '나 망'에 허우적대는 삶을 경고하고 있다. 허망한 삶은 늙고 병들어 죽는 고통뿐임을 직시하라는 가르침이다.

제9절

철 지감 조식 금촉 일의화행 반망즉진 발대신기 성통공완 시
(哲 止感 調息 禁觸 一意化行 反妄卽眞 發大神機 性通功完 是)

철(哲)
－지혜(道)를 얻으려면

지감 조식 금촉(止感 調息 禁觸)
－느낌을 그치고, 호흡을 고르며, 부딪침을 금해야 한다.
일의화행(一意化行)
－오직 한뜻만을 세워 행동으로 삶을 변화시키게 되면,
반망즉진(反妄卽眞)
－허망함을 돌이켜 곧바로 참-나에 이른다.

발대신기(發大神機)
－(나-참에 이르면) 신묘한 계기가 크게 펼쳐진다.
성통공완(性通功完)
－그리하면 본성과 통하고 이 땅에 온 공적을 완수하게 된다.
시(是)
－이것이 옳은 길(道)이다.

지금까지 '삼일신고' '진리훈'의 주요 맥락을 짚어보았다. 그중 핵심은 '성 명 정'의 3진이 '심 기 신'의 3망에 빠지지 말라는 것이었다. 진리를 얻기 위한 생활 수행법을 구체적으로 제시하고 있다.

그것은 다음의 덕목을 오직 한뜻으로 실천하고 행동하라는 가르침이다.

'심(心)'은 마음이니, 늘 조심(調心)해야 한다. 오직 마음을 가다듬고 감정에 치우치지 말아야 한다.
'기(氣)'는 호흡이니, 늘 조식(調息)해야 한다. 항상 호흡을 가다듬어 숨을 깊고 고르게 관리해야 한다.
'신(身)'은 몸이니, 늘 조신(調身)해야 한다. 언제나 몸을 가다듬어 육신을 상하게 하거나 쾌락에 빠지지 말아야 한다.

이의 '삼일신고' 가르침을 종합하면 다음과 같이 정리된다.

천(天)-성(性)-영(靈)-심(心)-조심(調心)-흔 나
인(人)-명(命)-혼(魂)-기(氣)-조식(調息)-맘 나
지(地)-정(精)-육(肉)-신(身)-조신(調身)-몸 나

'삼일신고(三一神誥)'는 오직 한뜻으로 '조심-조식-조신'의 생활 수행을 실천하라는 선조의 명령이다. '삼일신고'가 명료히 가르치는 '성통공완(性通功完-자아완성의 참 사람)'의 진리인 것이다.

몸, 풀어야 산다

'몸'은 '맘'과 '기(호흡)'와 셋이 하나를 이루고 있다. 그러므로 '몸'이 좋아지면 '맘'도 편해지고, '호흡'도 깊어진다.

반대로 '몸'이 나빠지면 '맘'도 불편하고, '호흡'도 거칠고 얕아진다. 즉, 제 아무리 '맘'을 편하게 하고 싶어도 '몸'이 아프고 힘들면 '맘'을 가다듬기 어렵다. '호흡'도 마찬가지이다. 아무리 '호흡'을 깊게 하고 싶어도 '몸'이 나쁘면 불가능하다. 그만큼 '몸'이 중요한 역할을 맡고 있다.

흔히 '기(호흡)'가 막혀 죽겠다'는 말을 쓰고 산다. 그 '기(호흡)'는 왜 막히는가? 한마디로 '몸'이 막혔기 때문이다. 우리 몸에는 '기(호흡)'가 돌아다니는 주요 통로(경락-경혈이라고 한다)가 있는데, 주로 그곳이 막혀 있는 것이다. 모두 몸이 굳어서 생긴 결과이다.

굳다-는 말은 단단하거나 딱딱해진 어떤 상태를 말한다. 몸이 굳었다는 말도 몸의 세포나 근육, 살과 피부 등이 경직(硬直)되었다는 뜻이다. 그래서 이유 불문하고 '기(호흡)'가 막힌 곳은 몸이 굳은 곳이다.

'아-프다'는 '아-풀다'에서 온 말임을 설파했다. '아-프다'는 것은 몸의 굳은 곳을 푸는 자가 치유의 행위이다. 거듭 밝히지만, '혼 나'가 '몸 나'를 풀어가는 치유 의식이 '아픔'이다.

그러므로 '몸'은 풀어야 산다. 딱딱하게 경직된 몸의 모든 부위를 이완시켜야 한다. 긴장으로 뭉친 어깨부터, 냉적(冷積)과 울화(鬱火)로 뭉친 뱃속까지 모두 풀어야 산다.

특히 몸 구석구석 쌓인 쓰레기를 쓸고 닦아내야 몸이 풀린다. 그러기 위해서는 몸을 굳게 하는 다음의 세 가지 요인을 살펴 조신(調身) 해야 한다.

첫째, '몸'의 입으로 먹는 부적성의 음식이 몸을 굳게 한다. 거듭 강조하겠지만, 입으로 들어가는 독성 물질과 몸에 맞지 않는 부적성 음식이 가장 크게 몸을 굳게 한다. 여기서 발생하는 독성과 쓰레기와 가스 등이 몸 구석구석을 막고 굳게 한다.

따라서 음식을 잘 섭생하면서 몸을 관리하는 생활 수행이 '조신(調身)'이다.

둘째, '맘'에서 발생하는 독성 에너지가 몸을 경직시킨다. 이를테면 분노가 끓어 화가 폭발하면 피가 끓고 상하게 된다. 그것이 어혈(瘀血-괴사된 핏덩이)로 뭉쳐 몸을 굳게 만든다. 지나친 탐욕과 질투와 미움 등도 피를 차게 만들어 냉적(冷積-냉기 덩어리)이 된다. 모두 '기(호흡)'를 막히게 하고 '몸'을 굳게 하는 '맘'의 병리 작용이다. 이의 마음을 잘 고르는 생활 수행이 '조심(調心)'이다.

셋째, 자연의 '기'와 몸의 '기(호흡)'가 부조화 되면 '몸'을 경직시킨다. 몸은 폐호흡과 피부호흡과 장호흡 등을 하는데, 이때 자연의 6기(풍·한·서·습·조·화)가 몸과 부조화되면 '몸'을 상하게 한다.

예를 들면, '몸'이 찬바람을 이기지 못하면 '감기'에 걸리는 경우이다. 흔히 '냉병'이니, '열병'이니, 하는 등의 자연환경과 몸의 부조화로 인해 경직되는 몸의 병리 현상을 말한다.

그러므로 조식(調息)도 몸을 굳지 않도록 이환시키는 중요한 생활 수행이 된다. '기-호흡'이 깊고 강해지면 자연의 '사기(邪氣-삿된 기운)'를 능히 이겨내기 때문이다.

'몸'은 복부의 5장 6부를 기반으로 그 순환의 통로가 손끝 발끝까지 연결되어 있다. 이의 기혈 순환 통로가 굳으면 병이 된다. 그러므로 '몸살림'은 손끝 발끝을 시작으로 몸 구석구석을 풀어내야만 산다.

몸 풀이, 절 풀이

'절'은 우리 전래의 고유문화이다. 특히 두 손을 머리에 대고 땅에 엎드려 웃어른께 하는 세배 문화는 그 뜻이 의미심장하다.

우리의 이 절법 역시 삼신 철학을 담은 인사 예법인데, 이 예법 역시 '천지인'의 3재 원리로 흔의 삼신 합일 뜻을 전수하고 있다.

먼저 두 손(人)은 사람을 상징한다. 그다음 머리(天)는 하늘을 상징한다. 몸통은 당연히 땅(地)을 상징한다. 이를 근거로 예절 행위의 수행 예법인 절에 대한 의미를 되새겨 보자.

절의 예법은 먼저 사람의 두 손(人)을 머리(天) 이마에 올린다. 제3의 눈이 있는 '인당혈' 이마에 두 손을 올리는 것이다. 이 행위는 사람이 하늘의 뜻을 떠받든다는 의미를 담고 있다.

그다음은 두 무릎을 꿇는다. 두 발 무릎은 '신(神)'을 의미하는데, 이 행위는 '신(神)'도 그 하늘뜻에 무릎을 꿇는다는 의미가 있다.

그리고 몸을 엎드려 땅바닥에 절을 한다. 이는 하늘의 뜻을 받들어 사람과 신이 그 뜻을 땅에서 이루어지게 하겠다는 의미의 행위이다.

마지막으로 두 손을 하늘로 향해 '회향(回向-그 뜻과 덕을 모두에게 되돌린다')한다. 그렇게 절을 마치고 일어서는 것이다.

'절'의 의미를 다시 정리 종합해보면 다음과 같다.

'사람이 하늘의 뜻을 받들어, - (두 손을 머리에 올림)
신(神)과 함께 무릎을 굽혀, - (발의 땅에 무릎을 굽힘)
그 뜻을 땅에서 이루어지게 하며, -(손과 이마가 땅에 닿음)
'절'의 덕을 널리 되돌려 올린다.' - (두 손을 들어 하늘로 올림)

이처럼 절이란, 절을 하는 사람이 받는 사람에게 전하는 마음의 약속이 뜻깊게 담겨 있다.

'절'은 거의 높은 어른이나 경배의 대상에게 하는 예절이다. 이때 절이 담고 있는 의미 행위를 각성하고, 절을 받는 대상에게 그 뜻을 약속하는 의식 행위가 되는 것이다. 개인의 기복을 바라는 절보다 훨씬 큰 의미가 담겨있다.

사찰이나 사원은 한자 '절 사(寺)'를 쓴다. 본래 우리말 '절하는 곳'에서 유래되었을 것으로 추정한다. 유독 우리말만 사찰 사원을 '절집, 절간' 등으로 쓰고 있는 말이기 때문이다. 불가의 절집은 유난히 108배 등의 절을 많이 하는 곳이기도 하다.

'절집'은 대부분 심산유곡에 자리 잡고 있다. 불자들이 산행을 하면서 절집에 이르게 된다. 이때 심신이 잘 정리가 된 상태일 것이다. 그 상태에서 부처님 전에 경배의 절을 하게 신행화 시켰다. 그 행위의식 자체가 심신 수행의 일환이었다.
이처럼 '절'을 하다보면 요가나 선가의 몸 수련법을 저절로 수행하게 되는데, 절의 행위 과정에서 몸의 경락과 경혈이 저절로 풀리기 때문이다. 몸의 경직으로 굳고 막힌 곳이 풀리게 하는 '몸풀이' 수신법이 절이다.

절집의 신앙 의식 이전에 우리 민족은 생활 속에서 '절'을 실천 의례해 왔다. 그러니 이제 그 '절'에 담긴 의미를 깨닫고 정성스럽게 '절'을 해보도록 하자. 그것이 곧 생활 신앙의 '몸풀이' 수신법이 될 것이기 때문이다.

'절'은 '맘 나'의 사람 두 손이, '한 나'의 이마에 있는 하늘 뜻을 받들어, '몸 나'의 땅과 현실로 엎드려 내려오게 하는 일이다.

'절'은 '맘 나'의 의식이, '한 나'의 빛을 밝혀, '몸 나'의 어둠을 밝히는 수신 예절이다.

각설이 수리경(覺說理 數理經)

'얼씨구 시구 들어간다~!'
'절씨구 시구 들어간다~!'
'작년에 왔던 각설이 죽지도 않고 또 왔네~~!'

'얼씨구 시구'는 '얼의 씨가 입(口)으로 전해져 알아라(矢+口=知)'는 비의(秘意)를 전하고 있다.
'절씨구 시구'는 '절의 씨가 입(口)으로 전해져 알아라(矢+口=知)'는 비의(秘意)를 전하고 있다.
'작년에 왔던 각설이'는 '고대(고조선)로부터 전해온 깨달음(覺)의 말씀(說)과 진리(理)'를 말한다.
'죽지도 않고 또 왔네.'는 '죽지 말고 계속 전승되라'는 발원을 담은 경구이다.

따라서 '각설이 타령'은 우리 민족의 사상과 진리가 담긴 구전민요 경전인 셈이다. 앞서 언급한 '본성 찾기'와도 그 맥락이 같은 노래 경전이다.

'얼'은 '훈 나'이니, '얼씨구 시구'는 '훈 나의 씨가 입으로 전해져 알게 하라'는 뜻과 같다.
'절'은 '저 얼'의 뜻이 있으니, '절씨구 시구'는 '저 얼(저 훈)의 씨가 입으로 전해져 알게 하라'는 뜻풀이가 된다. 혹은 한민족의 '절' 예배를 전승하라는 의미도 있다.

'각설이 타령'은 '거지'들의 복음 성가로 전래되어 오늘날까지 생명력을 잃지 않고 있다.
그렇다면 '거지'는 누구인가. '거지(巨智)'는 '크게 알았다, 큰 지혜를 얻은 자'를 뜻한다. 또한 '왕거지(王巨智)'는 '삼재(三)를+꿰 뚫은(丨)+지혜인'을 뜻하는 말일 것이다.
이에 근거하면, 진리를 크게 깨닫고, 크게 지혜로운 '왕거지'들은 속인들의 집 앞에서 '동량'을 하며 '각설이 타령'을 불렀을 것으로 추정한다.
이때 '동량(同良)'은 '서로 하나이니 돕자'는, '보시(報施-은혜를 베풀자)'의 각성이 모든 중생의 마음에 '측은지심(惻隱之心)'으로 일어나게 하려는 의도로 불렀던 성가였을 것이다.

그렇게 '거지' 도인(道人)들은 문전걸식을 핑계 삼아 세속인들을 깨우치려는 성자들이었을 것으로 추정한다.

이처럼 고대로부터 전승된 깨달음의 말씀과 진리의 노래가 '각설이 타령'이다. 그 맥이 죽지 말고 끊임없이 계속되라는 유훈을 담아 구전시켰을 것으로 유추하는 것이다. 그 마음으로 이 시대의 '각설이 수리경'을 개사해 한 구절 타령해 본다.

신(新) 각설이 수리경

一자나 한 자 들고나 보니, '흔 나'를 찾는 일 하러 가세.

二자나 두 자 들고나 보니, '두 나'인 '몸 나'가 나일세.

三자나 세 자 들고나 보니, '셋 나'인 '맘 나'도 보일세.

四자나 넉 자 들고나 보니, '인의예지(仁義禮智)'의 사람(四覽)이 되라는구나.

五자나 다섯 자 들고나 보니, '인의예지신(仁義禮智信)' 오덕(五德)을 다 세워 '다섯'이네.

六자나 여섯 자 들고나 보니, '육감(六感)'에 '육기(六氣)'가 붙어 '6갑(六甲)'을 열고 서니 '여섯'이네.

七자나 일곱 자 들고나 보니, '칠성(七星)'이 얼굴의 '칠규(七竅)'로 통하여 '칠정(七情)'의 얼빛 일구니, '일곱'이네.

八자나 여덟 자 들고나 보니, '팔자(八字)'를 열고 덜어 '팔괘(八卦)'를 걸고 '8달(八達)'에 통하니, '야달(若達)'이네.

九자나 아홉 자 들고나 보니, '구규(九竅)'의 호흡 열어 '구천(九天)'을 건너가는 '구궁(九宮)'에 '아흡(亞吸)'이네.

十자나 열 자 들고나 보니, '시방(十方)'을 열고 열어 '십자가(十字架)' 세워 '십천(十天)'이라, '열(悅)'일세.

〈民調詩〉
0부터 11까지, 삶

0에서
1로 나와
10을 넘어서
11로 가는
삶.

수수리 사바하
수리수리 마하수리

수(數)는 신(神)이라

수(數)에 밝아야
재수(財數)도 좋고
분수(分數)도 알지.

0부터 11수
난 어느 수(數)일까.

'몸 나'의 3끼(氣)

● 하늘 양식의 1끼

'몸 나'는 크게 3끼를 먹으며 몸 살림을 하고 있다. 그 1끼가 천기(天氣)의 하늘 음식이다. 그 하늘 음식은 다음과 같이 3가지가 될 것이다.

첫째, 공기(空氣)의 호흡이다. 하늘 허공에 가득한 기운을 말한다. 공기는 모든 생명의 절대 음식이다. 단 3분만 마시지 않아도 생명이 끊어지는 하늘 음식이다.
따라서 '몸 나'를 잘 유지하려면 좋은 공기를 마음껏 마셔야 한다. 맑고 깨끗한 공기를 깊이 마셔야만 몸의 기혈 순환이 원활하기 때문이다.
요사이 환경오염이나 미세먼지 등으로 질 좋은 공기를 마시기 어렵다. 이러한 때에 천기의 1등 음식인 좋은 공기를 마시도록 노력해야 한다. 공기 맑은 산림이나 바다를 찾아가서라도 질 높은 공기를 충분히 마시도록 힘써야 한다. 공기와 호흡의 '조식(調息)'은 '몸 나'를 찾는 몸 살림의 핵심 중 하나임을 거듭 강조한다.

둘째, 물의 생명수를 말한다. 물의 근원 역시 하늘이다. 땅의 암반에서 샘솟는 것으로 인식되나, 물의 순환을 보면 하늘의 수증기와 이슬을 근본 시작으로 보는 것이 옳다.
따라서 물은 모든 생명체의 근원이 되는 하늘 음식으로 여기는 것이 마땅하다. 기혈순환의 '몸 나'를 유지하는데 더없이 중요한 생명수이다.
좋은 물은 깨끗한 물이다. 특히 심각한 오염 시대를 살고 있는 이 시대인에게 물은 몸 청소 역할이 가장 중요한 기능이다. 그러므로 물은 이슬처럼 맑고 순수한 물이 최상의 물이다. 미네랄이 풍부한 물보다 깨끗한 증류수가 더욱 좋은 물이다.
'몸 나'를 정화시키는 좋은 물은 천기의 하늘 음식인 것이다.

셋째, 좋은 소금이 하늘 음식이다. 소금은 물에 잠겨 응고된 흰빛(素金) 에너지이다. 그러므로 흐르는 물에는 염기 성분이 없고, 고인 물에만 햇빛 에너지가 응고되어 염기가 된다.
따라서 소금 역시 하늘 음식이다. 이는 공기의 기체가 물의 액체로 변하고 물의 액체가 소금의 고체로 변한 천기 음식인 것이다.

소금은 '염'이나 '나트륨'과는 다른 의미의 말이다. 이는 흰빛(素金)의 의미를 담고 있는 '생명의 기'를 뜻한다.

또한 '짜다'는 말은 '몸의 기운을 짜준다'는 의미가 담겨 있다. 실제로 신진대사의 삼투압 작용에 소금이 중요한 역할을 한다.

그래서 우리 민족은 소금 염장 발효 음식의 전통을 중시해왔다. 김치, 된장, 간장, 고추장, 젓갈, 장아찌 등 소금을 중요한 먹거리로 전승시켜 왔다. 한국인의 소울푸드가 소금 발효음식이다.

'몸 나'의 하늘 음식인 깨끗한 소금은 중요한 1끼 음식이다. 공기와 물이 중요하지만, 몸을 정화시키고 해독시키는 데는 소금이 으뜸이다. 좋은 소금으로 '몸의 간기'를 잘 맞추어야 몸 살림을 할 수 있다.

● 땅 음식의 2끼

땅의 2끼는 입으로 먹는 땅의 음식을 말한다. 땅에서 나는 모든 음식의 먹거리를 말한다.

몸은 땅으로 비유되는 물질에 해당한다. 그러므로 '몸 나'는 땅의 음식인 먹거리가 더없이 중요하다. 몸의 건강관리에 있어서나, '몸 나'의 수신(修身)과 '조신(調身)에 있어서, 절대 중요 작용을 차지하는 것이 먹는 음식이다.

따라서 '땅의 2끼' 음식은 참으로 중요한 '진지(眞智)'가 아닐 수 없다. 하루 2~3끼를 먹지 않으면 안 되는 것만큼, 엄중한 관리가 필요한 것이 먹거리의 음식이다. 그 핵심사항 몇 가지는 다음과 같다.

첫째, 집밥의 정성 음식을 먹어야 한다.

'몸 나'는 어머니의 정성된 음식을 최상의 먹거리로 기억한다. 특히 제철에 나는 곡식과 채소로 정성스럽게 지어주신 어머니의 밥상은 최고의 건강 음식이다.

그러나 요즘은 어머니의 집밥을 먹기가 쉽지 않은 시대이다. 혼밥족이 늘어나고 음식을 사먹는 외식 문화가 번성하고 있다. 그렇다보니 몸에 좋은 정성스런 음식을 먹기가 쉽지 않다. 자칫 몸을 해롭게 하는 나쁜 음식으로 허기를 채우게 된다.

문제는 좋고 나쁜 음식의 개념도 없이 혀의 미각을 쫓아 함부로 아무 음식이나 마구 먹는 일이다. 이런 음식 습관이 몸의 쓰레기로 쌓여 큰 병을 일으킨다. 따라서 먹는 음식만 잘 가려 먹는 지혜만 있어도 '몸 나'를 지키는 건강인이 될 것이다. 입으로 들어가는 음식을 잘 살펴야 한다.

둘째, 식품 합성 첨가제 섭취를 경계하라.

　식품 보존제인 방부제가 첨가된 음식을 많이 섭취하게 되면 몸을 망치는 독성 음식이 된다. 아세트산, 벤조산, 소르빈산 등 여러 합성 보존료를 함부로 섭취해, 그 독성이 몸에 누적되면 크게 해롭다.

　그 밖에도 각종 향신료, 착색제, 감미료, 발색제 등은 미량의 식품허가를 취해 사용되지만, 소위 1급 발암 물질로 분류되는 위험 식품군이다.

　이밖에도 조미료로 사용되는 'MSG'와 유전자 조작 식품인 'GMO' 등이 우리의 '몸 나'를 심각하게 위협하고 있다. 각별히 경계해야 할 위험 음식 독성이다.

　그저 한국인은 잡곡밥에 된장 시래깃국과 김치 밥상이 최고의 건강 음식임을 깨달아야 할 것이다.

셋째, 야간 과식을 삼가 하라.

　'아침은 신선이 먹고, 점심은 사람이 먹으며, 저녁은 귀신이 먹는다'는 말이 있다. 특히 밤늦게 먹는 음식은 마치 제사 음식처럼 귀신의 음식이 될 염려가 크다. 휴식을 취해야 할 장기 장부가 수면 시간까지도 노동해야 하는 과부하를 받게 된다. 야간 과식은 당연히 소화 장애를 일으켜 몸속 독소를 쌓이게 만든다.

'밥상은 성스럽다.'

　입으로 먹는 음식은 성스러운 생명 의식이다. 밥을 먹는 일은 궁극적으로 생명을 먹는 일이기 때문이다.

　사람이 먹는 음식 중에 생명 아닌 것이 어디 있는가. 그러므로 성스러운 마음으로 먹어야 한다. 사람이 대지의 생명을 먹고, 보다 유익한 생명살이 삶을 살겠다는 생명사슬과의 무언의 약조인 셈이다.

　그뿐만이 아니다. 그 생명 음식을 나의 밥상에 오르게까지 해준 사람들의 노고와 땀이 음식에 스며있기 때문이다. 당연히 밥상은 감사의 기도가 신행되어야 하는 성스러운 하늘의례인 것이다.

● **사람 마음의 3끼**

　사람의 3끼는 '맘 나'의 마음이다. '마음먹었다, 마음먹기 달렸다'는 말처럼 '마음' 역시 먹는 일이다.

　따라서 마음을 잘 먹어야 한다. 마음을 잘 못 먹으면 그대로 몸의 독이 되기 때문이다.

불가에서는 3독심이라 하여, 세 가지 독이 되는 마음을 먹지 말도록 경계하고 있다. 흔히 '탐 · 진 · 치(貪·嗔·癡)'라 하여, 탐욕과 분노와 어리석음의 마음을 함부로 먹지 말라는 뜻이다.

'나쁜 마음'을 많이 먹으면 '나쁜 사람'이 된다. 부정적이거나 절망의 마음, 분노, 원망, 질투 등의 마음을 먹으면 몸의 피가 상하게 된다. 온갖 마음거리가 걱정 근심거리로 무수히 생겨난다. 그 마음들을 잘 가려 정리할 줄 알아야 한다. 그래서 마음 먹어야 할 것과 먹지 말아야 할 것을 가려내야 한다.

한의학의 '내경'에는 '심기혈정(心氣血精)'이라는 말이 있다. 이 말은 '마음 가는 곳에 기운이 따르고, 기운이 가는 곳에 피가 따르며, 피가 흐르는 곳에 정력이 따르게 된다'는 우리 몸의 생리기전을 설명한 뜻이다.

이처럼 몸의 생리기전에서 그 꼭두에 있는 작용이 '마음'에 있다는 것이다. 흔히 기혈 순환이 잘되어야 몸이 건강하다고 말한다. 이때 몸의 '기혈'을 이끄는 근원이 바로 마음이라는 뜻이다.

● **'기가 막혀 죽겠네.'**

이 말은 마음을 잘못 먹어 몸이 '기체(氣滯)'되었을 때 하는 말이다. 즉, '심기(心氣)'가 불편해지면, 우리 몸에서 기운의 통로가 막혀 죽을 것 같은 상황이 일어난다는 뜻이다.

이처럼 몸과 마음의 상호 작용은 절대적 상관성을 지니고 있다. 따라서 '몸 나'를 건강하게 하려면 마음을 잘 먹어야 한다. '마음'의 3끼를 늘 잘 먹는 일이 절대 덕목인 것이다.

몸, 마음의 길 경락(經絡)

'하루에 12번 마음이 바뀐다.'
이 속담론 속에는 마음에 관한 두 가지 비밀이 담겨 있다.
그 한 가지는 우리 몸에 12통로의 마음 회로가 있다는 확인 말이다. 이는 한의학 '내경-황제내경'이 밝힌 우리 몸의 12경락을 말한다.

12경락은 우리 몸의 6장 6부(12장부)에서 손끝 발끝으로 연결된 에너지 회로이다. 경락(經絡)은 경맥과 낙맥을 뜻하며, 손끝 발끝에서 전신을 거쳐 12장부로 연결된 씨줄과 날줄의 생명줄을 말한다.
우리 몸에는 12경락과 기이한 경락 '기경 8맥'을 합쳐 '20경맥'이 있다. 그 경맥으로 366혈이 있다.
이의 20경맥 366혈로 '심기혈정(心氣血精)'이 흘러 다닌다.

이 속담론의 두 번째 비밀은 12경락이 마음의 심로(心路)라는 확증 말이다. 마음이 하루에 12번 바뀐다는 것은, 12경락으로 흐르는 마음의 변화 상태를 말하는 것이다. 즉, 12경락은 12번 마음이 바뀌는 마음의 회로임을 증언하는 말임을 깨닫게 한다.

12경락은 하루 12시각을 기준하여 12장부의 에너지를 순환시키고 있다. 이때 장부와 배속된 마음의 7정(노·희·우·사·비·공·경-怒·喜·憂·思·悲·恐·驚)이 12경락을 따라 변화한다.

'몸 나'의 장부와 마음의 7정이 변화하는 상관성을 알기 쉽도록 다음의 배속표를 적시한다.

장 부	폐 · 대장	위장 · 비장	심장 · 소장	방광 · 신장	심포 · 삼초	담 · 간장
7정(마음)	슬픔(悲)	근심(憂)	기쁨(喜)	공포恐驚	생각(思)	분노(怒)
시각	03-05시/05-07시	07-09시/09-11시	11-13시/1-3시	3-5시/5-7시	7-9시/9-11	11-01시/01-03시
맛	매운 맛	단 맛	쓴 맛	짠 맛	떫은 맛	신 맛
색	백색	색	적색	흑색	홍색	청색

'장부'는 우리 몸의 12장부를 말한다. 이중 '심포-삼초'의 장기는 존재하지 않지만 기능과 경락은 확실히 존재하는 '한의학적 장부'이다.

'7정(마음)'은 해당 장부에 배속되어 상관하고 있는 감정과 마음이다. 서양의학이 말하는 심인성(心因性-마음이 원인인 질병) 질환을 한의학은 좀 더 세밀하게 규정지어 놓았다. 그것도 몇천 년 전부터 말이다.

이의 근거로 보면 '간 · 담'이 나빠졌을 때, 분노의 화를 조절하지 못하는 심리와 병리가 나타난다는 결론이다. 즉, 분노 조절 장치가 고장이 난 사람은 이미 간 · 담의 장기가 무너지고 있음을 알 수 있는 것이다.

시각은 해당 배속 시간에 연관 장부의 에너지가 가장 활성화되는 시간임을 말한다. 또한 마음과 7정의 변화도 일어나는 시간임을 알 수 있다. 마음이 하루에 12번 바뀌는 시간을 말한다.

맛과 색깔 역시도 해당 장부에 배속된 맛이고 색이다. 이를테면, 매운맛은 폐와 대장의 정기를 기르는 맛이고, 흰색 역시 관련 장기의 기운을 돋우는 색상이라는 뜻이다.

'몸 나'를 아는 것은 참 지혜이다. 우리 속담론에 담긴 12경락설과 마음의 심로(心路)를 깨닫고, '몸 나'를 관리하고 '조심(調心)과 조신(調身)'에 힘써야 할 것이다.

해닮(談)

사암오행침법 소고(小考)

　내가 있으니, 네가 있다. 아니다. 네가 있어서 내가 있다. 그러므로 '나'는 '남'이고, '남'은 '나+앎'의 '나'다. '남'이 '나'라고 하니, '나' 아닌 것은?
　무(無), … 없다. 마주하는 만유가 '나'이다. 피차일반(彼此一般)이다.

　그러므로 '남'을 살려야 한다. '나'를 위해서다. 활인(活人)을 해야 하는 본뜻이 그렇다.

　동북의 축인(丑寅) 간방(艮方)은 활인지방이다. 갑을(甲乙)의 동방이며, 해묘미(亥卯未)의 목국방(木局方)을 말한다. 이곳은 천문성(天文星)의 인의지방(仁意之方)이라고도 말한다. 거기 동방에 고요한 아침의 나라가 있다. 생명 활인지국(活人之國)의 나라다. 바로 조선(朝鮮)이다.
　그 조선에서 창안된 침구요결이 하나 있다. 사암(舍岩)의 오행침법이다. 동방 활인 홍익의 본뜻을 참구한 이조(李朝) 선승(禪僧)의 침구요결이다.

　이 침법은 동의(東醫)의 원전인 황제의 내경에서 전법(傳法)하였다. 선승 사암께서 내경의 온고(溫故)에서 지신(知新)한 셈이다. 내경의 오행침에서 한 수를 더 보탰으니, 사암의 침법은 동의학(東醫學) 적통을 이어받은 음양 5행의 원리 침법이다. 활인국 조선에서 창안된 독창적 침법인지라, 그 묘용 또한 빼어난 침법이다.

　침법의 논거는 음양이고, 5행이다. 그리고 6기다. 동양의 철학이요, 우리의 자연철학인 음양과 5운 6기의 법도를 몸체의 동의학(東醫學)에 적용시킨 침법이란 얘기다

　시침(施針)의 법도가 음양 5행이라, 오행의 상생과 상극의 이법(理法)을 따른다. 역시 6장 6부의 12경락에 있는 5행 혈(穴)만을 시침한다. 사지 말단의 팔꿈치 아래와 무릎의 슬관절 아래에만 침을 놓는다. 모두 60혈만을 쓴다. 행침(行針)이 간결하고 용이하여, 팔만 걷고 바지만 걷으면 곧 시침이 가능하다.

　변증(辨症)의 시침은 모두 4개다. 누구나 5행만 통하면 알기 쉬운 침법이다. 그

원리는 다음과 같다.

수태음폐경의 병변을 다스린다면 침은 모두 4개를 꽂는다. 오행의 금(金) 장부인 폐를 다스려야 하니, 폐경락의 토(土)혈에 한 개를 꽂아 기운을 넣는다. 오행 상생의 화생토(火生土)인 보법(補法)을 따른 것이다.
그리고 화(火) 혈에 한 개를 꽂아 폐의 화기(火氣)를 뺀다. 오행 상극의 화극금(火克金)인 사법(寫法)을 따른 것이다. 이처럼 폐의 자경(自經)에 침 2개를 보사(補瀉)한다.

다음은 타경(他經)에 2개를 보사(補瀉) 한다. 폐경을 돕는 비토(脾土) 경락의 토(土)혈에 보법(+)으로 한 개를 꽂는다. 다음은 폐경을 극하는 심장 경락의 화혈(火血)에 사법(-)으로 한 개를 꽂는다.

이와 같이 작은 침 4개로 3군데의 경락을 조율하는 침법이 바로 사암침법이다.

이처럼 침법은 오행의 이법(理法)을 따르지만, 사암의 실제 치료법은 6기의 기법(氣法)에 있다. 이를테면, 폐의 금(金)경락에는 태음의 습기(濕氣)가 유주하고 있으니, 그 습기를 중시하여 침 치료의 기법(氣法)으로 삼는다는 얘기다. 풍(風), 한(寒), 서(署), 습(濕), 조(燥), 화(火)의 6기가 12경락을 유주하고 있다는 자연의 운기관이 사암침의 핵심이다. 이의 6기관을 중시하여 행침(行針)을 한다는 독창적 기법(氣法)이 사암의 원리 강령인 것이다.

사람의 몸체에 5장 6부가 있는 까닭이 자연의 법도에 있다. 바로 사암의 침법이 5행이요, 치료법은 6기이니, 그 침도가 자연의 법도와 맥을 같이 한다. 그러므로, 그 몸체의 이상 기후가 발생했을 때, 자연의 5행 6기의 법도를 따라 몸체 부조화를 조율하는 침법이 바로 사암의 오행침법인 것이다.

음양과 5행과 6기는 동양의 자연 사상이요, 우리의 한민족 사상이다. 천문(天文)의 역(易)과 지리(地理)의 풍수(風水)와 인사(人事)의 동의학(東醫學) 근원이 음양 5행 6기이며, 그 본맥은 해동(海東)의 활인지국에 있음이다.

의(醫)와 음양의 짝을 이루는 역(易)의 명리 사주학도 음양 5행이고 6기이다.
즉, 5행이 음양이면 10간이고, 6기가 음양이면 12지지가 된다. 그 근원과 뿌리가 같다. 그러니, 사암의 5행침에 능하면 명리의 사주학에 쉬이 통하고, 명리의 사주에 능하면 사암의 5행침에도 쉬이 통한다.

의역(醫易) 모두 활인이다. 이는 해동(海東)의 활인지국이 시조임을 강조한다. 동이(東夷)의 뿌리 깊은 영성이 그 맥을 이어온 해동(海東)의 생명 문화다. 이 시대의 위대한 정신문화 유산임을 알아야 한다.

〈民調詩〉
선승 사암 고(禪僧 舍岩 告)

님이여,
한국 조선 흰 옷깃 여며
바위집(舍岩) 엽니다.

황제와 의인 기백 화타 편작
동이(東夷) 동의(東醫)라
님은 설(說)하지 않았다 해도
허성(許聖)과 농부(東武)
사암은 분명
동의(東醫)의 사표
활인조선방 새벽빛입니다.

밝땅에 나투시어
일신지허실(一身之虛實)
심 칠정 부침(心·七情浮沈)
혜명의 본법(本法)
빛 밝혀 주소서,

님이시여!
부디.

'몸-나'의 경제 자립

'몸-나'는 실존의 '나'이다. 땅에 발을 딛고 서 있는 실체의 '나'이다. 따라서 실생활의 현실적 가치 대부분이 '몸 나'를 위한 필요 가치들이다. 소위 의·식·주(衣·食·住)에 필요한 모든 것들이 거의 '몸 나'를 영위하기 위한 조건들이다.

그러므로 '몸 나'는 '의식주'에 대한 자립이 필요하다. 몸은 입어야 하고, 먹어야 하며, 잠자리가 있어야 한다. 몸은 안 입을 수 없고, 안 먹을 없으며, 안식의 잠자리가 없어서는 안 된다.

따라서 '몸 나'의 의식주 해결을 위한 경제적 자립이 매우 중요하다. 품위 유지를 위한 옷을 사 입어야 하고, 몸 건강을 유지하기 위해 먹거리를 사야하며, 잠자리를 위한 집을 마련해야 한다. 이 모두를 위해 필요한 만큼의 돈을 버는 경제로부터 자립해야 한다. 자립의 실제 핵심인 경제적 자립을 말한다.

소위 자본주의라 말하는 이 시대의 중요 가치 역시 경제 자본인 돈이다. 그러다보니 시대가치가 돈이면 다 될 것 같은 물신주의에 빠져 있는 실정이다. 다중의 사람들이 충분히 입고, 먹으며, 잠잘 수 있는데도 불구하고, 정처 없이 돈만 쫓으며 살아간다. 아예 돈의 노예가 되어버린 삶의 폐해가 심각하다.

이처럼 경제 자립의 임계점을 넘어선 물욕을 조심하는 건 맞다. 그러나 스스로 경제로부터 자립하지 못한 빈곤의 삶은 더욱 문제이다. 품위를 위한 옷도 제대로 못 사 입고, 먹는 것도 부실하며, 잠자리도 불편하다면, 그건 더욱 곤란하다.

특히 남자는 가족을 부양할 만한 경제적 자립을 반드시 이뤄야 한다. 결혼을 하고 처자를 거느리면 제일 급선무가 경제 자립이다. 이것이 생활의 도(道)이고, 생활 수행의 기본 도리이다. 세속을 떠나 성직의 길을 가지 않는 한 경제적 자립을 완수하는 일이 최우선의 수행 덕목이다.

여자 역시 경제 자립의 능력을 갖추어야 한다. 그래야만 진정한 사랑을 선택할 수 있는 자존심을 갖게 된다. 결혼을 하면 살림살이가 최우선의 일이 되겠지만, 만약 남편이 경제 능력을 상실하는 경우가 발생하면, 언제든 경제적 자립 능력을 발휘할 수 있어야 한다.

'몸 나'의 최우선 덕목은 살림살이이다. 그 살림살이의 으뜸 가치가 몸 건강이다. 이의 몸 건강을 위한 필요 가치가 경제의 돈이다. 따라서 건강과 지혜를 얻으려면 먼저 경제적 자립이 반드시 필요하다.

● **삶의 양적 가치와 질적 가치**

주제를 벗어나지 말자. '맘 나'(현재 의식)는 '몸 나'를 통해 '한 나'(잠재 무의식)를 찾아가는 것이 참삶이다. 그 중심인 '몸 나'에 관한 살림살이 법을 이야기하고 있는 상황이다.

'몸 나'의 '살림살이'가 '삶'이다. 이 삶의 양적 가치 3가지가 있다. 대부분 사람들이 추구하는 삶의 목적이 될 것이다. 흔히 인간의 3대 욕망이라 말하는 다음의 세 가지 가치관을 말한다.

첫째, 돈-재물욕
둘째, 권세-권력욕
셋째, 명예-명예욕

이를 다른 말로 '부귀공명(富貴功名)'이라고 한다. '부'는 재물의 돈이다. 세속에서 돈이 많으면 부자(富者)이고, 가난하면 빈자(貧者)라고 부른다.
'귀(貴)'는 권세이다. 속세의 권세가 드높으면 귀인(貴人)이라 하고, 권세가 없으면 천인(賤人)이라 부른다.
'공명'은 '명예'이다. 세상에 이름을 날리면 명인(名人)이 되고, 이름을 날리지 못하면 평인(平人)이 된다.

이처럼 '부귀공명'은 지극히 세속적인 삶의 양적 가치관이다. 대부분 사람들의 세속적 가치관이면서 삶의 보편적 목적에 해당한다. 이는 동서고금을 망라하고 삶의 현실적 필요 가치임이 틀림없다. 시대가 다변하고 급변해도 인간 삶의 '부귀공명'은 큰 틀을 벗어나지 못하는 양적 가치관이다.

특히 현재 자본 사회는 '돈'이 양적 최우선 가치가 되어있다. 그러므로 '부귀공명'의 현실 가치를 다스리는 자립적 주인이 되지 않으면 낙오자이다. 세속을 온전히 벗어나거나 도피하지 않고서는 '부귀공명'으로부터 자유 할 수 없기 때문이다.

따라서 삶의 '부귀공명'으로부터 자립 능력을 갖추어야 한다. 그것이 삶의 진정한 '생활도리(生活道理)'이고 큰 지혜의 출발점이 된다. 거듭 강조하지만 특히 '돈'으로부터 자유를 얻는다면, 그 사람은 삶의 질적 가치를 구현할 능력이 충분한 사람이다.

다만 '부귀공명'의 쳇바퀴를 벗어날 수 있는 '지혜'가 있어야만 가능하다. 바로 삶의 질적 가치를 알아차리는 깨달음이 있어야 한다. 그 삶의 질적 가치는 다음의 3가지로 규정할 수 있다.

첫째, 건강-체(體)
둘째, 지혜-지(智)
셋째, 사랑-덕(德)

이를 다른 말로 '전인품격(全人品格)'이라고 한다. 이 3가지는 양적 가치가 아무리 많아도 살 수 없고, 취할 수 없는 '인간가치'이다.

즉, 살림살이에 매우 필요한 돈으로 건강을 살 수 없다. 건강을 얻기 위해 돈이 필요하긴 하지만, 당장 돈으로 '몸 나'의 건강을 살 수 없다.

권세가 아무리 드높아도 절대 '지혜'를 가질 수 없다. 오직 내가 '전인품격'을 얻기 위해 부단히 정진해야만 가능한 가치이다.

또한, 세상의 명예가 아무리 드높아도 '사랑'의 덕을 이룰 수 없다. 이 역시 오직 자신의 '전인품격'을 가다듬는 지극한 정진으로 얻을 수 있는 질적 가치이다.

소위 '인격'은 바로 이의 '전인품격'을 말한다. 따라서 사람이 '건강한가?', 그리고 '지혜로운가?', 또 '사랑의 덕성이 있는가?'의 기준에 근거하여 한 사람의 '인격'이 판별된다.

반대로 '돈의 재물'과 '권세의 권력'과 '명예의 공명'은 '인격'의 기준이 될 수 없다. 그러므로 제아무리 부귀영화를 누린다한들 '인격'을 갖추지 못하면 허당이다. 그건 향기 없는 꽃과 같고 결실 없는 삶과 같다.

삶의 양적 가치인 '부귀공명-돈, 권세, 명예'는 살림살이의 필요 가치이다. 삶의 질적 가치인 '전인품격-건강, 지혜, 사랑'은 사람살이의 절대 가치이다. 이의 두 가지를 중심 잡는 삶이 '중용'이고 '중도지덕'의 삶이다.

해닮(談)

흔의 [뒷간정원] 미학

　몇 해 전, 영국 세계꽃박람회에서 한국 작가가 출품한 '해우소의 정원'이 영예의 1등을 차지했다. 출품 소재는 우리 전통 재래식 똥뒷간과 그 주변을 토종 야생화로 꾸민 정원이었다. 그 시골 [뒷간] 풍경이 세계에서 가장 아름다운 꽃밭으로 찬사를 받은 것이다.

　한국의 뒷간 풍경을 세계에서 가장 아름다운 정원으로 바라본 그들의 안목도 대단하다. 그러나 서양 그들이 미처 보지 못했을 우리의 뒷간 미학을 되새겨 본다.

　[뒷간]은 [뒤돌아본 공간·뒤에 있는 공간]일 것이다. 그 뜻이므로 [뒤보러 간다], [볼일 보러 간다]고 말하는 곳이다. 그 뒷간에는 단순한 공간 의미보다 깊은 우리민족 [흔]문화의 철학적 의미가 되새겨진 말이다.

　오면 가야하고, 들이셨으니 나가야 한다. 요즘 시쳇말로 소통의 본질이다. 즉 먹으면 싸야 한다. 잘살기 위해서 먹고, 잘 죽기 위해서 싼다. 따라서 먹는 입이 들어오는 문이라면 배설의 항문(肛門)은 나가는 문이다. 두 곳은 생명과 몸의 큰 기운이 소통하는 출입구인 셈이다.

　이를 삶과 죽음의 생사(生死)와 비유하건대, 즉 지구로 들어오는 문이 생명의 입이라면, 지구를 나가는 문은 몸의 항문일 것이다.
　그러므로 우리의 [뒷간]은 이승에서 피안의 저승을 되새기고자 했던 그런 곳이 틀림없다.

　우리말 [뒤졌다=돼졌다] 혹은 [돌아가셨다]는 말뜻이 그 의미를 가르친다. 즉슨 [뒤로 졌다=되어지다] 혹은 [뒤돌아갔다]는 말이 모두 저승으로 돌아갔다는 죽음의 뜻말이기 때문이다.
　따라서 [뒷간]은 [온 곳을 뒤돌아보라]는 장소이며, [갈 곳을 뒤돌아보라]는 성소(聖所)의 뜻을 담은 곳이다. 산다는 것은 곧 [잘 뒤지는 것=잘 되어지는 것=잘 죽는 것]을 생각해야 하는 성스러운 그곳이라는 뜻이다.
　또는 살아온 삶의 날들을 뒤돌아보고, 죽어 뒤돌아갈 날을 되새겨보는 곳이 바로

[뒷간]이라는 뜻이다. 역시 하루를 뒤돌아보는 [뒷간]도 될 것이고.

그 [뒤의 간]은 역 괘상의 [간=艮]괘를 뜻한다. 이의 [간=艮]은 고대 금문자에서 [사람 뒤에 눈]이 그려진 상형의 문자로 되어있다. 즉 [눈으로 뒤돌아볼 간=艮]자를 뜻하고 있다. 그 [간艮]에 [쉬엄쉬엄 갈 착辶]자가 더해지면 [뒤로 물러갈 퇴退]자가 된다. 또한 [마음 심=忄]자에 [뒤돌아볼 간=艮]자가 더해지면 [뒤돌아보는 마음]이니 [뉘우칠 한=恨]자가 되는 것이다.

또한 그 [한=恨]은 [한=韓]민족이 뒤돌아보는 [한=큰]의 한없는 공간일 것이다. 북방 바이칼호의 마고성에서 밝달의 태양을 따라 남동진 한 백두산족의 머나먼 시원성일 것이다. 북두칠성이 뜨고 지는 태초의 그곳에서 온 겨레붙이들이 뿔뿔이 갈라져 나온 [흔민족]의 에덴성을 뒤돌아보는 그 마음일 것이다. 그 [한=恨]많은 민족이 [흔민족]이다. 뿔뿔이 흩어져버린 온 인류가 크게 하나 되는 [세계일화世界一化]를 꿈꾸는 [흔없이 큰] 민족이 바로 [흔민족]이며, [한恨 민족]일 것이다.

그런 연원으로 우리나라를 [간방=艮方]의 나라라고도 한다. 본래 하도 팔괘의 간방은 서북방이다. [술해방=戌亥方]이라 하여 가장 춥고 어두운 곳이다. 개술=戌의 방위라서, 흔히 쓸모없이 버려진 땅을 [개자리땅]으로도 비유하는 그곳을 말한다.
우리나라의 간방은 전라도다. 그래서 한 시절 전라도는 [개자리땅]으로 버려진 유배지였으며, 그 전라도 사람을 크게 비하하여 [개땅쇠]라고 불렀던 연원이 그것이다. 그러나 역의 낙서 팔괘에서는 그 [간방]이 동북간으로 이동한다. 즉 [축인방=丑寅方]이라 하여, 새빛의 여명이 동트는 생기방(生氣方)을 말한다. 간산(艮山)의 산신이 머무는 산삼생지(山蔘生地) 터가 곧 동북 간방이다. 그 버려진 개자리땅이 산삼생기터로 바뀐 간방이니, 우리나라는 다시 동북간방의 생기방으로 비유되어 불렸던 것이다.

그 [간방]이 다시 용담역에서는 동정방으로 정위(正位)한다. 소위 후천개벽 역(易)이라 말하는 정역 팔괘는 지금 이 시대의 [간방]이 정동방에 자리한다. 이는 곧 지금의 우리나라가 완전한 해돋이의 정동방으로 새움 돋고 있는 역상(易象)을 드러내는 것이다. 아침 태양이 밝게 떠오르는 고요한 아침의 나라를 표상하고 있는 후천개벽시대의 [간방]을 말한다.
그러므로 이 시대 우리나라의 큰 기상이 정동방의 [간방]에서 욱일승천하고 있음을 말하는 것이다. 인류를 향한 해돋이의 빛등이 정동위의 3·8선 그 한반도에서 찬란히 떠오르고 있는 것이다.

때를 같이하여, 어둠의 [뒷간] 문화가 세계 최고의 꽃박람회에서 가장 아름다운 성소로 인증된 것이니, 그 의미심장한 뜻을 되새기지 않을 수 없는 일이다.

[뒷간]은 집 뒤에 있다. [측간=側間]은 집 옆에 있고. 우리의 그 뒷간은 자연 생태가 완전히 순환하는 생명의 아름다운 마당이었다. 사람이 먹고 싸는 인분은 부엌 아궁이의 잿더미와 섞여 텃밭으로 되돌아갔다. 그 재분을 참으로 귀하게 여기고, 잘 보관하여 다시 땅의 거름으로 환원시켰던 것이다. 그 재거름똥은 땅을 되살렸고, 그 땅에 채소를 심고 곡식을 기르는 생명살이를 하였다. 그 땅에서 나는 곡채를 다시 먹거리로 수확하여 생명의 양식으로 삼았으니, 이처럼 돌고 도는 완전한 생태 순환 문화의 발원지가 [뒷간]이었던 것이다.

그 [뒷간] 마당에 흰민들레가 피고 지고, 개망초 안개꽃이거나 토끼풀꽃 제비꽃들이 제멋대로 짓밟히면서 피고 지던 그곳. 더러는 흰찔레꽃이 울타리로 향기롭고, 또는 [뒷간] 그 허술한 흙집 바람벽을 타고 토종 으아리꽃이거나 나팔꽃이 타오르던 정원 그곳이다. 달밤이면 초가 이엉으로 하얀 박꽃도 더러 피는 우리의 아름다운 성소[뒷간정원]를 말하는 것이다.

댓바람에 뒷간귀신 몽달귀신이 말씨름도 걸어온다는 그곳. 그 [뒷간] 처마에 우리 할매 할배 저승길 뒤돌아가실 오동나무 목관(木棺) 널짝을 매달아 놓아 으스스했던 유년의 그곳. 먹고 싸면서, 채움과 비움, 삶과 죽음을 뒤돌아보고자 했던 우리 흰민족의 성소(聖所) [뒷간]. 그 아름답고 성스러운 우리의 [뒷간정원] 미학을 다시 꿈꾼다.

〈民調詩〉
解憂所 법문

사바연
똥텀벙의 악취로 향한
빛구멍의 뜻이.

광명의 빛줄기로 샘솟으라는
조물주의 뜻이.

생명의 입구멍과
배설 뒷구멍
함께 있는 뜻이.

등판을 후려치는 죽비소리로
떨어진다,
텀벙

4장

맘-나

人
·
命
·
氣
·
맘

맘 나를 찾아가는 명학(命學)

'몸 나'의 살림살이 핵심은 '자립(自立)'이라 했다. 자립하여 '부귀공명'의 주인이 되는 것이다.

그러기 위해서는 자립의 재능(탤런트)을 파악해야 한다. 쉽게 말해 세속의 양적 가치를 취득하는 각자의 재능을 잘 분석해야 한다.

'돈 버는 재능의 재리감각이 뛰어난지?'
'권위와 책임감의 직장인인지?'
'학문과 자격증의 명예를 추구하는 사람인지?'
'자유 표현과 기술의 예술 감성인의 소유자인지?

현대 사회의 수많은 직업군이 천태만상이긴 하나, 그 범주를 좁히면 복잡하지 않다. 이의 4가지 큰 틀의 유형에서 자신만의 재능을 파악하는 일이 매우 중요하다. 그중 각자가 가장 잘 할 수 있는 재능을 분석하고, 그 재능에 맞는 일로 자립하는 것이 쉽고 빠르다.

이처럼 자신의 재능을 정확히 아는 일은 쉽지 않은 일이다. 타고나 '명(命)'과 변하는 '운(運)'에 따라 달라지기도 하고, 각자의 부모와 주어진 환경에 따라 다양한 재능의 모습을 발현하기 때문이다.

가장 큰 문제는 착각과 시행착오에 있다. '돈'을 버는 재능이 발달되지 못했는데, 상업이나 사업의 길로 자립을 시도하는 시행착오의 경우이다. 잘못 판단한 선택의 자유는 삶을 낭비하게 되고, 자칫 큰 고초를 겪게 된다.

대부분 자신의 재능을 정확히 판단하지 못해 인생의 실패를 자초한다. 타고난 '명(命)'을 정확히 알아차리는 것이 매우 어렵기 때문이다. 자신 스스로 아는 길도 어렵거니와, 남이 나를 알아보아 주는 것 역시 쉽지 않다. 그러다 보니 일평생을 자신의 '명(命)'을 모르고 정처 없는 나그네처럼 살아가는 경우가 허다하다.

특히 세속의 자립(自立))을 신속히 이루고자 할 때, 자신의 '명(命)'을 정확히 파악하고, 그에 부합하는 직업-명(命)을 정하는 일은 일생일대의 중요한 사안이다. 그래야만 자립의 직업을 신명나게 종사하며, 현실 기반을 충실히 쌓아 갈 수 있다.
　이를 아는 방편 중 하나가 동양의 '명학(命學)'이다. 이의 '명학'은 다음 장에서 좀 더 심도 있게 다룰 것이다.

　자신의 재능을 정확히 모르고 엉뚱한 길을 헤매지 말아야 한다. 직장생활의 재능이 잘 맞는 사람이 사업의 길로 살아가는 것은 불행의 결과를 자초한다. 특히 좋은 직장을 잘 다니다가 한때의 재물운이 왕성해지면 퇴직을 결행하고, 개인 사업으로 뛰어드는 경우가 있다. 일시적으로 맞이하는 재물운을 착각하여 사업가의 욕심을 부리면 큰 실패를 맛보는 경우가 흔하다.
　반대로 사업적 재능을 타고난 사람이 직장인으로 살아가면, 이 또한 사업주의 돈만 벌어주는 어리석은 삶을 살아가게 된다. 자칫 자신의 사업적 재능을 못 알아차리고 직장인에 안주하며 살아가는 경우이다.

　자신이 정말 잘 할 수 있는 재능이 무엇인지를 스스로 찾아내야 한다. 독창적 기술과 예체능적 재능의 자유직업을 가져야 하는지, 자영업이나 사업을 추구해야 하는지, 아니면 연봉을 받는 직장인으로 살아가야 하는지, 또는 자격증을 따고 학문적 명예를 지향하는 재능의 소유자인지, 자신만의 재능을 정확히 분별해야 한다.
　그 총체적 자신의 '명(命)'을 찾아가는 '명리(命理)'의 이야기를 시작해보자.

흔나-몸나-맘나를 밝히는 명리학

신통방통(神通旁通) 명리학

'신통방통(神通旁通)'은 '신과 통할 정도로 널리 두루 통한다'는 뜻이다. 또 한 가지 의미는 '신과 통하지 못하면 방편이라도 통해라'는 뜻이 내포되어 있다.

본래 인간은 신과 통하는 능력을 겸비하는 전인적 완성을 이루어야 한다. 그것이 '인내천 하나님'이고, 불가의 '견성성불'이며, 유가 도가의 '군자선비'이다.

그렇게 신통해지는 여러 방법들을 신통법이라 한다. 그러한 신통법으로 수행 정진하여 사람이 온전한 능력을 겸비하게 되면 신통력을 얻는다.

그 신통력을 발휘하는 것이 바로 인간의 창조력이다. 인간의 불가사의한 창의 능력은 모두 신통력에서 비롯되는 것이다. 이미 사람은 신을 능가하는 신통한 창조력으로 위대한 과학 문명을 발전시켜 왔다. 신인합일(神人合一)이라 하여, 인간의 신통력이 무한 진화하고 발전하여, 작금에는 인공지능의 초일류 시대에 이르고 있다.

사람의 '신통'이란, 자신 '한나'와 통한 인간의 완전한 경지를 말한다. 앞장의 '삼일신고'에서 밝힌 '성통공완(性通功完)'의 '성통'이 곧 '신통'이다. 즉, 자신의 '본성'을 깨닫고, '한나'와 통한 상태에 이르면 '신통'하게 되는 것이다.

인간의 전인적 완성 단계인 '신통'에 이르게 된 사람이 바로 성인이다. 그리고 크던 작던 끊임없는 창조력을 발휘하는 모든 사람은 '신통력'의 소유자이다. 평범하지 않은 일종의 기적을 일으키는 크고 작은 인간의 창조행위가 모두 '신통력'에서 비롯된다.

'한나'를 찾는 '신통'은 왜 이루려 하는가. 왜 '삼일신고'는 '성통'하고 반드시 '공완'을 이루라 했는가. 그것은 우리의 '홍익인간' 이념에 그 뜻이 있다.

'신통'의 지혜는 그 창조력으로 세상과 사람을 이롭게 한다. 또한 '성통공완'을 이루면, 그 사랑의 덕성으로 만유의 생명을 살리는 성인의 삶을 살아가기 때문이다.

'신통', 곧 '성통'은 단번에 이루어지지 않는다. 수많은 '공완'의 과정을 거쳐야 한다. 이때 '방통'의 방편이 필요하다. 즉, 인간의 신통력이 온전하지 못할 때 '방통'이 필요한 것이다.

'신통'을 익히는 것이 '신통법'이라면, '방통'을 배우는 것은 '방통술'이라 한다. '법'이 근본이라면 '술'은 일련의 기술과 같은 것인데, 단번에 '신통'을 이루기 어려우므로, 약간의 '방술'을 익혀 '신통공완'에 이르라는 뜻이 있다.

동양의 모든 '방술'들이 바로 '방통술'이다. '의술'과 '역술' 등 수많은 '신선술' 등이 방편으로라도 '신통'에 이르고자 했던 '방통'의 기술들이다.

그중 하나가 '명리학'이다. 인간의 운명을 꿰뚫어 보는 '신통'의 직관과 예지력을 갖추지 못할 때, 그 방편으로 연구되고 추리되었던 운명 예지학이 바로 '명리학'이다.
따라서 '명리학'은 제대로 익히기만 하면 '신과 통하는 방편의 학술'로서 훌륭한 가치가 있다. '신통'의 '법'은 아니지만 '방통'의 '술'에 해당하는 운명학이 바로 '사주명리학'이다.

그러나 '방통'은 '신통'으로 가기 위한 방편술이다. 창조적 지혜를 열고 생명을 살리는 사랑의 완전성을 이루는 '신통'으로 가기 위한 일종의 방편이 '방통'이다. 다시 말해 '신통'의 강을 건너가기 위한 나룻배가 '방통'이다.

이처럼 '명리학'은 '신통'에 버금가는 운명 추리학의 '방통'임에는 틀림없다. 그렇지만 '방통'의 '명리학' 역시 '신통'으로 가기 위한 '방편술'에 머물러야 한다. '신통'을 목적으로 하는 '방통'의 학술임을 규정하고 명리의 학문에 임해야 한다.
종내는 '방통'의 나룻배를 내려놓고 '신통'의 목적지에 이르겠다는 목적하에 '명리학'을 해야 한다. 궁극의 목적지가 '명리학술'이 아니라, '명리를 통해 신통에 이르겠다'는 '법'을 반드시 앞세우고 가야 한다. 그래야만 수단의 '방술'에 머물러 길을 잃지 않는다.

'명리학'에 임하는 명리학자는 신통방통의 엄중한 태도를 바로 깨닫고 '방통'을 해야 할 것이다. 삶의 목적인 '한나'를 깨닫고 '성통공완'을 이루겠다는 의지로 명리학에 정진해야 한다. 이의 명리학적 좌표가 뚜렷한 '명리학도'가 되어야 한다. 그것이 바로 '신통방통'의 온전한 명리학인(命理學人)이 되는 첩경일 것이다.

성명쌍수(性命雙修) 명리학

'성명쌍수'는 '도가(道家)'의 수련법으로 알려져 있다. 흔히 '성명(性命)'을 '심신(心身)'으로 규정하고, 몸과 마음을 함께 닦는 수련법을 '성명쌍수'로 해석한 것이다.

물론 그 해석도 틀리지는 않다. 그러나 '성명(性命)'은 본뜻이 '인성과 천명'을 말하는 것이다. 따라서 '성명'은 '심신' 보다는 훨씬 원론적인 인간의 본성과 생명을 뜻하고 있는 말이다.

'성명'은 앞장에서 소개한 우리의 경전 '삼일신고' 제1절에 잘 설명되어 있다. 만물이 받는 참 생명 세 가지를 '성명정(性命精)'으로 소개한 바 있다.

이의 '성명정'은 '본성-천명-육신'을 말하는 것이다. 따라서 '성명'은 마음의 '심(心)'으로 해석하고, '정(精)'은 몸의 '신(身)'으로 해석해야 옳다. 그런데 '성명'의 두 개념만 제시하다 보니, 그냥 '성명'을 '심신'으로 뭉뚱그려 해석한 듯 하다.

'성명정'의 이치를 규정한 학문적 명칭을 구분하면 다음과 같다.

'성'은 '성리학'이다. 인간 본성의 이치를 규정한 학문이다.
'명'은 '명리학'이다. 인간 천명의 이치를 밝히는 학문이다.
'정'은 '정리학'이다. 인간 육신의 이치를 해부한 학문이다.

이와 같은 인간의 '성명정'을 담는 그릇은 4대의 틀로 규정한다. 그 틀에 담는 내용은 인간의 수리에 해당하는 7-8-9수로 배속하여 연구되었다. (1-2-3수는 하늘 수리, 4-5-6수는 땅의 수리, 7-8-9는 사람 수리)

이에 근거하여 '성명정'의 이치는 아래와 같은 학리적 갈래로 규정된다.

'성'-성리학(性理學)-4단 7정론(四端 七情論)-天
'명'-명리학(命理學)-4주 8자론(四柱 八字論)-地
'정'-의리학(醫理學)-4상 9규론(四象 九竅論)-人

성리학의 4단은 '인의예지(仁義禮智)'의 인간 본성 4가지를 바로잡는 덕목이다. 이 4단을 온전히 되찾은 인간을 '사람(四覽)'이라고 말하는 것이다.

성리학의 7정은 '희·노·애·락·애·오·욕(喜·怒·哀·樂·愛·惡·慾)'의 사람이 지니고 있는 일곱 가지 감정을 말한다.

'성리학'은 이의 4단 7정론으로 인간 본성의 이치를 연구하고 밝히는 학문인 것이다.

'명리학'의 4주(柱)는 '연·월·일·시(年·月·日·時)'로 사람이 태어난 시간의 네 기둥을 말한다.

'명리학'의 8자(字)는 연·월·일·시의 '천간(天干) 4자와 지지(地支) 4자'를 합쳐 여덟 글자를 말한다.

이의 4주 8자로 우주의 시간과 공간에서 펼쳐지는 사람 운명의 이치를 간파하는 학문이다.

'정리학'의 4상(象)은 '태양·소양·태음·소음'의 일월성신(日月星辰) 사물을 총칭하는 4가지 형상을 의미한다.

'정리학'의 9규(竅)는 인간의 8등신에 있는 아홉 개의 구멍을 말한다. 천지와 소통하는 생명의 큰 구멍을 의미한다.

이의 4상 9규를 통해 소우주인 사람 생체의 생리와 병리를 탐구하고 밝혀가는 학문인 것이다.

'삼일신고'가 이르기를 '성-명-정'은 인간과 만물이 우주로부터 부여 받은 3진(三眞)이라고 하였다.

따라서 '성리학-명리학-정리학'은 인간의 '인성과 천명과 육신'의 이치를 밝히는 세 갈래의 큰 학문이다.

특히 '성명쌍수'는 '심신'을 함께 닦는다는 범주를 뛰어넘는다. 사람 영혼인 '성명'이 '삼망(三妄)'에 빠지지 않도록 그 빛을 닦아간다는 뜻을 의미한다.

이를 근거로 '성리학'과 '명리학'은 인간의 '성명'을 깊이 깨닫기 위해 함께 닦아가는 '성명쌍수'의 학문임을 깊이 깨우쳐야 한다.

다시 말해, 인간의 '한 나'와 '성통공완'은 '성리학'으로 분류하고 연구해야 한다. 또한 사람의 '맘 나'와 '운명'의 이치는 '명리학'으로 구분하고 터득해야 된다.

이 두 학문을 함께 터득하고 깨달아가는 것이 바로 '성명쌍수(性命雙修)'의 본뜻이다.

초가삼간(草家三間) 명리학

'~초가삼간(三間) 집을 짓고, 양친(천지-天地)부모 모셔다가 천년만년 살고지고~'

'달노래' 한 소절이다. 작자도 알 수 없고, 유포된 때도 잘 모르는 한민족의 구전 민요다. 마치 주술적 구음처럼, 혹은 걸립패의 비나리처럼 오래 불려 왔던 한국인의 영가 한 소절이다.

그 노래 속에 담긴 뜻이 심오하다. 우선 초가의 삼간(三間) 집을 짓는다고 노래한다. 이는 시간(時間)을 따라, 공간(空間) 위에, 인간(人間)의 집을 지었다는 뜻이다. 곧 우주에 삼간의 집을 짓고 한 생명이 태어난다는 뜻이 담겨 있다.

그렇다. 하늘의 '시간'과 땅의 '공간', 그리고 사람인 '인간'의 힘을 빌려 내가 존재하고 있으니, 한 생명은 분명 초가의 '삼간(三間)' 집을 짓고 태어난 것이 분명하다.
  이는 천·지·인 삼신(三神)으로부터 생명을 점지받았다는 한민족의 생명 철학과 그 뜻을 같이한다. 그렇지 않은가. 하늘의 영원한 시간을 유영하던 내가 부모의 인간 몸을 빌려 땅의 공간에 이렇게 존재하고 있는 연원이 그것이다.

각자 생명이 살아갈 그 초가삼간의 집에 연·월·일·시의 네 기둥을 박아 생명을 세웠으니, 이를 사주(四柱-네 기둥)라고 말한다.
  곧, 한 생명이 탄생한 그해(日)가 첫 기둥의 연주(年柱)가 된다. 태어난 달(月)은 둘째 기둥의 월주(月柱)이며, 태어난 날(星)은 셋째 기둥인 일주(日柱)가 된다. 끝으로 태어난 시간(辰)의 넷째 기둥은 시주(時柱)가 된다.
  그러니 사주는 태어난 연, 태어난 월, 태어난 일, 태어난 시에 부여된 시간과 공간과 인간의 기운이며, 그 기질정보에 입력된 각자 운명의 각본인 것이다.

이를 명(命)이라고 한다. 한 생명의 목숨(命)이며, 그렇게 살아가라는 우주적 명령(命)인 셈이다.
  다시 말해 생명이 태어난 시간의 일월성진(日·月·星·辰)과 공간의 동서남북(東·西·南·北)과 사람의 인의예지(仁·義·禮·智)로부터 부여받은 생명 고유의 기운과 기질이 곧 사주인 셈이다.

이의 사주 네 기둥을 간지(干支)라고 하는 문자 부호로 표기한다. 그 부호가 모두 여덟 글자로 짜임 되었으니, 곧 팔자(八字)가 된다. 그 팔자타령의 연원이 되는 동양철학의 운명 QR코드가 바로 사주팔자이다. 그리고 이를 해석하는 학문이 바로 곧 사주명리학이다.

사주학은 동양의 철학이다. '밝을 哲, 배울 學'이니, '배워서 밝아지는 것이며, 세상을 밝게 하는 학문'인 것이다.
왜 선인들은 한 생명이 살아가는 초가삼간의 우주설계도를 낱낱이 풀어보고자 했을까. 그것은 잘못 설계된 집을 개조하고 보수하고자 했던 지고한 뜻에 있었을 것이다.
그러므로 사주학이 혹세(惑世)의 세상을 어지럽히고, 무민(霧民)의 사람을 농간하는 저급한 학문으로 타락해서는 안 된다.

시간의 천기(天氣)와 공간의 지기(地氣)와 인간의 인기(人氣)를 누설하는 사람의 준엄한 권위와 책임이 있다.
따라서 사주명리학자는 철학의 지고한 본뜻에서 한 치도 벗어나서는 안 된다. 오로지 사주추명학을 방편하여, 각자 타고난 운명을 극복하게 해주는 철학자가 되어야 한다. 인간 스스로 운명의 주인이 될 수 있도록 참스승의 '명인(命人)' 되어야 한다. 한 운명의 초가삼간을 환히 밝히는 현자가 되어, 부서지고 망가졌거니, 잘못된 운명의 집을 바로 고쳐 살도록 이끌어야 한다. 지고한 운명의 길라잡이가 되어야 한다.

자성의 주체가 강한 사람이라도 자신의 명리를 물어야 한다. 그리고 한 해의 운기, 즉 때를 묻는 것은 지혜롭다. 한 해의 기운과 내 사주팔자의 기운이 상극하고 쟁투하면 불리하기 때문이다. 이때는 무리를 삼가하고 자중하며 겸손히 낮은 자세로 임해야 옳다. 잠시 자신 운명의 가속 페달로부터 발을 내려놓아야 지혜롭다. 물론 그 반대라면 더욱 힘차게 자신 운명의 가속 페달을 밟아야 하고.

천문(天文) 40자(字) 명리학

한반도는 지금 모든 것으로부터 탈바꿈하려는 개벽의 3재굿이 한창이다. 평창 올림픽의 3세판(무진 하계올림픽, 임오 월드컵, 무술 동계올림픽)이 한마당 탈춤의 정점을 찍었으니. 그 평양, 평화, 평창은 남·북·미 3자 회담의 퍼포먼스로 이어졌다.

이 세기의 3자 담판은 한반도의 냉전을 마감하려는 하늘 뜻의 발현일 것이다. 바로 그 하늘 뜻의 흔풀이는 한국 인문학의 흔사상에 있다. 그렇다면 그 한국적 인문학은 과연 무엇인가.

흔히 인문학은 '문학·사학·철학'으로 대별된다. 이의 인문 3학은 한국학적 체계로 잘 정립이 되어 우리 민족에게 자긍심으로 잘 인식되고 유포되어 있을까. 안타깝게도 그렇지 못한 것이 한국 인문학의 현실이다. 크게 내세울 문학도 역사도 철학도 없는 것으로 폄훼되었기 때문이다.

그것은 오랫동안 한국인이 그 정체성을 잃어버린 탓이다. 가장 뛰어나고 위대한 뿌리 문화를 가지고서도 그 자존을 모두 잃어버려서 그렇다. 그래서 길 없는 길처럼 다수의 한국인이 '한 나'의 정체성을 잃고 헤매고 있는 실정이다.

동양학의 관점도 그러하다. 흔히 동양학 하면 '사서삼경'이거나 '8만 대장 불경' 혹은 '노장경(老莊經)'이 최고이고 전부로 인식하고 있다. 모두 남의 것을 빌려 내세운 허수아비 꼴이다. 정작 우리 흔국의 동양학문은 없는가. 아니다. 있다. 있는데 까맣게 잊어버려 잘 모르고 있을 뿐이다. 앞서 말한 동양 고전학의 모든 바탕이요, 반석이 되었던 우리 한국학이 있다.

그 한국 인문학은 '천문(天文) 40자(字)'로 규정한다. 다음의 하늘 40문자가 그것이다.

천(天) – 甲·乙·丙·丁·戊·己·庚·辛·壬·癸
지(地) – 子·丑·寅·卯·辰·巳·午·未·申·酉·戌·亥
인(人) – 건(乾)·태(兌)·이(離)·진(震)·손(巽)·감(坎)·간(艮)·곤(坤)
신(神) – 일·이·삼·사·오·육·칠·팔·구·십

하늘 사물놀이 주인공은 '천지인신(天地人神)'의 4물이다. 우리 민족의 하늘놀이마당 4물놀이 우주관이었다.

그중, 10간 12지지는 공간과 시간의 법칙을 쥐고 4물놀이 하는 주인공이다. 즉, 하늘의 공간과 땅의 시간이 변화하는 시공의 법칙을 논하고 있다. 10진법과 12진법의 60갑자 놀음이다. 이는 천지의 음양과 하늘의 5행과 땅의 6기가 작용하고 있는 환갑(還甲)잔치 법도이다. 우주변화 원리를 밝히는 대자연의 섭리요, 천지의 '경위(經緯)'를 가늠하는 ㅎ국학의 척도이다.

그 ㅎ국학 10간 12지에서 나의 운명 정보를 취득한다. 지혜 정보사회에서 가장 중요한 핵심 정보인 나의 운명 정보를 파악할 수 있다. 곧 '나'를 정확히 알 수 있는 4주8자 운명 명리학이 그것이다.

ㅎ국학 10천간의 시간 정보를 통해 '나'의 '명(命)'을 알 수 있다. 나는 우주 여행 길에서 무엇을 하려고 이 지구에 왔는가를 명확히 찾아볼 수 있는 '명리(命理)'가 그것이다.

또한 12지지의 내 공간 정보를 통해 '나'의 '운(運)'과 나의 '때'를 알게 된다. 그리하여 내 인생의 목적과 성취의 구체적 계획을 세울 수 있는 '운명 설계도'를 그릴 수 있다.

즉, 이의 천문 정보 '10간 12지'로 대양계의 황도에서 해와 달과 별이 부딪치면서 일어나는, 내 길흉화복의 무게와 그때를 파악할 수 있다.

그리하여 '나'를 알고, 내 '운명의 때'를 알아, 자신 인생의 길흉화복으로부터 담대해질 수 있다. ㅎ국학의 '명리'를 통해 '나'는 비로소 '운명의 참주인'으로 살아갈 수 있게 된다.

나아가 삼태극의 '개벽 의식'으로 드높아진 인격완성의 길을 찾아갈 수 있다. 그래서 새 세상의 참스승이 되고 길라잡이가 되는 덕행을 실천할 수 있다. 그로써 나와 너와 우리가 '상생'의 시대를 향해 함께 행진할 수 있게 된다.

'지식 정보화 시대'라기보다, '지혜 정보화 시대'가 더 맞는 말이다. 흔히 '사주팔자'라고 말하는 내 운명의 정보를 깨우치는 '대지혜'를 터득해 보시라. 비로소 '나'의 그릇이 보이고, '나의 때'가 보이며, '나의 하늘'이 보인다.

거듭 강조하지만, 한국 인문학 40자 중에서 22자에 해당하는 명리 공부는 방편에 불과하다. 그러나 더욱 정진하여 종내는 '개벽'의 참 의미를 바로 깨닫는 큰 학문을 열어보시라. 내 운명의 주인으로 살아가게 되는 한국 인문학의 생활 실천자로 완성되어 보시라. 그리하면 하늘의 이치가 땅에서 온전히 실현되는 '개벽'의 주인공으로 살아가게 될 터이니.

우리는 잃어버린 한국 인문학에서 다시 '나'를 찾고 '너'를 찾으며 '우리'를 찾아야 한다. 그로서 개벽 시대의 '훈사상'을 공부하는 개벽주의 참 주인이 되어야 한다. 그런 한국인은 1만 년 우리 역사 속의 천지신명과 정령들께 크나큰 복록을 받게 될 것이다.

보라. 한반도 하늘을 떠도는 '태풍의 눈'은 '죽음의 서(書)'가 아니다. 한국 인문학에서 말하는 '개벽'과 '상생'의 상서로운 기운이다. 그 하늘 훈마당으로 나아가는 한국 인문학의 '천문 40자'를 활짝 열고 빛으로 나아가시라. 그리하면 마침내 동방의 하늘, 그 고요한 아침을 보게 될 터이다.

명리학은 한국 인문학의 큰 갈래이다. '천문 40자'에 기반을 둔 운명 철학이기 때문이다.

명리학은 '성명'의 쌍수로 임하는 큰 학문이다. '천문 40자'에 근거한 한국인문학이기 때문이다.

운명 명리(運命命理) 실전강좌

나는 왜 명리서를 쓰는가

'명리학'은 '운명의 이치를 푸는 학문'이다. 그 운명의 이치가 4주 8자 속에 담겨 있다. 그러므로 운명의 이치를 보기 위해 4주 8자를 보는 것이다.

'사주 팔자를 본다'는 것은 4주와 8자 속에 담겨있는 운명의 정보를 본다는 뜻이다. 따라서 명리학의 요체는 그 명리 정보를 제대로 정확히 보느냐가 핵심이다. 그리고 그 학문적 논리가 객관적으로 검증되면 '명리학'이 되는 것이다.

명리학은 오랜 전통과 역사를 통해서 수많은 학자들과 임상 연구가들에 의해 체계화 되고 발전되면서 오늘에 이르렀다. 굳이 나열을 하지 않아도 서점가에는 수많은 명리학 전문 서적들이 즐비하다. 고서(古書)에서부터 현대 서적에 이르기까지 그야말로 '명서만권(命書萬卷)'이다.

그럼에도 나는 또 한 권의 명리서를 쓰고 있다. 그 핵심 이유는 간단명료하다.

첫째, '명리학'은 '나'를 찾는 학문임을 더욱 주창하기 위해서다. '나'를 찾고 '나'를 알아가는 최상의 학문임을 밝히고 싶어서다. 나는 '나'를 찾는 '나의 길(道)'에서 '명리학'을 만났고, 그 길(道)에서 명리학이 큰 등불이 되었기 때문이다.

나 역시 명리(命理)를 모를 때는 4주 명리학을 뒷골목의 천박한 점술쯤으로 인식하고 있었다. 학문적 경외감도 없었을 뿐만 아니라, 미신적 행술로 생각하고 터부시했었다.

사업을 하면서 '명리'를 무시한 어리석음

그 무렵 나는 사업을 하던 중이었는데, 주변에 두 분의 명리학자와 교류하는 계기가 있었다. 두 분 모두 나의 '명리'를 근거로 사업적 훈수를 해주었는데, 나는 교만하게도 그 훈수를 한 귀로 듣고 한 귀로 흘려들었다. 결국 사업에 큰 손해를 감당해야 했고, 그 대가로 '명리학'에 입문하게 되었다.

이후, 운명처럼 '명리'에 빠져들었고, 한 번 습득된 4주 8자는 뇌 정보에 오롯이 저장되는 신명을 체험하면서, 점차 '명리'의 참가치를 깊이 깨닫게 되었다.

그렇게 만난 '명리학'이 세밀하게 '나'를 알게 하였고, 마음의 지혜를 밝히는데 큰 밑거름이 되어주었다. 그때까지의 내 삶을 엄중히 복기(復棋)하게 되면서, 현재 내 삶의 진행이 왜 이렇게 흐르고 있는지, 내 삶의 꿈이 분수에 맞는지, 그 좌표를 바로 읽게 되었다.

그리고 앞으로 내가 어떻게 가야할지를 밝혀 보았을 뿐만 아니라, 4주 8자가 이번 생에 풀어내야 할 나의 숙제요, 운명적 미션임을 확실하게 깨달을 수 있었다. 그로 인해 나는 '명리'의 4주 8자가 내 운명의 길(道) 안내서임을 깊이 확신하게 되었다.

나의 경우이기는 하지만, '명리(命理)'에서 신명을 얻은 나는 '명리학'의 진면모를 제대로 알리고 싶은 열정으로 가득하였다. 그 연원으로 나는 '명리'를 통해 '나'를 알고, 내 운명의 참 주인이 되자는 필설을 이렇듯 적시하고, 강설(講說)하고 있는 것이다.

또 예전의 나처럼 '명리'를 제대로 알지 못한 사람이 나의 글을 통해 '명리'를 제대로 알고, 자신의 '운명'을 분명히 아는 계기가 되기를 바라는 서원(誓願)으로 붓율을 바짝 세우고 있는 것이다.

그러므로 나는 '명리'가 '나'를 알고 내 '운명'을 파악하는 철학서로서의 참가치로 평가되기를 바란다. 그리고 심심풀이로 장난삼아 보는 점술이거나 잡학으로 폄훼되는 일이 없기를 진심으로 바란다.

특히 '나의 길(道)'을 찾는 사람이 명리학을 잡서 취급해서는 안 된다. 그것은 자신의 '명(命)'을 '잡(雜)'으로 취급하는 일과 같으며, '명학(命學)'이 '역학(易學)'임을 모르는 무지에서 비롯된 결과임을 깨달아야 한다.

둘째, 명리학의 새로운 관법을 선양하고, 그 실기관법(實技觀法)을 더욱 연구해서 체계적 검증의 발전이 있기를 바라는 의지의 발로에 있다.

'체용사주원리요해'와 '한밝 新사주학'

나는 명리학을 공부하면서 현대 자평명리학의 한계에 좌절한 적이 있다. 특히 '외격-종격(外格-從格)' 등 난해한 구조의 4주 8자 공식은 그 해석에서 오류가 심대하였다. 나는 그 한계를 두 분의 위덕에 의해 극복할 수 있었다.

먼저 명리 한계 극복의 시발점은 한 권의 명리서였다. 새로운 의문을 품게 해준 김영진 선생의 '체용사주원리요해'였다. 선생이 제시한 다음 구절은 나에게 신선한 '명리 화두'를 던져주었다.

'일간자아(日干自我) 고정론(固定論)은 근거없는 가설(假設)이요,'
'일간강약(日干强弱) 구별론(區別論)은 불공정에 무의미라.'
'일간(日干)기준 십신론(十神論)도 부질없는 혼란이요,'
'재관(財官)부부 관살(官殺)자녀 불평등에 패륜이라.'
'종격(從格)사주 부귀함은 주객전도(主客顚倒) 분명하고'
'신살위주(神殺僞主) 길흉론(吉凶論)은 말장난에 불과하다.'

이 구절은 그간의 명리 이론을 다시 의문해 볼 수 있는 큰 단초가 되었던 셈이다.
그 후로, 다시 '명리 화두'를 풀어주었던 이론은 '한밝 新사주학'이었다. 한밝 김용길 선생의 新사주학이 그것인데, 핵심 이론은 '일간대행격'과 '5행체국' 등의 새로운 실기관법이었다.
그즈음 나는 간절하게 '명리 화두'에 몰입한 탓인지, 선몽인 듯 선생을 모시게 되었고, 그간 품었던 '명리화두'를 문답하고 사사 받을 수 있는 귀연을 맺게 되었다.
물론 선생의 이론을 확증하기 위해, 내 나름대로 숙성 발효 과정이 필요했고 부단하게 정진하기도 했다.
어찌 됐든 명리학의 새로운 관법에 눈을 뜬 것은 이 두 분의 결정적 인연 덕분이었다. 특히 사제의 덕연(德緣)을 허락해주신 '한밝' 선생의 위덕(威德)에 이 자리를 빌어서 깊이 감사 올린다.

동이족의 역학과 개벽 신사주학

나는 내가 숙성 발효한 '한밝 新사주학'이 널리 알려져서, 좀 더 체계적으로 발전되기를 바란다. 더 나아가 10간 12지의 '명리학'이 ᄒᆞ국 인문학의 학문적 자산으로 정립되기를 희망한다. 명리학이 역(易)의 조종(祖宗)을 계승한 동이족(東夷族)의 역학(易學)임을 입증되기 바란다. 더 나아가 ᄒᆞ의 정신 문화유산으로 확립되어 ᄒᆞ맥학의 큰 학문이 되기를 진심으로 기원한다.

본래 역의 조종인 태호 복희 성인이 '하도 역(河圖 易)'의 팔괘를 획기 하셨고, 단군의 단역과 홍범구주가 우왕의 '낙서 역(洛書 易)'으로 전수되었으며, 일부 김항 선생의 정역이 수운과 증산의 '용담 역(龍潭 易)'으로 귀결되었다. 이것이 동이족 삼역대경(三易大經)의 정맥이다.

이렇듯 ᄒᆞ민족은 동양학 최고 정수인 역학의 정맥을 삼역(三易)의 계보로 전승한 민족이다. 그 민족의 기상이 이 시대 인문의 역철학인 '명리학'의 새 지평을 열어가기를 진심으로 바라는 것이다.

모름지기 학문은 항차 발전을 거듭해야 한다. 따라서 내가 사사한 '한밝 명리학'의 이치가 더욱 발전하여, 항차 ᄒᆞ의 역학(易學)으로 크게 선양되기를 거듭 바란다.

나는 '명리학'이 시대의 인문학 중에서 최고 정점에 있는 학문 중 하나라고 확신한다. 무엇보다 명리학은 운명공식의 철학서라는 관점에서 매우 엄중한 학문임을 간과해서는 안 된다. 그러므로 예나 지금이나 명리학은 많은 사람들에게 탐구되며 발전되고 있는 것이다.

'명인(命人)'은 선덕 득의야(善德 得意也)라!

 사정이 어찌 됐든, 명리학은 한 개인의 4주 8자에서 운명의 중요 정보를 정확하게 분석해내는 일이 최고의 관건일 것이다. 그리하여 자신의 4주 8자를 통찰하고, 명리학을 통해 운명의 주인으로 살아가는 '명인(命人)'이 되어야 할 것이다.
 특히 실전과 임상에서 4주 8자의 '명(命)'을 정확히 파악하고, 대운과 세운에서 '운(運)'의 길흉을 확실하게 분석해내는 '명리관법(命理觀法)'에 관통하는 것이 무엇보다 중요할 것이다.

 그러나, 그보다 더 중요한 것이 있으니. 자고로 명리 학인은 적선 대의(積善 大義)를 먼저 얻어야 한다. 그 바탕에서 혹세무민(惑世誣民)의 잡초를 가차 없이 뽑아내며 공부해야 한다. 그렇지 않으면 명학(命學)은 자신을 베는 자형살이 되고 말 것이다.

 '명리'에 통하고서도 '신명'을 얻어야 하는 학문이 '명리학'이다. 그러므로 명리학은 끊임없는 학문과 수행에 정진해야만 진정한 '명인(命人)'에 이를 수 있는 깊은 학문이다.

 나는 그저 현재 '명리'에 대한 나의 안목 정도를 있는 그대로 논술하고 정리하였을 뿐이다. 그로서 나의 그대들과의 '명리 인연'에 빛나는 위덕(威德)이 있다면 정말 기쁘고 보람된 나의 일일 것이다.
 또한 가볍게 나의 '운명 명리' 강의록을 좀 더 체계적 정리를 한다는 관점으로 '운명 명리'를 적시하고 있다. 진솔하고 담백하게 실기관법(實技觀法) 위주의 '해닮 운명 명리학'을 강술하는 것이다.

하나. 체용론(體用論)

4주 8자를 펼치면 가장 먼저 보아야 할 것이 명리학의 '체용론'이다. 이 '체용론'은 4주 8자 중에 운명의 주체(體)와 그 쓰임(用)을 파악하는 것을 말한다.

이의 '체용론(体用論)'은 '역리(易理)'의 근본인 '음양론(陰陽論)'에 해당한다. 모름지기 명리학의 5행론에 앞서 음양론이 바탕이 되어야 하는데, 그것이 바로 '체용론'인 것이다.

따라서 '운명 명리'는 먼저 이의 '체용(體用)'을 바로 찾아야만, 4주 8자의 운명을 정확이 풀 수 있는 바탕을 마련하게 된다.

만약 '체용'을 틀리게 잡으면 운명의 정보를 엉터리로 해석하는 오류를 범한다. 그러므로 명리의 체용은 사주 운명풀이의 핵심 키-워드라고 할 수 있다. 따라서 4주 8자를 펼친 뒤, 가장 먼저 4주의 주체를 정확히 정하고, 그다음 용신(用神)을 찾아야 한다. 이와 같은 이론이 바로 '명리 체용론'이다.

문제는 현대 명리학의 대세론인 자평 명리의 '일간 주체 고정설'에 있다. 약 천 년 동안 오로지 태어난 날의 일간만을 주체로 고정시켜버린 이론이다. 그러다보니 고정된 주체를 위주로 '용신론'에만 급급해왔던 것이 지금까지의 명리학 요체였다.

그러나 '일간 주체 고정론'이 아니라, 4주 8자의 간지 모두가 주체가 될 수 있다면 '체용론'의 본질 파악 문제는 매우 중차대하게 달라진다.

다시 말해, '일간 주체 고정론'은 '체용론'이 대두될 필요성이 없지만, 명조의 8자 모두가 주체가 될 수 있다면, '체용론'은 운명 해석의 시종(始終)이 된다고 해도 과언이 아닐 것이다.

자평 명리의 '일간 고정 주체설'은 과거 왕조 수직사회의 군주 주체시대 이론이다. 따라서 민주 수평사회의 자유 개인 주체 의지와 다양한 시대 상황을 절대로 반영하지 못한다. 그러므로 '일간 주체 고정설'은 이제 바뀌어야(易) 할 낡은 이론이다. 이제는 4주 8자의 모든 간지가 주체가 될 수 있다는 새 이론을 정립해야 한다. 그래야만 명리학이 지금의 눈부신 자유 평등시대를 예지하게 될 것이다.

이의 새 이론이 명리학의 핵심인 '체용론'이다. 이제 새로운 관점에서 '체용'을 정확히 구분해야만 이 시대의 운명 명리를 올바로 해설할 수 있게 된다.

주체격론(主體格論)

● 일간 주체격

사주 '일간'이 주체가 되는 운명을 말한다. 태어난 날의 천간을 주체로 삼는 보통의 4주 8자 명식(命植)이다. 소위 자평 명리학의 내격(內格)과 평격(平格) 사주 명식이 모두 일간 주체격에 해당한다.

일간 주체격이 성립되려면, 4주 일간의 체근(體根-일간 뿌리)이 8자 지지에 반드시 존립해야 한다. 그로서 일간이 4주 8자를 경영할 주체적 힘을 얻어야만 일간 주체격이라고 정의할 수 있다.

시주	일주	월주	연주	
甲	庚	戊	壬	乾
申	午	申	申	

일간 '경금(庚金)'이 '연·월·일·시지'(年·月·日·時支)에 뿌리를 단단히 내렸다. 일간 경금(庚金)이 4주 8자를 경영할 능력이 충분하다. 그러므로 확실한 '일간 주체격'에 해당한다.

대부분 4주 8지는 일간을 주체로 삼고 운명을 풀이한다. 이른바 '격국 용신론(格局 用神論)'이라 하여, 일간을 주체로 하고 월지를 근간으로 격국을 정한 뒤, 용신을 잡아 운명을 해석하는 기존의 방식이다.

이 방식은 일간 주체론을 엄중히 따르는 과거 '자평 명리학'에 근거한 천 년 전에 정립된 고법(古法)의 명리학 이론이다. 이 일간 주체론 역시도 당나라 때의 '이허중'이 주창한 띠(연지)와 지지 주체의 당사주 이론을 그 당시 파격적으로 뒤집은 신이론이었다.

그러나 일간을 주체로 고정하는 '일간 주체 자평학'은 이 시대의 현대인 4주를 해석하는데 한계가 많다. 주체를 일간으로만 고정시켜 놓다 보니, 개성이 뚜렷하고 주체가 다양한 현대인을 분석하는데 많은 오류를 범하게 되는 것이다.

그러다 보니 일간 주체가 잘 안 되는 특이한 4주는 첫 장부터 '체용론'의 기준을 제대로 못 잡게 된다. 그래서 결국 4주 해석의 심각한 오류를 범하는 경우가 허다하다.

일간 주체 고정의 '자평학' 이론은 왕조 군주 시대를 해석하는 명리학이었다. 그러나 지금은 자유 민주 시대로 군주가 국민을 섬기는 개벽의 시대를 살고 있다. 따라서 이제 자본 민주 시대를 해석하는 명리학 이론이 새롭게 전개되어야 한다. 이를 주창한 신사주학 '명인(命人)'이 바로 한밝 선생이시다.

일간 주체론을 절대 고정시켜버린 '자평학'은 '체용론'의 4주 주체를 중요하게 구분해서 취급할 필요가 없었다.
그러나 4주 8자 모두가 운명 주체로 삼을 수 있다는 '한밝 신사주학'은, '체용론'이 가장 먼저 분별해야 할 우선 과제가 된다.

따라서 '만세력(萬歲曆)'에서 4주 8자를 찾아 펼치면 가장 먼저 '일간 주체론'의 유무를 파악해야 한다. 먼저 일간이 그 주체성을 잃지 않았는지를 파악한 뒤, 만약 일간의 '체근(體根)'이 무력할 경우, 곧바로 다른 방식의 주체 대행을 찾아야 한다.
왜냐하면 일간 주체가 안 되어 있는 4주 구조는 '자평학'의 '종격이나 특수격'으로도 해결이 안 되는 경우가 많기 때문이다. 그럴 경우, 새로운 관법으로 운명 해석의 변화를 시도해야 한다.

● **일지 주체격**(日支 主體格)

'일지 주체격'은 일지를 주체로 4주 8자의 주체를 정해서 용신을 찾아 풀어가는 '新체용론'이다. 지금까지의 '자평학' 이론과는 전혀 다른 '新 운명 명리학'이론이다.

즉, 4주 일간이 주체를 상실할 경우, 이를 대체할 주체를 일지에서 찾아보는 방법이다. 일간을 대신할 주체를 가장 먼저 일지(日支)에서 찾는 형식이다. 이 방식은 일간 주체가 무력할 경우, 또 다른 '나'인 일지를 역할 대행자로 찾아보는 새로운 이론이다.

이는 일간보다는 일지가 믿고 맡길만한 주체적 능력이 확실히 있을 경우, 일간을 대행하여 일지를 주체로 정하는 '일지 주체격'이 되는 것이다.

특히 일지가 천간으로 투출(透出)하여 유력한 힘이 있을 경우, 더욱 확실한 '일지 주체격'이 된다.

다음 명조는 일간 체근(體根)이 사주 지지에 전혀 없고, 대신 일지에서 투간한 5행이 주체적인 힘을 갖추고 있다. 그런 경우, 일지를 주체로 정하고 대행시키는 '일지 주체격'이 성립된다.

庚	丙	庚	戊	坤
子	申	申	申	

일간 '병화(丙火)'의 체근(體根)이 되는 목·화(木·火)가 사주 지지에 아예 없다. 이런 경우 일간 병화(丙火)는 4주 8자를 경영할 주체로 삼을 수 없다.

따라서 일간 병화(丙火)는 곧바로 다른 간지(干支)로 주체를 넘겨 분별해야 하는데, 마침 일지에서 투간한 월, 시간 경금이 강한 주체적 힘을 가지고 있다.

이와 같을 경우, 가장 힘 있는 5행 시주 경자(庚子)에게 주체를 넘겨야 한다. 그리고 강왕한 주체 경금(庚金)은 그 힘을 설기 시키는 신자(申子)의 자수(子水)를 용신(用神)으로 풀어가야 할 것이다.

〈배우자 선택-궁합이 중요하다.〉

壬	庚	甲	癸	坤
午	寅	寅	亥	

51	41	31	21	11	1
庚	己	戊	丁	丙	乙
申	未	午	巳	辰	卯

이 본명의 경우, 일간 경금(庚金)이 지지 어디에도 의지할만한 근거가 없다. 반면 수목(水木)의 세력이 왕하게 지배하고 있다.

지금까지 '자평명리학'은 대부분 '목다(木多)'의 세력을 따르는 '종재 종세격(從財 從勢格)'으로 취급하고 있다. 즉, 일간 주체를 버리고 세력을 '용신'으로 정하는 '종격'으로 규정해 왔다.

그 방식이라면 이의 명조는 이재(理財)에 밝고 세속의 재탐(財貪)을 추구하는 부자 운명의 행태로 살고 있어야 할 것이다.

나 역시 이의 본명 상담 사례에서 '종격'의 관점으로 해설하였는데, 전혀 동의와 공감을 얻지 못한 경우이다. 오히려 명리학에 대한 불신만 주고 말았던 사례 중 하나이다.

특히 대운도 나쁘지 않은 흐름이었고, 종재(從財)의 월주 갑인(甲寅) 편재 득록이면 본가도 부자를 논할 수 있을 것으로 확신하였다. 그러나 실제는 정반대의 환경으로 본명이 오히려 친가에 경제적 도움을 주고 살아야 할 형편이었다. 이와 같은 사례에 직면하면서, 자평학의 종격(從格) 이론이 잘 맞지 않는다는 사실을 점점 확증하게 되었다.

이와 달리 '일지 주체격'은 일지를 일간 대행의 주체로 정하고, 그에 따른 '용신(用神)'을 취하는 방식의 새로운 학설이다. 실제 임상을 해보면 '일지 대행격'이 본명의 삶과 부합한다는 것을 쉽게 확인할 수 있게 된다.

예시의 본명은 일간 '경금(庚金)'이 지지에 체근이 전혀 없어 무력하다. 그리고 일지 '인목(寅木)'에서 월간 '갑목(甲木)'이 투출하여 유력하게 우뚝 서있다. 이와 같은 경우, 일간 '경금(庚金)'의 주체를 버리고 일지에서 투출한 '갑목(甲木)'으로 주체를 대행한다. 월간 '갑목(甲木)'의 세력이 유력하기 때문이다.

일지 주체의 갑인(甲寅)은 계해(癸亥)와 인해(寅亥)로 합을 하였고, 시지 오화(午火)와 인오(寅午)로 합을 하였다. 연지 인수(印綬)와 합을 하고, 시지 오화(午火) 상관(傷官)으로 나아가니, 교육자의 운명이다.

본명은 학습지 선생을 하다가 직접 학원을 운영하고 있다. 주체가 강한 갑인(甲寅)이 인해 합(寅亥 合)은 불미스럽고, 오화(午火) 상관으로 나아가는 길이 꽃을 크게 피우지 못했다. 무엇보다 일간 경금(庚金)이 좋은 역할을 하지 못하니, 상격의 교육자로서의 귀격 운명이 되지 못하였다.

명의 배우자는 누구일까? 시지 오화(午火)가 배우자이다. 일간 경금(庚金)에서 보면 오화(午火)가 정관(正官-여명의 남편)이기도 하지만, 그보다는 일지 대행의 갑목(甲木)의 합신(合神)이기 때문이다. 정확히 말하면 오화 중(午火 中) 기토(己土)가 갑기 합(甲己 合)의 배우자가 되는 것이다. (이의 新육친론은 뒤편에 다룬다)

따라서 정사(丁巳) 대운 끝자락 계사년(癸巳年)에 배우자를 만나, 무오(戊午) 대운 갑오년(甲午年)에 결혼하였다. 대행자 갑목(甲木)과 오화(午火)가 발동한 그해 결혼 운의 결과이다.

그러나 이내 파경하고 말았다. 운명 공식에도 여러 징후가 있지만, 결정적 원인은 파극 궁합의 배우자를 잘못 선택한 불합의 궁합이었다. 학문 연구를 참고하기 위해 파혼의 배우자 명조를 싣는다.

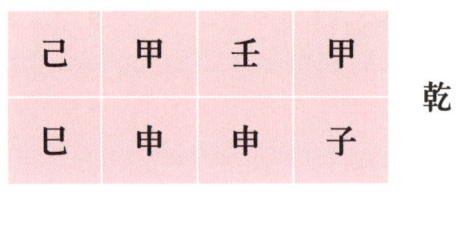

己	甲	壬	甲	乾
巳	申	申	子	

57	47	37	27	17	7
戊	丁	丙	乙	甲	癸
寅	丑	子	亥	戌	酉

　이의 명조를 '살인상생(殺印相生)'으로만 보게 될 것이다. 그러나 일주가 갑기 합(甲己 合) 사신 합(巳申 合)으로 본분 망각을 하며, 살인상생을 받아들이지 않고 있는 형국이다.
　그러므로 일·월지(日·月支)에서 투간한 월간 임수를 일지 대행자로 세워 '일지 주체격'으로 취급한다. 월간 임수가 수기(秀氣)로 투간하여, 수생목(水生木)으로 식·재·관(食·財·官)을 만들고 있기 때문이다.
　해(亥) 대운 갑오(甲午) 운은 결혼 운이었다. 사해충(巳亥沖)하고, 갑기 합동(甲己 合動)하여 배우자궁 합신이 풀릴 때, 결혼 운이기 때문이다.
　문제는 두 배우자의 월·일 지지가 위아래로 천충지충(天沖地沖)의 충극(沖克-寅申沖, 甲庚 沖) 하고 있으니, 아주 불길한 궁합이다. 이의 사례만 보아도 어찌 4주 명리의 궁합을 무시할 수 있겠는가.

甲	壬	甲	甲	坤
辰	寅	戌	午	
(空)				

　일간 '임수(壬水)'의 뿌리는 유일하게 시지(時支) 진중(辰中) 계수(癸水)에 있다. 그러나 '체근'으로 삼기에는 무력하고, '공망(空亡)'까지 맞고 있다. 할 수 없이 일간 '임수(壬水)'는 주체를 버리고, 일지 '인목(寅木)'에서 투출한 시간(時干)의 갑목(甲木)을 대행자로 삼는다. 이와 같은 방식을 '일지 주체격', 혹은 '일간 대행격'이라 규정한다.

癸	甲	辛	癸	坤
酉	戌	酉	丑	

51	41	31	21	11	1
丁	丙	乙	甲	癸	壬
卯	寅	丑	子	亥	戌

　기억에 각인된 운명 공식이다. 자평식 관법을 따라 정확히 관인상생 격으로 해설하였다. 정관 격에 계수(癸水) 정인(正印)으로 관인상생(官印相生) 하였으니, 매사 정확하고 반듯한 모범생으로 판단하고 해설하였다.

　초반 대운을 살피니, 용신 수국(水局) 북방 운으로 학운이 좋았을 테니, 공부 잘하였을 것이고, 전공은 무엇이었냐는 첫 질문에 전혀 의외의 대답이었다. 공부는 별로 관심이 없었고, 논벌이도 일찍 시작하였으며, 결혼도 일찍 하였으나, 아이 둘 낳고 이혼했다는 등의 시큰둥한 대답이었다. 체면을 조심히 지키기는커녕, 잘 맞지 않다는 불만의 표시를 쉽게 노출하였다.
　이럴 경우, 매우 당황하게 된다. 기본 공식에서부터 안 맞아들기 때문이다. 아직 학문 연구가 부족하다고 솔직히 고백하거나, 인연이 안 맞는 탓인지, 잘 안 보인다는 등의 궁색한 핑계 밖에 달리 방법이 없게 된다.

　이의 4주는 그때까지 공부해왔던 나의 명리학을 여러 측면으로 고민하게 만들었다. 그리고 과감하게 고정관념을 깨볼 수 있는 동기부여가 되기도 하였다.

　이의 본명은 서방 가을의 유술, 유축(酉戌, 酉丑) 금국(金局)을 강하게 짜고 있는 형국이다. 그런데다 갑목(甲木)은 지지 어디에도 착근(着根)하지 못한 채, 가을 모래산에 낙락장송으로 서 있는 형상이다. 촉촉한 가을비(癸水)에 생목(生木)을 유지하기에는 역부족으로 보인다.

　때마침 술중(戌中)의 신유(辛酉)가 월간으로 투간하여 유력하니, 얼른 일간의 주체를 넘기고자 할 것이다. 힘 있는 주체로 행세하는 편이 훨씬 유리하기 때문이다. 따

하나. 체용론(體用論)

라서 이 운명은 월간 신금(辛金)에게 주체를 대행시키는 '일지 대행격'으로 취급된다.

당연히 월간 신금(辛金)이 주체가 되고, 일간 갑목(甲木)은 재(財) 용신으로 '체용'을 뒤바꾼다. 그렇게 되면 운명의 틀이 관인상생(官印相生)에서 식신생재(食神生財)로 완전히 판이 뒤바뀌게 된다. 운명의 성정과 삶의 행태가 완전히 다른 해석으로 뒤바뀐다.

병인(丙寅) 대운에는 새로운 남자도 만나게 되고, 새로운 남자가 돈도 넉넉히 가지고 오게 될 것이다.
이처럼 '체용'의 틀을 깨지 못했다면, 이 운명 실제의 삶을 바로 보지 못했을 것이다. 영원히 머릿속에 안개처럼 의문과 갈등으로만 남아 있었을 것이다.

'잘난 남편을 만나 숨죽이고 살았을 텐데, ……? 싫어도 헤어지자는 말도 못 하고 참고 살았을 텐데, ……?'
'관인상생(官印相生)'격의 고정된 틀 속에만 갇혀 있었다면, 그런 의문 속에서 끝없이 헤매기만 하였을 것이다.

甲	甲	丁	丙	坤
戌	午	酉	申	

55	45	35	25	15	5
辛	壬	癸	甲	乙	丙
卯	辰	巳	午	未	申

유월 갑목(甲木) 일간이 지지 어디에도 의지가지가 없다. 정관 격에 상관 중중 하니 운명 파격이다. 여명(女命)이 이렇듯 식상의 국(局)을 짜고 있으니, 애시초 배우자 해로 복락은 물 건너갔다고 판단하게 될 것이다.
또한 대운마저 식상의 남방 운으로 흘렀으니, 운명이 더욱 팍팍하게 쥐어박힌 꼴로 해설하게 되는 명조이다.

그러나 이의 본명은 자식 남매를 두고 초혼 해로하고 있고, 관청을 드나들며 사회적 활동도 적극적이며, 신묘(辛卯) 대운까지 비교적 안태한 삶을 살아가고 있다. 이의 실제 상황을 어떻게 해석해야 운명 공식과 부합하게 될까.

이 4주 역시 '일지 대행격'으로 취급하면 된다. 일간 갑목(甲木)은 사지(死支)에 앉아 불타고 있으니, 틀림없는 주체 상실이다.
사정이 이럴 경우, 일지 오화(午火)에서 투간한 월간 정화(丁火)에게 주체를 이양한다.
그렇게 보면 월간 정화(丁火) 주체를 중심으로 오술(午戌) 화국에 목·화(木·火) 중 중한 화염(火炎)의 할 일이 보인다. 신·유·금(申·酉·金)의 쇠를 녹이는 역할이다. 따라서 연·월지 신·유·금(申·酉·金)이 용신이다.

정화(丁火) 주체의 배우자는 신중(申中) 임수(壬水)의 합신(合神-丁壬 合)이다. 정화 주체는 유금(酉金) 천을귀인의 재성(財星)을 깔고 앉아 있으니, 재물이 떨어지지 않을 것이며, 4주 전국이 일지 대행의 월주 정유(丁酉)를 향해 간지 운행이 동순(同順)으로 따르고 있어 귀격이다.

상관 견관의 파격 운명과는 정반대의 해석이 가능한 '일지 대행격'이다. 물론 '일지 대행격'과 부합한 운명을 실제 살고 있다는 것이, '新이론'을 검증하는 핵심 사항일 것이다.

甲	甲	丁	戊	坤
戌	午	巳	子	

71	61	51	41	31	21	11	1
己	庚	辛	壬	癸	甲	乙	丙
酉	戌	亥	子	丑	寅	卯	辰

앞의 명조와 비슷한 구조이나, 주체가 가지고 놀아야 할 '용신'이 차이가 난다. 이 4주 역시 종세(從勢)로 논해야 할 것이며, 마땅히 종세(從勢)의 화·토(火·土) 운을 용신 삼는 운명이라고 해석해야 할 것이다.

그런 관법으로는 31세 계축(癸丑) 대운부터는 종세(從勢)를 거역하는 대흉으로 판단하게 될 것이다.

그러나 이 운명의 실제 삶은 정반대였다. 갑인(甲寅) 대운까지 운명이 정체되다가, 계축(癸丑) 대운부터 발전하기 시작했기 때문이다.

일단 이 운명 역시 일지에서 투간한 월간 정화(丁火)에게 주체를 대행시킨다. 힘있고 안정된 정화(丁火) 주체는 할 일 '용신'을 찾게 된다. 불길이 강왕하니, 쇠를 녹이고 싶겠으나, 가지고 놀만한 금속(財物)이 없다.

할 수 없이 무토(戊土) 상관의 말로 풀어가는 운명을 살아가게 된다. 화토중탁(火土重濁)에 상관(傷官)을 쓰게 되니, 성직의 목회와 상담가 활동을 하며 살아가고 있다.

남편인 자수(子水)의 입장에서 보면 많은 재(財)가 보인다. 본명에게는 일점의 재물이 보이지 않으나, 남편의 재물(財物)에 힘입어 안태하게 살아가고 있다. 음식 관련 일과 교육 관련 사회운동가로도 왕성히 활동하였다. 모두 상관(傷官)을 용신으로 쓰고 있음을 확증하고 있다.

상관 무토(戊土)가 자수(子水) 물을 관리하고자 하니, 남자와 관청관리에 능하다.

다만, 일점의 물이 조열함을 해갈시키기에는 역부족이다.

乙	丁	辛	戊	乾
巳	酉	酉	戌	

57	47	37	27	17	7
丁	丙	乙	甲	癸	壬
卯	寅	丑	子	亥	戌

일간 정화(丁火)가 사유 금국(巳酉 金局)에 매몰되어 그 주체를 주장하기 어렵다. 차라리 일지애서 월간으로 투간한 신금(辛金)이 빼어나게 빛나고 있으니, 그 신금(辛金)에게 4주의 주체적 권한을 위임하게 된다.

따라서 이의 명조는 '일지 대행격'이다. 일간 대행의 월주 신금(辛金)은 사유금국(巳酉金局) 중에서 군계일학(群鷄一鶴)의 자존을 내세우고 서 있다. 그래서 왕자병 같은 자존감이 강한 사람이다. 물론 그 존재감을 드러내줄 용신이 있을 때, 더욱 빛나는 보석이 된다.

신금(辛金) 보석이 가장 좋아하는 간지는 병·사(丙·巳)이다. 신금(辛金)의 보석을 찬란하게 빛내줄 수 있기 때문이다. 아쉬운 대로 시지의 사화(巳火)를 쓰고, 이미 불의 역할이 상쇄 된 일간 정화(丁火)를 관성(官星)의 용신으로 쓰게 된다.

그러므로 이의 명조는 갓관을 쓰고서 교육계에 헌신하는 교육자의 명도(命道)를 걷고 있다. 서서히 발전하여 병인(丙寅) 대운에는 장학사가 되었다. 사술(巳戌) 귀문성(鬼門星)이 발동(發動)한 탓인지, 암기에 천재성을 발휘한다. 무엇보다 '군계일학'의 빛나는 자존심으로 교육계에 헌신하고 있다.

그간의 이론으로 보면 일점의 관성 수(水)가 없어, 실전에서는 의견이 분분한 운명 공식일 것이다. 재다신약(財多身弱)에 관성 대운을 만나 공직에 임했다는 식의 해설은 조금 억지스럽다. 실제 운명의 인품을 보아도 재다신약(財多身弱)과는 부합하지 않다.

甲	癸	己	甲	乾
寅	未	巳	午	

63	53	43	33	23	13	3
丙	乙	甲	癸	壬	辛	庚
子	亥	戌	酉	申	未	午

화·토(火·土) 중중한 곳에 일점의 계수(癸水) 일간이 증발하고 있어 위태롭다.
한눈에 봐도 일간 계수(癸水)의 의지처가 없으니, 격국과 체용을 어떻게 잡아야 할지 고민하게 만드는 명조이다.
이럴 경우 대부분 목, 화(木, 火)로 종세(從勢)를 따르거나, 편관 칠살의 종살(從殺)을 따라야 한다는 등 의견 분분할 수 있다.

그러나, 주체 대행의 '일지 주체격'으로 보면 운명해석이 간단명료하다. 일지에서 표출한 월간 기토(己土)가 힘이 있으니, 이를 일간 대행의 주체로 정하면 된다.
초여름의 땅은 나무를 키우는 역할이다. 연간 갑목(甲木)은 사목(死木)이지만, 시주 갑인(甲寅)은 그래도 키울만한 생목(生木)이다. 마땅히 수·목(水·木)이 필요하다.

이의 명조는 지방 대학의 교수를 역임하고 있다. 대운의 향배가 그리 나쁘지 않아 나무를 키우는 교육자로 살아가고 있는 것이다.

● 합신 주체격

　일간이 주체가 미약한데다가 일간 간합(干合)을 하여, 그 간합신(干合神)에게 주체를 넘겨버리는 4주를 '합신 주체격(合神 主體格)'이라고 부른다.
　본래 간합(干合)을 하면 대부분 합으로 인해 그 주체적 힘이 상실되는 경우가 대부분이다. 특히 주체가 희미한 일간이 간합이나 지합을 하게 되면, 그 힘이 더욱 약화되는 경우가 대부분이다.

　따라서 실전 임상을 하다 보면 의외로 이와 같은 '합신 주체격'이 많은데, 현재의 자평식 이론으로는 해석이 분분하게 되고, 자칫 해설상의 오류를 범하기 쉽다.
　이의 '합신 주체격'은 반드시 일간 간합신(干合神)이 주체적 힘을 어느 정도 갖추었을 때 성립되며, 그 합신이 가지고 놀 수 있는 용신이 있을 때, 비로서 '합신 주체격'의 체용(體用)이 성립된다.
　간혹 간합(干合)이 아닌 지지합(地支合)에 의해서도 성립되는 경우도 있다.

* **일간 체근이 부실하며, 일간 합신(合神)이 있다.**

　일간의 체근(体根)이 있어도 아주 미약한데 간합(干合)까지 하고 있을 경우 체근(體根)이 있어도 일간과 멀리 있거나 '공망'을 맞은 경우도 이에 해당된다. 또는 충, 형으로 일간의 체근 역할을 상실했을 경우에도 해당한다.

戊	癸	丁	戊	坤
午	未	巳	申	

　일간 '계수(癸水)'의 체근은 연지 '신금(申金)'에 있다. 그런데 멀리 연지(年支)에서 월지(月支)와 사신 합(巳申 合)을 하여, 일간 계수(癸水)와 무정한 입장이라 뿌리 둘 수 없다. 그런데다 '공망(空亡)'까지 당하고 있다. 이런 경우 일간 '계수(癸水)'는 주체를 상실하게 된다. 그리고 그 합신에게 주체를 이양하는 '합신 주체격'으로 해설한다.
　일간 계수(癸水)가 연·시간으로 무계 합(戊癸 合)을 하고 있다. 이중 시간 무토(戊土)가 근합이며, 지지도 오미 합(午未 合)을 하고 있다. 따라서 시간 무토(戊土)가 주체이다. 그리고 일간 계수(癸水)는 용신이 되고, 연지 신금(申金)은 희신(喜神)이 된다.
 위의 명조는 다정다합(多情多合)하고, 화토(火土)의 세력이 강왕하며, 조열하다. 안타깝게도 초반 대운의 행로가 남·동향의 화·목(火·木)으로 흘러 불운했으나, 북향의 수운(水運)부터는 화끈하게 발복하였다.

 일간 임수가 초여름의 정사월(丁巳月)과 정임 합(丁壬 合)으로 본분 망각을 하고 있다. 합 입절(合 入絶)로 그 기운이 끊어진 지경이니, 양간 임수(壬水)라 해도 주체로 의지하기에는 역부족이다. 결국, 시주 임자(壬子) 양인에 의지하는 재다신약(財多身弱)의 하격 운명으로 해석하기 쉽다. 그러나 시주 임자(壬子) 일간마저 공망인데다가, 일간과 쟁합의 경쟁자일 뿐, 믿고 의지하기 어려운 대상이다.
 본명은 일지 술토(戌土)에서 투출한 월간 정화(丁火)와 일간 임수(壬水)가 합을 하였으니, '합신 주체' 대행의 월간 정화(丁火)를 주체로 삼는다. 그리고 사월(巳月)의 더위를 식히는 일간 임수(壬水)를 대용(代用)하겠으니, '일간 대용론' 운명이기도 하다.

 지금까지의 자평식 이론으로 보면 신약한 일간 임수(壬水)가 강한 재성 월간정화(丁火)와 합을 하였고, 임수(壬水) 일간의 인수성인 금성(金星)도 보이지 않으니, 아주 불미스러운 하격 운명으로 취급할 수 있다.
 그러나 본명은 교직의 길을 걷고 있는 학교 선생님의 운명이다. 신약이 재탐(財耽)하는 하격 운명과는 거리가 멀다.
 46세 용신 임수(壬水) 대운에 중학교 교감으로 일찍 승진하였다. 교감 승진을 갈망하였으나, 술토(戌土) 상관 대운에 뜻을 쉽게 이루지 못하고 전전긍긍하다가 결국 승진에 이르렀다. 계해(癸亥) 대운에는 교장으로 입신양명하여 원하는 '명도'의 길을 걸을 것이다.

목마른 불볕더위에 대지를 적시는 물의 역할이라, 본성의 바탕이 좋은 '합신 주체격'의 쓸모 있는 운명이다.
필시 재다신약(財多身弱)에 정임 쟁합(丁壬 爭合)의 음란지합(淫亂之合)으로 오류 해설하기 쉬운 운명이다.

壬	丁	丙	辛	坤
子	丑	申	丑	

59	49	39	29	19	9
壬	辛	庚	己	戊	丁
寅	丑	子	亥	戌	酉

체용이 바뀐다. 초반 대운이 불리하여 독신으로 살고 있다. 시주 임자 양인(壬子 羊刃)과 정임 합(丁壬 合) 하였으니, 시간 임수가 '합신 주체격'이 된다. 그러나 정축 백호(丁丑 白虎)를 물고 있는 형국이라 불미스럽고, 정화의 뿌리가 없어 동·남방 흐름의 대운을 기다려야 한다.

임수(壬水) 체에서 보면 관성 축토(丑土)가 인성 신금(辛金)으로 바뀌어 무력한 기신(忌神)이 되었고, 그나마 병신 합수(丙辛 合水)하여 변하게 되니, 관성 배우자의 역할 상실이다. 그러다보니, 준수하고 지성적인 외모를 갖추고도 늦게까지 배우자를 못 만나고 있다.
이처럼 체용을 바꾸는 '합신 주체격'으로 풀어야 하는데, 대운 간지 전체가 금수(金水)로 흘러 결국 운명의 빛이 밝지 못하고 있다.

丁	壬	庚	己	乾
未	子	午	未	

　　일간 임수가 강왕한 정화(丁火)와 정임 합(丁壬 合)을 하면서, 그 주체를 시간 정화에게 넘겨주었다. 따라서 시간 정화는 강왕한 주체가 되고, 일간 임수는 뜨거운 열기를 식혀주는 용신으로 그 체용이 바뀐다.

　　이와 같이 '합신 주체격'으로 바뀌면서, 정관이 용신이라 유능한 관직으로 진출하여 입신양명 할 수 있는 명조이다. 특히 일주가 쓸모 있는 용신 작용을 하면 귀한 운명으로 대접을 받게 된다. 이 명조 역시 관성이 더위를 식혀주는 물의 역할이라 쓸모 있게 되는데, 자오 충(子午 沖)이 불미스럽고, 대운마저 불리해 고초를 겪고 있다.

　　기존 명리 이론으로는 아주 쓸모없는 하격 운명으로 해설하기 쉬우나, 본명은 아주 품격 있는 사람인데, 아쉽게도 대운이 이를 받쳐주지 못해, '합신주체격'의 품격 있는 운명을 윤택하게 적시지 못하고 있다.

壬	丙	辛	辛	乾
辰	戌	丑	未	

　　축월 병화 일간이 지지 전국에 진·술·축·미(辰·戌·丑·未)를 펼쳐놓았다. 흔히 재관잡기 격을 논하기도 하는데, 일단 운명 공식의 해석이 난해하기 이를 데 없다.

　　일간이 병화(丙火)라 할지라도 그 주체는 상실할 수밖에 없다. 무력한데다가 2개의 신금(辛金)과 병신 합(丙辛 合)으로 쟁합(爭合)까지 하고 있다.

　　이래저래 복잡하고 난해한 운명 공식이기는 하지만 그럴수록 단순 명쾌한 논리가 필요하다.
　　일단 일간 병화(丙火)가 넘겨주어야 할 주체는 이유 불문 월간 신금(辛金)이 분명하다. 합신이기도 하고, 일지에서 충출한 일지 주체가 제법 힘이 있기 때문이다. 따라서 '합신 주체격'이며, '일지 주체격'으로 성립된다.

 그다음은 신금(辛金) 주체가 찾아야 할 용신인데, 이 역시 간명하다. 축월의 추위를 따뜻하게 비추어 줄 병화(丙火) 일간이 용신이다. 이는 '일간 용신격'이 되기도 한다.

 이의 본명은 병신 합(丙辛 合)의 위세지합(威勢之合)이 채용이므로, 위엄과 권위의 벼슬 관성(官星)을 추구해야 하는데, 대운의 행로가 북·서방으로 흐른다. 어쩔 수 없이 설왕설래 다사다난한 운명의 길이 예고되고 있다.

| 庚 | 丙 | 辛 | 戊 | 乾 |
| 寅 | 申 | 酉 | 戌 | |

58	48	38	28	18	8
丁	丙	乙	甲	癸	壬
卯	寅	丑	子	亥	戌

 일간 병화(丙火)가 지지 신·유·술(申·酉·戌) 방금국(方金局)에서 투간한 신금(辛金)과 병신합(丙辛合)을 하고 있다. 강한 세력의 월간과 병신합사(丙辛合死)를 당하고 있으니, 제아무리 양간 병화(丙火)라 할지라도 그 체근(体根)이 강왕해져야만 한다.
 그런데 뿌리 역할 해야 할 시지 인목(寅木)마저 금(金)에 둘러싸여 인신 충(寅申 沖)을 당하고 있다.
 이럴 경우 첫째, 일간 병화(丙火)의 주체가 약한데 재(財)와 합을 한 '재다신약'으로 판단하고, 그래도 술중 정화(丁火)와, 쪼개져 절단이 난 인목(寅木)을 용신(用神)으로 보는 해설을 하게 될 것이다.
 그렇게 되면 신약 일간이 재탐(財貪)과 합을 하는, 이유 불문의 잡격 운명으로 취급하게 된다.
 둘째, 일간 주체를 버리고 세력을 따르는 식신생재(食神生材)의 종격, 혹은 가종격으로 판단하게 될 것이다.

이의 경우는 돈벌이를 따라 살아가는 탐욕의 운명으로 판단해야 할 것이다.

그러나 이의 본명은 우수한 성적으로 고등학교를 졸업하고도, 가정 형편이 가난하여 부득이 공직으로 사회생활을 시작하게 되었다. 대부분 재합(財合) 4주는 공부와 관직에 인연이 없게 되는데, 이의 운명은 공직으로 입신양명하여, 종내는 국세청 고위직에 올랐으며, 퇴임 후에는 세무 회계 사무실을 운영하고 있다.

어찌 된 일일까? 신약의 잡격도 아니고, 종재격의 사업가도 아닌, 관귀(官貴)를 누리며 고위 관직의 운명으로 살아왔으니 말이다.

이의 본명은 '합신 주체격'으로 판단하고 해설해야만 실제 운명과 부합한다.
즉, 일간 병화(丙火)의 합신인 월간 신금(辛金)이 4주 주체가 된다. 그리고 일간 대행의 합신 주체 월간 '신금(辛金)'을 보석으로 빛내주는, 일간 병화(丙火)가 정관의 용신(用神)이 된다. 정관(正官)이 용신이니 관료의 길을 걸은 것이다.

갑자(甲子) 대운은 용신 병화(丙火)를 부조하여 발전하였고, 을축(乙丑) 대운은 흉신 시간 경금(庚金)을 합거(合去)시키니, 역시 소길하였을 것이다.
병인(丙寅) 대운은 용신이 현달하는 운이었으니, 관료로서 최고위에 이르는 좋은 운이었던 것이다.

이의 본명처럼 일간이 쓸모 있는 용신(用神)으로 작용하게 되면, 운명이 고귀하게 되고, 세상에 쓸모 있는 상격의 운명을 살아가게 된다.
과거 '자평학' 이론으로는 실제 운명을 제대로 분별하기 어려우나, '합신 주체격'의 새 이론으로는 쉽고 명료하며, 실제 운명과 부합하는 정확한 운명 해설을 할 수 있게 된다.

丙	己	壬	壬	坤
寅	丑	子	辰	

61	51	41	31	21	11	1
乙	丙	丁	戊	己	庚	辛
巳	午	未	申	酉	戌	亥

　동짓달 기토(己土) 일간이 월주 임자(壬子)와 자축 합(子丑 合)을 하였다. 이의 경우, 자축 합(子丑 合)은 '토(土)'가 된다고 보고, 일주 기축(己丑)을 주체로 삼아, 시주 병인(丙寅)을 용신으로 정하고, 운명을 해석하는 경우가 다반사일 것이다.
　그렇다면 이의 명조는 재다신약(財多身弱)에 인수 용신을 의지하고, 그 발복을 기대하는 하격의 운명이어야 할 것이다.
　그러나 이의 명조는 신왕하고 당당한 여걸의 기상을 지녔으며, 자존심 고강한 품위로 격조 높은 시를 쓰는 유명 여류 시인이다. 왕성한 활동으로 대중문화 예술인의 지평을 넓혀가고 있다. 신약한 일간 기토(己土) 운명과는 거리가 먼 삶을 살아가고 있는 것이다. 어찌 된 일일까.

　이의 명조는 일주가 기축(己丑)이라 해도, 월주 임자(壬子)와 자축 합(子丑 合)이 됨으로서, 방수국(方水局)으로 변했다. 따라서 시주 병인(丙寅)과도 무정(無情)해지니, 더욱 그 주체를 상실하게 된다.
　사정이 이와 같으니, 일간 기토의 주체는 합신(合神) 월주 임자(壬子)에게 그 주체를 넘기는 편이 훨씬 이롭다. 그렇게 막강한 월주 임자 양인(羊刃)이 주체가 되면, 조후가 시급한 시주 병인(丙寅)을 용신하게 된다.
　이와 같이 '자축 합(子丑 合)'에 따르는 새로운 운명 해설 방식이 '합신 주체격'이 된다.

　합신 임자(壬子)가 주체가 되니, 시간 병화(丙火)는 편재가 되고, 시지 인목(寅木)은 식신 문창(食神 文昌)이 된다. 그러니 얼어붙은 대해수(大海水)가 해동(解冬)하게 되면, 저 해 동녘 봄 하늘로 유장하고 도도하게 흘러가는 것이다.
　지금의 사·오·미(巳·午·未) 남방 대운과 미래의 인·묘·진(寅·卯·辰) 동방 대운이 그러하다. 꽃 피고 새우는 봄날, 빛 밝음 무성한여름날이 계속이다.

이의 명조를 묵은 명리학 이론의 신약한 일간 기토(己土)로 볼 것인가, 新 명리학의 고강한 '합신 주체격' 임자(壬子)로 볼 것인가. 이의 문제를 새롭게 제기하는 것이다.

| 己 | 甲 | 辛 | 甲 | 坤 |
| 巳 | 午 | 未 | 午 | |

	60	50	40	30	20	10
乙	丙	丁	戊	己	庚
丑	寅	卯	辰	巳	午

미월 갑목(甲木)이 시간 기토(己土)와 갑기 합(甲己 合)하였다. 바짝 마른 대지 위에 나무가 생존의 근거가 전혀 없으니, 일간 주체를 상실하여 그 권한을 위임해야 한다.

마침 일지에서 표출한 시간 기토와 간합을 하였으니, 시간 기토에게 그 주체를 위임하게 된다.

따라서 이 명조는 '일지 주체격'이면서, '합신 주체격'이기도 하다. 주체를 위임 받은 기토(己土) 대지가 제법 너른 벌판이다. 그런데 화토중탁(火土重濁)의 메마른 땅이라 안타깝게 별반 쓸모가 없다.

아직은 미월(未月) 늦여름이라 나무(관성-배우자)를 키우고자 하나, 키울 나무가 불타서 키울 수도 없다. 그렇다고 관리할 물(水)도 보이지 않는다. 할 수 없이 별 능력 없는 식신 신금(辛金)을 후원해주는 역할이다.

대운의 행로라도 서·북방으로 흘러주어야 하는데, 운명의 상황은 반대로 역행하여, '화토중탁(火土重濁)'이 가중되는 동·남방으로 흐르고 말았다.

4주 8자는 청귀(淸貴)하나, 세속의 재관(財官)이 없고, 대운마저 불리하니, 할 수 없이 종교에 귀의하고 말았다. 활인성이 강하고 식신(食神)을 키워야 하니, 수녀복을 입고 결손 가정의 아이들 부모 역할의 성직에 임하고 있다.

기토(己土)의 품성대로 종교적 영성이 뛰어나며, 조화 중용의 원만한 덕성으로 신자들의 신망이 두텁다.

흔히 세력에 종하는 종재(從財)로 해석하게 되는데, 그렇다면 화·토(火·土) 대운에 사업가로 큰 발전이 있었다고 판단해야 할 것이다. 종교의 성직과는 정반대의 4주 8자 오류 해석이다.

庚	乙	丙	壬	坤
辰	酉	午	寅	

53	43	33	23	13	3
庚	辛	壬	癸	甲	乙
子	丑	寅	卯	辰	巳

인오 화국(寅午 火局)의 상관격 4주이다. 신약한 중에 일간 을목이 시간 경금과 을경 합(乙庚 合)을 하였다. 그러므로 주체 상실이다.

이의 명조 역시 일지 표출이면서 일간 합신인 시간 경금(庚金)이 주체이다. 경금 주체의 편관성인 병오(丙午) 양인의 불길이 강왕하다. 그 불길을 식히고자 해서인지, 경금(庚金)의 식신(食神)인 임수(壬水)를 쓰며, 음식 사업을 하고 있다. 식신생재(食神生財)를 지향한다.

을목(乙木)의 정관(正官) 경금은 안태하나, 경금(庚金)의 편관(偏官) 병오는 겁박을 하고 있다.

이 명조의 실제 배우자 관성은 강성으로 작용하였고, 엄중한 시집살이를 겪어야 했다. 경금(庚金)이 주체임을 확인할 수 있는 임상 사례이다.

신축(辛丑) 대운에 기신 병오(忌神 丙午)를 합거시키고, 유축 금국(酉丑 金局)의 세력이 확장되니, 사업적 지경은 넓어졌다. 그러나 을신 충(乙辛 沖)으로 건강 문제는 어려움을 겪었다.

丙	癸	乙	丙	坤
辰	巳	未	申	

56	46	36	26	16	6
己	庚	辛	壬	癸	甲
丑	寅	卯	辰	巳	午

미월 계수(癸水) 일간이 작렬하는 태양빛에 증발하고 있는 형국이다. 일간 주체로만 고정시킨다면, 아마도 초반 갑오(甲午) 대운에 수기(水氣) 증발로 소멸했을 가능성도 있을 정도이다.

흔히 신약 일간 계수(癸水) 주체에 연지 신금(申金)에 의지하는 명조로 해설하거나, 가종재격(假從財格)으로 해설하기도 할 것이다.

그러나 이의 명조는 신약하지도 않고, 재탐(財貪)을 추구하는 가종재(假從財)의 삶을 살지도 않고 있다.

이의 명조 역시 일간 주체가 제구실을 못하게 되니, 그 주체 대행자를 찾아야 한다. 마침 일지 사화(巳火)가 연·시간 병화(丙火)로 표출하여 힘이 있으니, '일지 주체격'으로 대행한다.

일지 주체 대행 병화(丙火)가 연·시간으로 표출인데, 연·일지가 사신 합(巳申 合)으로 유정하다. 그러므로 연간 병화(丙火)가 주체 대행자이다.

연주 병신(丙申)은 문창성(文昌星)이고, 일·월주가 무자 순중(戊子 旬中)으로 주체 대행을 따르고 있으니, 많은 사람을 이끄는 능력자이다.

庚	丁	壬	辛	坤
子	亥	辰	亥	

51	41	31	21	11	1
戊	丁	丙	乙	甲	癸
戌	酉	申	未	午	巳

'선생님, 동창 친구 4주 8자인데요. 아무리 봐도 일간 정화(丁火)가 약해 보이는데, 실제로는 엄청 강한 친구예요. 도무지 이해가 안 가는 팔자라서, 그렇지 않아도 늘 의문으로만 남아있던 사주예요.'

'운명 명리' 학인의 인연이 되자마자, '체용론'을 공부하던 '申 여사'가 내어놓은 운명 공식이다.

칠흑의 밤바다에 가물가물한 별빛이거나, 꺼질 듯한 등불 정화(丁火) 일간을 주체로 보면, 운명 해석이 난해해진다. 미약한 일간이 강왕한 임수(壬水)와 정임 합(丁壬 合)을 하였으니, 더욱 주체 상실이다. 할 수 없이 종세종살(從勢從殺)로 보게 될 것이다.

곤명(坤命)의 종살(從殺)은 출중한 배우자 인연을 논해야 할 것이며, 본인 역시 관귀(官貴)를 누리는 상격(上格)으로 해석하게 될 것이다. 그러나 실제는 그렇지 않으니, 운명 해설의 오류를 범하게 된다. 출중한 배우자도 못 만났거니와, 본명 역시 골프장 캐디 등으로 궁궁하였으니, 종실의 관귀와는 크게 다른 삶이 있다.

본명은 '합신 주체격'의 일간 대행 명조이다. 합신 월주 임진 괴강(壬辰 魁剛)이 주체이다. 여명의 괴강 주체이니 괴팍하고 강직한 우두머리상이다.
제방으로 막아 쓸 대해수가 아니므로, 유장하게 흘러가야 하는데, 그 배설구가 시원하게 열려있지 못하다. 음란지합(淫亂之合-丁壬合)의 욕정을 설기시키지 못하고 있다. 그러니 운명의 물살이 격랑을 일으키기 쉽다.

주체가 임진(壬辰)이니, 쓸 것은 합신 정화(丁火)의 재물을 취하는 일뿐이다. 그런데 돈을 버는 행위의 식상(食傷)이 지장간에만 있다. 노력은 적고 욕심만 크게 된다. 즉, 기세는 세고 욕심은 많으나 노력은 부족하니, 자칫 과정이 공정하지 못하고 무리수를 두기 쉽다.

가물가물한 정화(丁火)의 불쏘시개가 되어줄 동·남방 대운이 좋다. 그런데 좋은 운이 초반에 지나가고 말았다. 간간이 오는 밝은 대운에 자신 운명을 스스로 각성해야만 한다.

일간 정화(丁火)가 쓸데 있으니, 쓸모 있는 사람의 태도를 놓치지 말아야 한다는 뜻이다. 세속 재물의 탐욕에 빠져 허우적거리지 말고, 칠흑의 망망대해를 불 밝히는 별빛이 되어야 한다. 이번 생의 엄중한 미션일 것이다.

● 5행 주체격 - 오행체국

일간이 주체를 상실하고, 일지마저도 믿고 의지하기가 어려울 경우가 있다. 즉, 4주 8자가 특정 5행으로 국을 이루어 편중되고, 그 원신(元神)이 천간에 투출되었을 경우 등이다. 그럴 때는 그 5행에게 일간의 주체를 넘겨주어야 한다. 4주의 편중된 5행을 주체로 삼아 운명을 해석하는 방식인데, 이를 '5행주체격, 혹은 오행체국'으로 이름하고 있다.

이 방식은 목·화·토·금·수(木·火·土·金·水)의 5행 중에서 가장 힘 있는 세력의 5행을 주체로 정하는 격이라, '5행 주체격', 혹은 '오행체국'이라고 명칭하는 것이다.

辛	癸	乙	丙	乾
酉	未	未	午	

55	45	35	25	15	5
辛	庚	己	戊	丁	丙
丑	子	亥	戌	酉	申

미월 계수(未月 癸水) 일간 복중(伏中) 지열에 증발하고 있는 형세이다. 물이 샘솟는 시원지가 지지 어디에도 없으니, 신약한 명줄이 위태롭기 짝이 없다.

이럴 경우 자평식 이론에 근거하면, 두 갈래 해석이 가능할 것이다. 그 첫 번째는 미약하나마 시주 신유(辛酉)로 생조를 받는 살인상생(殺印相生)의 억부법으로 취용하게 된다.

그 두 번째는 신유(辛酉)에 수의 근원이 없으니, 그냥 을목(乙木) 식신과 병화(丙火) 정재로 종세(從勢) 해야 한다고 해석하기도 할 것이다.

일단 이 운명의 실제는 첫째 근거의 신약한 운명은 아니다. 오히려 자기 주체가 주도적이며, 목적지향이 뚜렷하고 적극적이며 진취적이다. 그러므로 신약한 일간 계수(癸水)로 판단하는 것은 오류가 분명하다.

둘째 근거의 종세(從勢)는 돈을 따르는 사업가로 살고 있으니, 일견 맞다고 판단할 수도 있다. 그렇다면 지나온 대운에서 화, 토운(火, 土運)까지는 크게 현달했을 것으로 해설해야 옳다. 그리고 금수(金水) 운에는 종세(從勢)를 거역하므로, 심하게 침체되어야 맞다.

그러나 이 운명의 실제 삶은 그렇지 않았다. 병·정(丙·丁) 대운은 물론 무술(戊戌) 대운까지 고초와 혼돈의 시기였다. 해수(亥水) 대운부터 의료기 유통 사업에 뛰어들어 나름대로 입신양명(立身揚名)하였다.

그렇다면 기존의 '자평식' 이론의 틀에서 벗어나 새로운 관법으로 조명해보아야 옳을 것이다.

일주 계수(癸水)의 가는 길은 어디일까. 연주 병오(丙午)로 오미합(午未合)을 하였으니 이를 따른다. 연지 오화(午火)가 '활인성(活人星)'이고 어른이며 과거이니, 어른들을 대상으로 하는 의료기 사업과 인연이 된 것으로 판단된다.

이리되면 일간 계수(癸水)의 주체성은 가장 힘 있고, 또 일지가 합을 하는 병오(丙午)에게 주권을 넘기게 된다. 그러므로 미월(未月) 한여름의 태양처럼 높은 곳에서 내려다보며, 골고루 빛을 비추려는 태양의 자존심과 공평함을 지닌 사람이다.

오미(午未)의 반방합국(半方合局)에 을미(乙未)도 가세를 하고 있으니, 제법 기세가 세고 열정적인 운명이다. 문제는 바짝 마른 대지의 갈증을 풀고 주체의 병화(丙火) 태양이 할 일을 찾아야 한다. 이것이 이른바 용신인데, 바짝 마른 화세(火勢)만 충천하고 할 일이 없으면 쓸모없는 운명으로 전락하고 만다.

다행히 멀리 시주에 신유 금(辛酉 金)의 재성(財星)이 태양빛을 반조하여 반짝 빛나고 있다. 따라서 멀리 서쪽에서 빛나는 돈을 구하는 삶을 살아가게 된다.

45세 경자(庚子) 대운에는 의료기 유통회사 대표로 발전하기도 했다. 그러나 크게 축재(蓄財) 하지는 못하였을 것이다. 일생에 재물의 한을 풀어보는 55세 신축(辛

丑) 대운이 이번 생의 호기(好期)가 될 것이다.

　일간 계수(癸水)는 병화에서 보면 정관(正官-바른 권위)이고, 그 계수(癸水)로 목마른 생명에게 물을 주어야 할 소명이 있으니, 재물의 한풀이에 머물지 말아야 할 것이다.
　운명의 가장 큰 문제는 '간지역행'에 있다. 연주는 월주와, 일주는 시주와 행기가 소용돌이(乙 ➡ 丙, 午 ⬅ 未/ 癸 ⬅ 辛, 未 ➡ 酉)에 있으니, 자신의 정체성에 대한 혼란을 극복해야 한다. 그리고 인연과의 불화 갈등 이별을 잘 갈무리해야 할 것이다. 운명의 숙제 검사가 필요한 상황이다. 명조의 행운 발복을 기원한다.

　결국 이 운명 해설은 일간 계수(癸水)를 고정하는 '자평식' 이론으로는 정답을 구할 수 없다. 오로지 연주 병화(丙火)를 주체로 하는 5행 火체국으로 풀어보고, 그 새로운 이론을 연구해야만 실제 운명과 부합하다는 것을 깨닫게 될 것이다.

丁	己	乙	戊	坤
卯	亥	卯	戌	

56	46	36	26	16	6
己	庚	辛	壬	癸	甲
酉	戌	亥	子	丑	寅

　일간 기토(己土)의 지지 기반이 미약하다. 연주 무술(戊戌) 겁재에 의지하고, 시간 정화(丁火)로 살인상생(殺印相生) 하는 신약한 팔자로 해석하기 쉽다. 그러나 연간 무술(戊戌)의 정은 일간과 무정(無情)하다. 월지와 묘술 합(卯戌 合)하여 을묘(乙卯) 월주의 안방에 머물러 버린다.
　일단 이렇게 주체 신약의 운명은 삶이 불안정하고 빈천하게 된다. 그러나 실제 이 운명은 자기 주체가 강하고 총명하며 목적을 성취하려는 욕심이 강하다. 그렇다면 그간의 방식 논리와는 운명 공식이 맞지 않는다.

이 운명은 일간 기토(己土)의 주체를 버리고, 그 주체를 다른 5행에게 이양하여야 한다. 마침 일지 해수(亥水)가 해묘(亥卯)로 목국(木局)을 이룬 월간 을목에게 주체를 넘겨야 한다. 따라서 이 운명은 목채국(木体局)으로 주체가 바뀐다.

을목 주체는 뿌리내릴 땅과 꽃피울 빛(丁火)이 있으니, 식신생재(食神生財)로 그 역할이 뚜렷하다. 재리(財利)에 밝고, 선조로부터 물려받은 큰돈을 밑천삼아 비교적 안태한 삶을 살아가고 있다. 그러나 대운의 운로는 북, 서방 겨울, 가을로 흘러 신명을 얻지 못하고 있다.

이처럼 일간 주체를 고집하지 말고 과감하게 관법을 한 수 바꾸면, 명리 해석의 새로운 직관이 열리게 될 것이다.

甲	戊	戊	乙	乾
寅	寅	寅	亥	

54	44	34	24	14	4
壬	癸	甲	乙	丙	丁
申	酉	戌	亥	子	丑

일간 '무토(戊土)'가 '체근(體根)'을 두기 어렵다. 월지 '인(寅)'은 연지와 '인해 (寅亥)'로 합목(合木)을 했다. 또한 일지 인목(寅木)은 시간 갑목(甲木)으로 투간하여 일간의 체근 역할을 상실하였다.

이의 4주 8자는 지지 전체가 목국(木局)이 되었고, 천간으로 '갑·을 목(甲·乙 木)'이 투출하여 '목체(木體)'가 강한 운명이 되었다. 따라서 일간 무토(戊土)의 주체를 버리고 시간 갑목(甲木)으로 주체를 삼는 오행 木체국이 되었다.

명리 자평학은 인중(寅中) 병화(丙火)의 부조를 받는 신약 운명으로 간파하거나, 목세(木勢)로 종세(從世)하는 칠살격(七殺格)으로 판단하기 쉽다. 그러나 실제 운명의 삶을 살피면 오류가 분명하다는 것을 확인할 수 있다. 5행 목체국으로 해석하면 실제 운명과 확실히 부합된다.

대운의 운로가 동·남방으로 흘러야 큰 나무가 꽃을 피우게 되는데, 애석하게도 북·서방으로 흐르고 있어 암울하다.

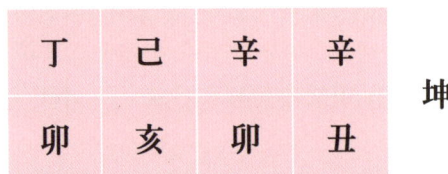

丁	己	辛	辛	坤
卯	亥	卯	丑	

봄 땅에 나무를 기우고자 하나, 싹이 오르는 대로 가지치기를 하고 있다. 본성의 의지와 달리 금목(金木)이 상전(相戰) 하고 있으니, 운명의 역할과 습업의 인과가 충돌하여 괴롭다.

봄의 초목을 자르고 있어서인지, 나무처럼 솟아오르는 머리카락을 가위질하는 헤어 디자이너이다. 본성은 남편인 나무를 키우고자 하나, 운명은 자식을 앞세워 남편을 배임하고 있는 삶의 형국으로 살아가야 하는 인과가 있다.

본명도 해묘 목국(亥卯 木局)을 주체로 삼아야 할 것이다. 이와 같이 오행의 균형이 난삽해도 월지를 중심으로 가장 강왕한 오행에 그 주체를 이양해야 한다. 봄의 나무를 기토(己土) 땅에 뿌리내리고, 봄꽃을 피워야만 결실이 있지 않겠는가. 이를 방해하는 연·월주의 조상 음덕이 척박한 운명이다. 살인상생(殺印相生)이나 식상제살(食傷制殺)로 해석할 수도 있는 명식이다.

乙	己	甲	庚	坤
丑	卯	申	申	

48	38	28	18	8
己	庚	辛	壬	癸
卯	辰	巳	午	未

일간 기토가 월간 갑목과 갑기합(甲己合) 하였다. 땅에 큰 나무를 심고자 하는 운명으로 보여진다. 그러나 연간의 강력한 도끼 경금(庚金)이 갑목(甲木)을 내려찍고 있다.

또한 일간 기토의 역할인 나무를 키우기 위해 땅의 지평을 넓히려는 시지 축토(丑土)는 자갈밭이다. 그 위에 을목이 앉아 멀리 연주 경금(庚金)에게 을경 합(乙庚 合)하여 일간 기토의 능력을 더욱 배임시키고 있다.

할 수 없이 주도권을 경금(庚金)에게 내주어야 하는, 경금(庚金) 주체의 5행 체국 운명이다.

사·오·미(巳·午·未) 남방 대운까지는 아이 둘 낳고 남편 배우자와 음식점을 경영하였다. 그러나 경진(庚辰) 대운 정유년(丁酉年)은 경신(庚申)의 주체가 그 속성을 확실히 드러내게 되었다. 더 이상 갑목(甲木)을 받아들여 키우는 기토(己土)로 살지 못하고, 갑목(甲木)과의 관계를 끝내고 말았다. 금목상전(金木相戰)이 발동하니, 갑기합(甲己合)의 꿈을 접을 수밖에 없었다.

壬	丙	庚	丙	坤
辰	辰	子	午	

55	45	35	25	15	5
甲	乙	丙	丁	戊	己
午	未	申	酉	戌	亥

일간 병화가 무력하다. 연주 병오(丙午)에 의지하고자 하나, 월지 자수(子水)와 자오 충을 당하고 있어 역시 믿고 의지할 수가 없다.

양간 병화(丙火)이지만, 할 수 없이 주체를 버리고 대행자를 찾아야 한다. 일지에서 대행자를 찾아보고, 이도 마땅하지 않으면 가장 힘 있는 오행을 찾아 그 대행자를 찾아야 한다.

마침 자진(子辰) 수국(水局)의 세력이 시간 임수(壬水)로 힘 있게 투간하고 있다. 따라서 임수를 수체국(水體局)의 대행자로 정한다. 이처럼 힘 있는 오행 주체자가 있을 경우, 이의 5행을 주체 대행자로 정하는 격을 '5행 주체격'이라 칭한다.

하나. 체용론(體用論)

이의 본명은 시간 임수(壬水)가 주체가 되고, 일간 병화(丙火)가 용신이 된다. 자월(子月)의 동짓달 혹한을 녹여줄 태양빛이 절실하기 때문이다. 물론 연간 병오(丙午) 역시 조후 용신이다. 자오 충(子午 沖)으로 손상을 받고 있지만, 쓸모 있는 역할자이다.

본명은 자평학의 관점으로는 신약의 병화(丙火) 일간이 편관 칠살에 파극된 팔자로 풀이하거나, 외격으로 판단하여 종살격으로 판단하게 되는 운명이다. 이래저래 여명(女命)이 남자의 관살(官殺)을 벗어나지 못하는 팔자로 해설하게 된다.

그러나 이 운명은 정유(丁酉) 대운에 결혼하여 두 아이를 낳은 뒤, 곧 배우자와 결별하였다. 일간 병화(丙火)에서 보나, 일간 대행 임수(壬水)에서 보나, 배우자 인연은 박하다.

병신(丙申) 대운부터 음식점을 경영하였고, 지금껏 독신으로 두 아이를 키우며 살아왔다. 남자와는 별반 인연 없이 사업에만 몰두하였으며, 을미(乙未) 대운부터 점차 사업 번창하고 있다.

임수(壬水)를 주체 대행하면 병화(丙火)는 편재가 되니 재물에 뜻을 두고 본명의 명도를 걷고 있는 것이다. 55세 갑오 대운에 운명의 한풀이를 끝내야 할 것이다. 호운(好運)의 행운 발복을 기원한다.

한 호흡 가다듬고

체용론......고(考)!!!

4주 8자의 주체는 그 운명의 정체(正體)이다. 따라서 명리의 주체가 없는 존재는 없다. 그러므로 일간 주체를 빨리 간파하고, 일간 주체 가능 여부를 확정해야 한다.

만약 일간이 신약하여 주체로 삼기 어려우면, 즉시 일지(日支)의 투간(透干) 상태를 살펴야 한다. 그마저도 보이지 않으면 일간 합신이 힘이 있는지, 5행이 그 체국을 이루고 있는지 곧바로 확인해야 한다.

특히 과거 '자평 명리학'의 틀에 갇혀 일간 주체의 고정관념을 깨지 못하면, 운명 해석의 핵심인 '체용론'부터 헷갈리게 된다. 일간 주체 고정의 절대법을 벗어나지 못하면, 역(易)의 근본인 상내적 변화법에 눈뜰 수 없고, 운명 해설의 기본인 '체와 용'을 잘못 잡게 된다.

이처럼 4주 8자의 주체가 무엇인지 즉시 판별하는 학습에 집중해야 한다. 특히 음일간(陰日干)의 신약 운명은 4주 8자의 주체를 신중히 살펴 결정해야 한다. 우선 사주 주체를 명확히 분별하지 않으면, 이에 따르는 용신(用神)을 확실하게 잡을 수 없기 때문이다.

또한 '양간(陽干)은 종(從) 하지 않는다'는 과거의 학설에 매이지 말아야 한다. 생명은 살기 위해 유리하고 좋은 쪽으로 최선의 선택을 하게 된다는 자연철학과 생활 철학적 관점으로 직시해야 한다. 양간(陽干)도 유리하고 필요하면 과감히 주체를 바꾼다는 사실에 주목해야 할 것이다.

丁	己	乙	癸	坤
卯	未	卯	卯	

57	47	37	27	17	7
辛	庚	己	戊	丁	丙
酉	申	未	午	巳	辰

일간 기토(己土)가 목국(木局)의 많은 세력을 감당하기 어렵다. 그러므로 일간 주체를 버리고 다른 오행에게 그 주체를 넘겨야 한다.

마침 일지에서 투간하기도 하였지만, 묘미 목국(卯未 木局)의 세력이 태왕하니, 월간 을목에게 주체를 이양하는 목체국(木体局)이다. 일간 기토(己土)는 기꺼이 자신을 희생양으로 대지를 내어주는 용신으로 삼는다.

따라서 일간이 용신으로 체용이 바뀌는 청귀한 명조가 되었다. 그러나 을목(乙木) 주체 입장에서 보면 관성의 배우자가 보이지 않는다. 자식 식신 정화(丁火)가 있기 때문에 결혼은 하였으나, 배우자는 있으나마나 한 존재였고, 해로하지 못하였다.

물론 편재가 용신이니, 일찍이 여성 사업가로 큰돈을 운용하기도 하였다. 기미(己未) 대운까지 건설 관련 사업이었다. 대지에 나무를 세우는 운명지상으로 건설업과 부합된다.

경신(庚申) 대운부터는 주체 을목(乙木)이 추풍낙엽지는 세월이니, 그야말로 풍파 다난한 세월이었다. 관성의 남자가 꼬여드니, 이제야 제대로 된 배우자(庚金)를 만난 듯하였으나, 그건 희망사항이었을 뿐이었다. 그야말로 고초의 시간을 지나가고 있다.

이의 운명을 '자평식' 논리로 보면 신약에 관살혼잡 된 사주이다. 여러 남자를 거쳐야 하는 난삽한 운명으로 취급되기 쉽다. 더욱이 사업과는 무관한 비천한 운명으로 밖에 해설되지 않는다.

그러나 이의 운명을 '5행 주체격'으로 보면 대부분 살아온 운명과 일치한다. 혹여 편관 칠살로 종하는 종살격으로 보는 것도 실제 삶하고는 부합되지 않는다.

丙	癸	己	庚	乾
辰	卯	卯	寅	
(空)				

69	59	49	39	29	19	9
丙	乙	甲	癸	壬	辛	庚
戌	酉	申	未	午	巳	辰

이의 명조 역시 해설이 분분해야 할 것이다. 일간 계수(癸水)의 역할론으로 보면 '나무를 키우는 역할'일 것이다. 그러나 기존의 이론으로는 공망의 진(辰)에 의지가지 할 수 없는 일간 계수(癸水)는 목·화(木·火)를 따라 종세(從勢)해야만 할 것이다.

종세(從勢)는 목적지가 목·화(木·火)의 식상생재(食傷生財)로 재물 취득에 있으니, 논을 쫓는 탐재(貪財)의 삶을 살아야 할 것이다.

그러나 실제 운명의 삶은 권력을 탐하여 일생을 정치에 뜻을 두었으며, 재물에 대한 탐욕적 삶을 살지 않았다. 따라서 종세격(從勢格)의 해설은 맞지 않는다.

본명은 지지 전국이 인·묘·진(寅·卯·辰) 방합국을 이루고 있다. 목세(木勢)가 강한 것이 개성적 특징이다. 그중 인목(寅木)에서 시간 병화(丙火)가 투간하였으니, 이의 병화(丙火)에게 전권의 주체를 이양하게 된다. 그러므로 봄 태양의 도도한 권위를 앞세우게 되며, 공평무사한 태양빛을 골고루 비춰주고 있으니, 공명정대한 의기(義氣)가 투철한 성품을 지녔다.

특히 북방의 인중(寅中)에서부터 묘·묘·진(卯·卯·辰)의 많은 무리가 세력을 합세하여 서방의 병진(丙辰)까지 주체를 따르니, 병화(丙火) 태양의 리더십이 강한 운명이다.

병화(丙火) 주체에서 보면 진(辰)이 관고(官庫)이니, 관청의 공직자를 관리하는 시의원을 역임하였다. 계미(癸未)의 정관(正官) 발동하여 갑(甲) 대운까지 권위를 쫓았으나, 대운의 행로가 대로를 향하지 못하였다.

많은 대중의 봄 나무를 기르고 자양시켜야 하는 태양이 서쪽으로 기울고 말았으니, 신·유(申·酉) 대운은 온갖 실패와 좌절의 연속이었다.

본래 인목(寅木) 활인성(活人星)이 투간하였고, 병화(丙火) 주체가 태양빛의 역할이라, 재물을 탐하지 않고 사람에게 빛이 되고자 하는 의인(義人)의 품성이 많았다. 그러나 흉운이 도래하면서 정치적 부채를 감당하지 못해 품위를 크게 손상받는 고난의 시간을 보내야 했다. 거역할 수 없는 운명을 제대로 자문받지 못하고, '나의 길'인 '명도(命道)'를 지혜롭게 따르지 못한 결과였다.

이의 명조 역시 전혀 새로운 관법으로 풀이하지 않으면 해석에 큰 오류를 범하게 된다. 병화(丙火)를 주체로 삼는 '5행 주체격'이며, 그 역할은 나무를 키우고 생명을 기르는 활인(活人)에 있다. 생목의 봄 나무가 자라는 화·토 운이 좋다.

일간 신금(辛金)이 을묘월(乙卯月)의 편재격(偏財格) 4주이다. 이와 같은 재격(財格) 4주는 일간 주체가 강왕해야 한다.

그런데 이의 본명 신금(辛金)은 그 주체가 미약하다. 일간의 뿌리를 내릴 수 있는 지지는 유일하게 연지 신금(申金)에 있다. 그런데 공망(空亡)에 있고, 월지와 묘신 암합(卯申 暗合)으로 일간 신금(辛金)과는 무정하다.

따라서 일간 신금(辛金)은 그 주체를 이양하고자 한다. 마침 일지의 사화(巳火)에서 투간한 연간 무토(戊土)가 눈에 띤다. 출중한 주체 세력은 아니지만 그래도 믿고 의지할만하다.

'일지 주체격'의 시간 무토(戊土) 역할은 먼저 물을 관리하고자 한다. 멀리 시간의 계수(癸水)와 무계합(戊癸合)을 하였기 때문이다. 봄 산이라서 나무도 키워야 하겠지만, 일간 신금(辛金)을 쓰게 되니, 나무 키우는 일은 일단 보류한다.

임자(壬子) 도화 대운에 결혼하였고, 신해(辛亥) 대운부터는 헤어디자이너를 하고 있다. 일간 신금(辛金)의 가위를 사용하는 명도(命道)-직업에 종사하고 있는 것이다.

신사(辛巳) 일주가 일지로 암합(丙辛 合)을 하고, 묘신(卯申) 귀문살이 천간으로 발동하여, 영적 예지력이 출중하다. 이처럼 연·월의 귀문살은 공문(空門)의 공줄을 선대로부터 이어받아 종교 철학에 심취하는 경우가 많다. 그런 인연으로 명리학을 공부하면서 헤어디자이너의 일에 종사하고 있다.

이의 명조 역시 신약한 신금(辛金) 일간에 토·금(土·金) 용신으로 해석하게 되면 크게 오류를 범한다. 그러한 단견(短見)으로 보면 임자·신해(壬子·辛亥) 대운을 아주 흉한 대운으로 분석하게 되는데, 실제 삶은 그렇지 않았기 때문이다.

용신론(用神論)

'체용론'의 '체(体)'는 4주의 '주체'를 말하고, '용(用)'은 8자의 '용신'을 말한다. 즉, 4주의 주체와 조화를 이루는 용신이 운명의 '체용론'이 된다. 이 둘의 '체용(体用)' 관계는 운명의 두 축을 이루는 짝과 같다.

이는 운명의 '심신(心身)'과 같은 기능을 말하며, 4주 8자 중에서 일간을 위주로 하나의 주체를 정하고, 이와 함께 조화 균형을 이루어 생명 활동을 유지하는, 4주 8자 중 두 개의 5행 축이 '체용(体用)'이다.

이처럼 '운(運)'은 '용신(用神)'이고, '명(命)'은 '주체(主体)'가 되기도 하는데, 사주 '주체'를 운용하고 명리 활동을 존재하게 하는 상대적 '용신'을 찾는 이론이 바로 '용신론(用神論)'이다.

명리학의 '용신론'은 보통 다음과 같이 4대 용신법이 있다.

● **억부 용신법**(抑扶 用神法)

4주 주체를 기준하여, 센 기운을 누르고(抑) 빼주거나, 약한 주체를 보태고 도와주는(扶) 8자의 억부 용신법을 말한다. 용신 적용법이 비교적 간단하게 쓰이므로, 자평 명리학의 주요 용신법으로 흔하게 쓰인다.

丁(用)	己	丁(用)	甲	坤
卯	未	卯	子	

묘월(卯月) 기토(己土) 일간이 묘미 목국(卯未 木局)의 극을 받고 신약하다. 따라서 일간 주체 기토(己土)를 돕는 정화(丁火)가 억부 용신이다.

일간 기토에 비해 주체를 제극하는 목국(木局)의 목극토(木克土) 세력이 강왕하니, 기토의 주체를 부조(扶助)하는 정화(丁火)로 화생토(火生土) 해주어야 한다. 따라서 정화(丁火)가 억부 용신이다.

봄 땅의 많은 나무(卯未 木局) 입장에서 보아도 화·토(火·土)가 필요하다.

庚	丙	丙	壬(用)	乾
寅	申	午	辰	

오월(午月) 병화(丙火)가 월주 병오(丙午)와 합세하여 주체 신왕(身旺)하다. 신왕한 주체를 눌러 다스려 주는 연간 임수(壬水) 관성(官星)이 억부 용신이다. 대운의 행로도 좋아 공직의 부군수를 역임하고 지자체장에 출마한 명조이다.

4주 8자의 일간 주체는 강하고 조화를 이루면 비교적 상격(上格)의 운명이 된다. 그래야 나머지 7자의 영향을 감당하고 주제할 수 있는 능력의 운명이 되기 때문이다 따라서 4주 강약을 파악하는 안목은 매우 중요한 기본 능력에 해당한다.

특히 '억부 용신법'은 일간 주체의 강약에 따라 적용하는 용신법이다. 이의 용신법을 사추풀이의 기본기로 쓰되, 너무 지나치게 응용하면 '용신' 오류가 많게 된다.

주로 이 '억부 용신법'은 재격 재국(財格 財局) 4주이거나, 일간 재합(財合) 사주에는 필히 적용하는 용신법이다. 돈의 재물은 힘이 센 곳으로 이끌리기 때문이다. 따라서 재성 합국(財星 合局) 4주는 주체 신왕을 반드시 필요로 한다.

己	己	辛	壬	坤
巳(用)	未	亥	寅	

일간 '기토(己土)'가 해월 임수(亥月 壬水)의 정재격(丁財格)을 이루었다. 임수(壬水)의 재물을 관리해야 하므로, 주체가 신강한 힘이 필요하다. 따라서 시주 기사(己巳)의 '화·토(火·土)'를 용신하는 억부 용신법을 쓴다.

'용신' 대운에 '사화(巳火)'의 물상인 태양광 사업으로 큰 성공을 이루고 있는 운명이다.

해미(亥未)로 돈이 따르는 운명이다.

甲	甲	己	丁	乾
子(用)	辰	酉	酉	

일간 갑목(甲木)이 월간 기토(己土) 정재(正財)와 재합(財合) 하였다. 역시 재물을 관리할 수 있는 주체의 강한 힘이 필요하다. 따라서 시주 갑자(甲子)에 의지하는 '수·목(水·木)'의 부조를 필요로 한다. 일간 주체를 부조(扶助)하려는 '억부 용신법'이 적용되는 운명이다.

● **조후 용신법**(調候 用神法)

　4주 8자의 기후를 조절하는 용신법이다. 대체적으로 여름에 태어나 뜨거운 4주 8자는 차고 시원한 간지를 찾아 '용신'으로 써야 하고, 겨울에 태어나 춥고 찬 4주 8자는 우선 따뜻한 간지를 찾아 '용신'으로 써야 한다. 이것이 '조후 용신법'이다.

　이의 '조후 용신법'은 4주 8자의 강약과 관계없이 가장 먼저 조후에 필요한 용신 5행을 찾는 용신법이다. 그러므로 '해자축 월(亥子丑 月)'의 겨울 태생과 '사오미 월(巳午未 月)'의 여름 태생은 우선 '조후 용신법'을 적용시켜야 한다.

丁	己	庚	丙(用)	坤
卯	巳	子	申	

　기토 일간이 동짓달 '자월(子月)' 맹추위에 태어났다. 따뜻한 햇볕이 절실한 운명이다. 마침 4주 중에 일지 사화(巳火)가 연간 병화(丙火) 태양으로 발광하고 있어 '조후 용신'으로 쓸 수 있다.

　인수(印綬)의 학문에 뜻을 두어야 하나, 초반 대운이 따르지 않아 공부의 원을 풀지 못했다. 뒤늦게 음식 사업으로 크게 발전하였고, 인수(印授)의 문서로 축재하고 있다.

乙	丙	癸	戊	乾
未(用)	寅	亥	子	

　병화 일간이 '해월(亥月)'의 초겨울에 태어났다. 입동(立冬)에 초목이 얼어 죽지 않도록 따뜻한 태양 역할의 조후가 필요하다. 따라서 '인중 병화, 미중 오화'(寅中 丙火, 未中 午火)로 조후 용신해야 한다.

　초년 대운 불리하고 '인해 합파(寅亥 合破)'의 업상(業像) 작용으로 인해, 신체장애를 짊어졌다. 청장년의 대운 발전하여 학문 성취하였고, 태양 역할의 성직자 운명으로 4주 8자 타고난 운명을 풀어가고 있다. 월주가 병(病)이니, 약(藥)을 찾아 쓰는 '병약 용신' 운명에도 부합한다.

| 庚 | 壬 | 丙(用) | 甲 | 乾 |
| 戌 | 辰 | 子 | 寅 | |

임수 일간이 '자월(子月)'의 혹한이 두렵다. 마침 연지 갑인 목(甲寅 木)의 식신(食神)에 뿌리를 둔 월간 병화(丙火)가 반갑다. 병화 편재(偏財)를 조후 용신한다.

일찍이 음식 요리사의 길로 나아가 요식사업가로 발전하고 있다. 역마 식신 인목(寅木)으로 미국 진출하였으니, 운명의 길상(吉祥)대로 4주 8자를 풀어가고 있다.

● **통관 용신법**(通貫 用神法)

4주 8자의 5행이 서로 대치하고 있을 경우, 이의 막혀 있는 5행을 소통시켜 주는 용신을 '통관 용신법'이라 한다.

예를 들면, 5행의 수(水)와 화(火)가 대립하여 그 기운이 막혀 있을 때, 이를 소통시켜 주는 목(木) 5행이 '통관 용신'이 된다.

| 甲 | 丙 | 丙 | 甲 | 乾 |
| 午 | 申 | 子 | 寅 | |

병화 일간이 '자월 신자(子月 申子)' 수국(水局)과 수화상쟁(水火相爭)을 하고 있다. 이를 소통시켜 주는 '갑인 목(甲寅 木)'이 연주에 있어 반갑기 그지없다. 이처럼 5행의 대립을 소통시켜 주는 용신 적용법을 '통관 용신법'이라 한다.

| 壬 | 辛 | 乙 | 乙 | 坤 |
| 辰 | 卯 | 酉 | 巳 | |

신금 일간이 금목상전(金木相戰) 하고 있다. 그 싸움을 말릴 수 있는 5행은 수성

(水星)이다. 금생수 수생목(金生水 水生木)으로 5행을 통관시킬 수 있다. 마침 시간의 임수(壬水)가 있으니, 이를 통관 용신으로 활용하게 된다. 지방 미디어의 기자이면서 편집장으로 세상과 통관하고 있는 운명이다.

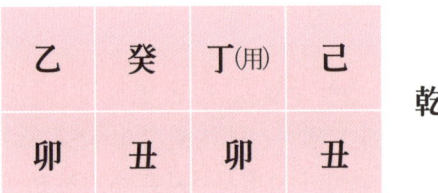

일간 '계수(癸水)'를 신약으로 판단하여 풀이하기 쉽다. 그러나 이 4주는 강한 을목과 약한 기토가 상쟁하고 있다. 따라서 이를 통관 시켜주는 월간 '정화(丁火)'가 용신이다. '수목(水木)'은 좋지 않고, '화토(火土)'가 와서 통관을 시켜줘야 좋다.

己	壬	壬	戊	坤
酉	戌	戌	申	

일간 임수의 세력과 연간 무토의 세력이 토·수 상쟁(土·水 相爭)하고 있다. 따라서 이를 통관 시켜 주는 신·유 금(申·酉 金)이 통관 용신이다.

초반 통관 용신 금(金) 대운에 크게 발전하여 좋은 가정환경에서 음악을 전공하였고, 치과 의사와 결혼도 하였다. 그러나 사주의 병인 화·토 대운에 크게 불리하여 고초를 겪으며 배우자와 이혼하였다.

사주에 정·편관의 관살이 혼잡한데다, 다시 토(土) 운이 강하게 임하니, 귀살을 견디지 못하고 잡신(雜神)들의 숙주가 되고 말았다. 신·유 금(申·酉 金)의 인성이 통관 용신이라, 철학 공부를 권유하였으나, 명리학의 선한 용신의 권고를 받아들이지 못하고 신불(神佛) 점바치의 생을 살아가고 있다.

● **병약 용신법**(病藥 用神法)

　4주에 '병(病)'이 뚜렷할 경우, 8자에서 약(藥)을 찾아 용신으로 쓰는 방법이다. 4주에 병(病)이 깊이 있어 운명의 고초도 깊이 겪지만, 흉화가 닥쳐도 '약(藥)'의 용신이 있어 반드시 귀인의 구사일생이 따르는 삶을 살아간다. 특히 '약(藥)'이 되는 용신 운에 크게 발전하는 경우가 많다.

戊(用)	丙	癸	戊(用)	乾
戌	寅	亥	子	

　입동절(立冬節) 병화(丙火) 태양이 월간 계수(癸水) 눈비 구름에 가려 그 빛을 잃고 있다. 다행히 연간 무토가 합거(合去) 해주고 있고, 시간의 무토 역시 4주의 '병'을 다스리는 '약'의 역할을 하고 있다. 일지의 인목(寅木)을 쓰고자 하나 월지 해수(亥水)에 기반 당하고 있다. 월주의 부모궁이 '병'이 되고 있으니, 일생이 부모로 인해 고난을 겪었다.

戊(用)	壬	癸	癸	乾
申	戌	亥	亥	

　해월 임수(壬水)가 신왕한데, 연·월 간에 계수(癸水) 겁재가 4주의 병이 되고 있다. 다행이 이를 다스리는 시간의 무토(戊土) '약'이 있어, 이를 '병약 용신법'으로 써야 한다.

乙	庚	丁(用)	辛	乾
酉	戌	酉	未	

신왕한 경금(庚金) 일간이 을목과 을경(乙庚) 합을 하고 있다. 이를 쟁재(爭財) 하려는 연간의 '신금(辛金)'이 4주의 병(病)이다. 이를 치료 처방하는 월간의 정화(丁火)가 '약(藥)'이 되고 있다. 이와 같은 경우 '병약 용신법'을 적용해야 한다.

丁	甲	丙	庚	乾
卯	申	戌	申	

갑목 일간이 일지 신금(申金)에서 표출한 연간 경금이 사주의 병(病)이다. 이를 제거할 월·시간(月·時干)의 병·정(丙·丁)이 약(藥)이다.

이처럼 병(病)이 있고 약(藥)이 있으니, 쓸모 있는 용신이 뚜렷하게 있는 상격(上格)의 운명으로 논할 수 있다. 그러나 일지에 병(病)이 있어, 배우자 인연이 불미스럽고, 본인의 격도 조금 떨어지게 된다. 월주에 약신이 있어 부모덕이 있다.

己	辛	丁	癸	乾
丑	亥	巳	卯	

정사월(丁巳月) 신금(辛金) 일간이 편관 칠살이 병(病)이다. 따라서 이를 치료해야 할 약(藥)이 필요하다. 이에 대적할 일지 해수(亥水)와 연간 계수(癸水)가 약(藥)이다. 이른바 식상제살(食傷制殺)의 명조인데, 일지가 약(藥)이므로 쓸모 있는 역할이다.

당연히 식상(食傷)의 자유업으로 활동하게 되며, 약신(藥神) 대운이 부조하면 할 일 많아지고, 발전하게 된다. 초반 갑인(甲寅) 대운까지 직장 생활하다가, 계축(癸丑) 대운부터 식상(食傷)의 요식업으로 발전하였다. 종내는 주방 관련 금속 기기 도매 컨설팅 사업으로 성업 중이다.

● 일주 용신법(日柱 用神法)

일주 용신법은 4주 8자의 '체용'이 뒤바뀌어 일간이 용신이 되거나, 일주가 용신으로 쓰이는 경우의 '용신법'이다. 이의 용신법은 앞서 주창한 '대행론'에 근거하여, 일간이 주체를 상실하고, 다른 5행 간지에게 주체를 넘기고, 일간이나 일주 자신이 용신으로 쓰이는 경우에 해당한다.

이와 같은 '일주 용신법'을 쓰는 운명 공식은 매우 쓸모 있는 운명이 대부분이며, 청귀하여 대운의 운로가 부조하면 큰 인물이 되기도 한다.

丁	丙	己	庚	乾
酉	午	丑	子	

고립무원(孤立無援)의 신약한 운명으로 보기 쉬우나, 주체를 경금(庚金)에게 이관하고 일주 병오(丙午) 자신을 용신으로 변화시키는 '일주 용신법' 사주이다.

대운의 행운이 부조하여 현재 모 지방청의 경찰청장을 역임하고 있는 출중한 운명이다. 이의 '일주 용신법'은 새로운 학설이므로, 뒤편 '대행론'에서 좀 더 취급해 보기로 한다.

丁	丁	甲	丁	乾
未	卯	辰	未	

59	49	39	29	19	9
戊	己	庚	辛	壬	癸
戌	亥	子	丑	寅	卯

정화(丁火) 일간의 4주 8자 구조는 오행이 목·화·토(木·火·土)로만 구성되어 있다. 일간 정화(丁火)를 중심으로 인수(印綬)의 목(木)과 식상(食傷)의 토(土)로 구성되

어 있다. 이런 구조는 인수(印綬)로 공부하고 자격증을 취득해서, 식상(食傷)으로 가르치는 아주 순수한 교육자 운명으로 단정하게 될 것이다.

건명(乾命)이 음간 정화(丁火) 일주이고, 재성(財星)의 돈(金)과 관성(官星)의 직장(水)이 보이지 않으니, 그야말로 순수한 선비처럼 살아가야 한다고 판단해야 할 것이다.

그러나 이의 명조는 재물을 쫓아가는 사업가로 살고 있으며, 여색을 밝히는 세속적 삶을 살아가고 있다. 어찌된 일인가? 이 명조의 운명 해석을 다른 관점으로 밝혀 보아야 하지 않겠는가.

이 운명의 주체는 월간 갑목(甲木)으로 보아야 한다. 지지(地支) 전국이 묘미, 묘진(卯未, 卯辰) 목국(木局)으로 변화하였기 때문이다.

그중에서 월간 갑목(甲木)이 독보적으로 솟아올랐다. 마치 군계일학(群鷄一鶴)의 물상(物像)으로 드러났으니, 마땅히 이의 갑목(甲木)의 생태가 운명의 주인공이 되어야 할 것이다. 이와 같은 경우, 갑목(甲木)의 행태 중 하나는 우월한 독보적 왕자병의 심리를 갖게 된다.

꽃피는 춘삼월의 큰 나무 갑목(甲木)은 큰 꽃(丙火)을 피우고 땅에 뿌리를 내리고 싶을 것이다. 그런데 큰 꽃 병화가 없으니, 아쉬운 대로 홀꽃의 정화(丁火)를 여기저기 피우고 있는 형상이다. 그러니 말솜씨 화려하고 외모 또한 제법 매력적일 것이다.

따라서 일간 정화(丁火)가 용신(用神)인 '일간 용신격' 명조로 해석해야 한다. 갑목(甲木)의 정화(丁火)는 상관(傷官-돈버는 행위)이고, 뿌리내리는 토성(土星)은 결실의 재물이 된다.

그러니 '상관용인수격(傷官用引綬格)'이 아니라, '상관생재격(傷官生財格)'으로 해석해야 실제와 맞는 운명풀이가 된다.

이의 운명은 자신 운명의 물상답게 태양광 사업을 하면서, 많은 여성을 편력하고 있는 명조이다. 무술(戊戌) 대운에 그 한풀이가 절정에 이를 텐데, 이때 활인 수행(活人 修行)의 공덕(功德)을 놓치지 말아야 할 것이다.

결구(結句)

　명리학의 '체용론'은 운명의 문을 열고 들어가는 관문과 같다. 간단한 이론이지만 실제 적용은 매우 복잡 난해한 경우가 많다. 그러나 명리 파설을 제대로 하기 위해서는, 반드시 통과해야 할 빗장문임을 간과해서는 안 된다.

　특히, 일간을 주체로 고정시키는 자평 명리학은 '체용론'이 엄중하지 않다. 일간 주체가 고정되어 있기 때문이다. 그러다 보니 명리 해석의 한계와 오류가 심대하다. '자평학'은 일간 주체가 그 역할을 못 할 경우, 대부분 '외격(外格)' 또는 특수격으로 취급해 왔다. 그러나 이 이론만으로는 운명 해설의 오류가 매우 많다. 그러다 보니 많은 명리학 연구가들이 이 이론의 오류에서 중도 좌절하는 경우가 허다하다. 필자 역시 그런 경우에 해당한다.

　그러나 일간 주체 고정이 아니고, 4주 8자 모두가 주체가 될 수 있다면 상황은 달라진다. 일간 주체보다 더욱 분명한 오행 주체가 있을 경우, 그때는 '체용론'이 매우 중요한 해설 근거가 된다.

　이의 '체용론'은 과거 왕정 군주 체제의 수직적 이론인 '일간 자아론'에서, 현대의 자유 민주 체제의 수평적 이론인 '일지 대체격'과 '합신 주체격' 그리고 '5행 주체격'으로의 새로운 관법이 핵심이다. 여기에 '일주 용신법'도 전혀 새로운 차원의 명리학 이론이다.
　향후 한국 명리학의 새 지평으로 새롭게 조명되고 더욱 연구 발전되어야 할 것이다.

해담(談)

[토지]–남기고 흙으로 가다

丙	乙	己	丙	**坤**
戌	丑	亥	寅	박경리

78	68	58	48	38	28	18
辛	壬	癸	甲	乙	丙	丁
卯	辰	巳	午	未	申	酉

2008년 양력 5월 5일 오후 2시 45분 영면

시	일	월	년	대운
乙	乙	丁	戊	辛
未	巳	巳	子	卯

'초저녁 범띠생인데, 배고픈 호랑이가 먹이 사냥하러 나다니기 시작할 때잖아. 여자 팔자치고는 기가 아주 센 거지. 돌이켜보니까 내 팔자대로 산 것 같아요.'

한국 문학의 극점, [토지]를 남기고 흙으로 돌아가신 작가 박경리 선생. 그가 생전에 들려준 사주팔자 얘기이다. 초저녁 시(時)라 하였으므로 생시(生時)는 술시(戌時)가 틀림없다.

해월 을목(亥月 乙木)의 명조이다. 입동절 꽃나무의 붉은 겹꽃이 화려하다. 연·시간 양옆으로 병화(丙火)가 만개하고 있으니, 꽃목은 질기고 강하고 뜨거울 것이다. 마치 입동의 겨울에 만개한 동백꽃 같기도 하고, 혹은 축토(丑土)의 뻘밭에서 사바의 법등을 고고하게 피워낸 연꽃과도 같다.

월지 해수(亥水)와 일지 축(丑)이 허자(虛字) 자수(子水)를 협귀(挾貴)하여, 방수국(方水局)을 이루었고, 연지 인목(寅木)까지 있어 명조가 신왕하다.
 무엇보다 을목 나무가 뿌리내린 일지 축토(丑土)가 월간 기토(偏財)로 드넓게 펼쳐져있고, 겨울꽃을 피워내는 태양빛 병화(丙火)가 좌우에서 찬란하다. 그러니 상관(傷官)의 문학 예술성이 찬란하게 빛난 것이다.

초겨울 꽃나무인 생목(生木)이 찬란한 태양빛(丙火)으로 꽃을 피우고, 용신 기토(己土)의 진답도에 뿌리내리는 운명 공식이다. 병화 상관(작가) 희신에 기토(선납토)가 용신이니, 4주 물상이 '토지'의 대작을 쓴 작가의 8자답다.

고인의 명운(冥運)을 빌며, 지나온 명운(命運)을 팔자술로 대략 복기하여 본다.

1946년 정유 대운(丁酉 大運) 병술년(丙戌年) 결혼.(21세).
 유(酉)의 관성(남자) 도화 대운, 을유년(乙酉年)에 만나, 병술년(丙戌年)에 결혼하였을 것으로 추정한다.

1950년 정유 대운(丁酉 大運) 경인년(庚寅年) 남편과 아들 사별.(25세)
 병술(자식)이 백호살이고, 일지 축토(丑土)가 관입고(官入庫)의 흉살인데, 축술형(丑戌 刑)을 당하고 있다. 경인년(庚寅年)은 흉살 발동 운이라, 남편과 자식이 동시 입묘(入墓)로 사별이었다.

1955년 병신 대운(丙申 大運) 을미년(乙未年) 등단.(29세)
 병화 대운(丙火 大運) 상관(작가-예술)의 태양빛이 빛나기 시작한다.

1969년 을미대운(乙未 大運) 기유년(己酉年) [토지] 집필 시작.(44세)
미·오·사(未·午·巳)의 대운 30년이 여름 남방 운으로 발복의 시작이다. 미토(未土)의 자고(自庫)인 글감옥에 틀어박혀 대작을 집필하기 시작했다.

1994년 계사대운(癸巳大運) 갑술년(甲戌年) [토지] 전 21권 탈고.(68세)
여전히 좋은 대운이며, 갑술년(甲戌年)의 거목에 을목의 본명을 등라개갑(藤蘿介甲) 시키고 탈고하였다.

1999년 임진대운(壬辰大運) 기묘년(己卯年) 강원도 원주 토지문학관 개관.(74세)
임진(壬辰) 대운이 병술(丙戌) 희용신을 천충지충(天沖地沖) 하니, 화려했던 겹꽃도 시든다. 그러니 이제 마무리를 해야 할 시기였다.

2008년 신묘대운(辛卯大運) 무자년(戊子年) 영면.(83세)
대운 신금(辛金)이 상관 병화(丙火)의 빛을 거두어 가고,
해운 무토(戊土)가 백호살을 출동시켰으며,
대운지 묘목(卯木)은 용신 기토(己土) 충거(沖去),
연지 자수(子水)는 일지와 자축 합거(合去),
영면일의 일·월, 사·사(日·月, 巳·巳)는 연·월지 인·해(寅, 亥)를 충거하고,
영면 시(時) 미토(未土)는 일간 을목을 입묘(入墓)시키니,

4주 8자의 기가 완전히 소거되면서, 유장한 [토지]의 한 생(生)이 명운을 달리하였다.

해월(亥月) 을목(乙木)의 활인성(活人星)이 시지(時支) 술토(戌土)의 천의성(天醫星)에 술해(戌亥) 천문성(天文星)을 놓았고, 축술(丑戌) 화개살(華蓋殺) 등이 있어, 생명 운동과 풍속·철학·문화 운동에 주력하였다.

갑오(甲午) 대운이 최고의 발복운이었는데, 이 시기가 [토지]의 본격적 집필 시기였다. 을목이 갑목에 올라타고 앉아, 일지 축(丑)과 대운 오화(午火)의 축오 귀문(丑午 鬼門)을 발동시켰으니, 기상천외한 소설적 상상력이 미친 듯이 쏟아져 나오는 시기였다.

'내가 세상의 복락을 누렸더라면 어떻게 [토지]에 20여 년을 매달렸겠어요.
여자의 운명으로는 불행하였고, 작가의 운명으로는 행복하였습니다.'

용신 상관생재(傷官生財)의 팔자인 작가의 회고담이다.

집필 기간 26년, 등장인물 700여 명. 소설 [토지] 속의 두 주인공 '길상이'와 '서희'는 박경리 선생이 남긴 영원한 캐릭터가 되었다. 그는 갔지만, [토지]는 우리 곁에 영원히 남았다.

둘. 역할론(役割論)

　'역할론'은 10간의 역할 작용을 거론하여 4주 8자를 풀어가는 방식을 말한다. 자연철학의 환경에 근거하고, 10천간의 물상적 역할을 추론하여 운명을 풀이하는 방식이다.
　이의 '역할론'을 터득하면, 4주를 보고 8자를 풀어가는 방식이 매우 간결하고 쉬워진다.

木 : 甲 乙

　목(木)의 자연 물상은 나무이다. 따라서 나무의 역할을 구분 짓는 핵심은 목(木)의 생사(生死)에 있다. 갑·을(甲·乙)의 나무는 살아있는 생목(生木)의 역할인지, 죽은 사목(死木)의 역할인지를 먼저 구분하는 것이 핵심이다.

　* 갑을 목(甲乙 木)의 생·사목(生·死木)

　[생목(生木) - 꽃을 피우고, 기름진 땅에 견고히 뿌리 내려 결실하고자 한다.]
　[사목(死木) - 동량지재棟梁之材의 재목이 되고자 하고, 결실을 거두고자 하며, 火의 땔감으로 쓰이고자 한다.]

● 갑목(甲木)

　십간의 첫머리이니 우두머리요 지도자다. 갑목(甲木)의 화(火)는 식상으로 목화통명(木火通明)의 눈썰미 뛰어나고 창의적이다. 말 잘하고 글 잘 쓴다. 새로운 일의 추진력과 꿋꿋이 직상하려는 기질 강하다. 한 번 꺾이면 곧 일어서지 못한다. 목(木)은 인(仁)이니 인정 많다. 특히 좋은 흙에 뿌리박고 싶으니 기토(己土)를 좋아한다.

|丙|甲|甲|甲| 乾 |
|寅|子|戌|午| |

 늦가을 갑목이지만 '생목'이다. 주체가 생목이니 꽃을 피우고 결실하려는 의지가 강하다. 큰 나무가 시간 병화(丙火)의 큰 꽃을 피웠으니 겹꽃이 아름답다.
 늦가을 큰 나무가 삼림(森林)을 이루었고, 꽃을 피우는 화기(火氣)도 발양(發陽)하고 있다. 다만, 뿌리로 옹달샘을 퍼 올리고 있으나, 수원지(水源池)가 부족해 보인다.
 병화(丙火) 식신(食神)을 용신하여 음식 사업하였고, 일지 '자수(子水)'의 물도 필요하니 커피를 문화 사업으로 크게 이끌었다. 시주 병인(丙寅)의 아랫사람을 향해 일관되게 말하고 있으니, 만학으로 박사 학위(외식 산업과)에 이르렀고, 커피 관련 대학 교수의 길을 걸었다.

● **을목**(乙木)

 휘감고 올라가는 의지가 강하니 끈기 있다. 따뜻한 양지를 좋아한다. 갑목(甲木)을 만나면 담쟁이 넝쿨이 소나무를 휘감고 오르는 격이다. 을목(乙木)의 병화(丙火)는 화려한 꽃을 피웠으니 만인의 인기를 얻는다. 신금(辛金)은 날카로운 가위가 자르려는 상이라 신경질적 히스테리다. 경금(庚金)은 관합(官合)이지만 백호(白虎)가 날뛰는 격이라 갑작스러운 재앙이 두렵다.

|壬|乙|丁|乙| 坤 |
|午|卯|亥|亥| |

 입동의 꽃나무 을목(乙木)은 생목이다. 추위에 따뜻한 불이 필요하니 월간 정화(丁火) 용신이다. 월간 식신 용신이라 전통 음식 명인의 반열에 올랐다. 겨울에 꽃을 피웠으니 미색이 아름다우며 의지가 강하고, 글 쓰는 시인으로 활동하며 여러 악기 연주에도 심취하였다. 형제 사별 있었고 배우자와의 인연은 박하였으니, 4주 8자의 운명대로 살았다.

* 생목(生木)은 금(金)을 싫어하니 춘불용금(春不容金)이다.

丙	乙	辛	辛	乾
戌	卯	卯	丑	

봄날 을목(乙木)이 꽃을 피웠으니 확실한 생목이다. 생목은 화·토(火·土)를 좋아하고 금(金)을 싫어한다. 따라서 신금(辛金)의 편관국 관청(官廳)을 관리 감독하는 시의원으로 활동하고 있다. 월주 형제는 신금에 눌려 무능하나, 일주 자신은 시주 병술(丙戌)과 합을 하여 화려하게 빛나고 있다.

특히 지방 선거가 '인오술(寅午戌)' 화국(火局)'의 4년차로 뽑게 되는 행운이 따르니, 내리 3선의 당선을 누리고 있다.

* 갑·을 목이 근(根-뿌리)을 얻지 못하면 사목(死木)이다.

甲	甲	丁	戊	坤
戌	午	巳	子	

여름 갑목이 오술 화국(午戌 火局)의 바짝 메마른 땅에 목이 타고 있다. 연지 자수(子水)에 의지하기에는 너무 멀고 수원(水源)이 모자란다. 따라서 생목이 아닌 사목의 역할이다. 차라리 화국의 불쏘시개 역할이 쉽기 때문이다.

본명은 성직의 목회와 상담전문가로 활동하였고, 사술(巳戌) 귀문 상관(鬼門 傷官)이 발달하여, 예지의 영성가로 명망이 높았다. 자수(子水)의 인수에 의지하는 신약한 갑목으로 살지 않았으니, 필시 생목이 아니 사목의 운명으로 판단하는 것이 옳다.

庚	乙	癸	甲
辰	酉	酉	午

乾

　중추의 을목이 4주 지지에 뿌리가 없다. 연 월간에 갑목 계수가 있어 생목으로 볼 수 있으나, 지지에 나무가 뿌리내릴 근거가 없다. 시지 진유(辰酉) 합금(合金)이라 목의 근이 없으니 사목(死木)이다.
　관합(官合)으로 지방 정부의 시의회 의장을 역임하였다. 자평학의 종살격(從殺格)으로 해석하기 쉬우나, 무인(戊寅) 대운에 관록을 얻어 발전하였으니, 실제 그 이론과는 부합하지 않다. 그 이유는 뒤편 '대행론'에서 다시 설파하기로 한다.

辛	乙	戊	庚
巳	丑	寅	子

乾

　봄날 나무이니, 마땅히 생목(生木)이다. 봄나무가 꽃을 피우기도 전에 열매를 맺고자 한다. 연간 경금(庚金)과 합향하기 때문이다. 생목(生木)은 금(金)을 싫어하는데, 일지에서 나쁜 글자 신금(辛金)이 시간으로 표출되어 불미스럽다.

甲	甲	庚	丁
戌	戌	戌	未

乾

　일간 갑목(甲木)이 바짝 마른 땅에서 뿌리내릴 수 없다. 따라서 사목(死木)이다. 일지 술중(戌中) 정화(丁火)가 연간에 투출인데, 이 역시 주체적 역량이 부족하다. 가장 유력한 월간 경금(庚金)으로 주체를 넘기고 연간 정화(丁火)를 관성으로 써야 할 것이다. 경찰관으로 정년퇴직을 한 명조이다.

火：丙丁

화(火)의 자연 물상은 빛과 불이 대표적이다. 따라서 화(火)를 논하는 역할론의 기준은 빛과 열의 작용론이 된다.

● **병화**(丙火)

병화(丙火)는 태양지상이다. 그러므로 빛의 광명으로 주된 역할을 하고자 한다. 병화(丙火) 태양은 중천에서 맑고 밝게, 그리고 넓게 골고루 천하 만생명을 비춰주고자 한다.

따라서 병화 일주는 어두운 곳을 밝게 하고, 추운 곳을 따듯하게 하며, 자라나는 나무와 생명을 기르고자 하는 기본 성정을 지닌다.

* 음습하고 추울 때는 따뜻한 조후 역할이다.
* 목(木)-나무의 성장을 돕는다. 곡직의 나무를 설기시킨다.
* 임수(壬水)를 만나 더욱 빛을 발하고, 신금(辛金)으로 그 빛을 널리 반영한다.
* 극강하여 열화(熱火)가 되면 극금(克金)의 완금장철(頑金丈鐵)을 녹이기도 한다.

戊	丙	辛	辛	乾
戌	寅	卯	丑	

봄 태양이 초목을 키우고 어두운 밤을 밝히는 역할이어야 한다. 그런데 신금(辛金)의 재성(財星)과 쟁합(爭合)이 불미스럽다.

봄날 태양이 초목의 생장을 돕지 못하고 재물을 탐하고 있으니, 그 역할에 충실하지 못한 운명이 되고 말았다.

시간 식신이 있고 곡직의 목성(木星)을 희구하니, 국수 전문점 음식업을 하였으나, 대운의 흐름도 불리해서 큰 발전이 없었다.

첫 배우자는 본명을 따랐으나, 두 번째 여자는 본명이 쫓아갔으니, 이 또한 운명의 업상을 벗어나지 못하고 4주 8자대로 살아온 형국이었다.

일지 식신 문창 홍염이 빛나기는 하나, 동분서주하며 돈을 쫓아가는 운명이라, 재물의 빈 수레만 요란할 뿐이다.

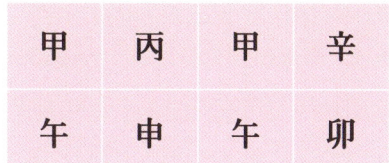

| 甲 | 丙 | 甲 | 辛 | 坤 |
| 午 | 申 | 午 | 卯 | |

    한여름의 태양이 작열하고 있으니, 태양의 빛 역할이 아니라, 뜨거운 열로 쇠붙이를 녹이는 사업가 역할이다.
    초반 신(申) 대운에 교직으로 사회 진출을 하였으나, 기해(己亥) 대운을 넘기지 못하고 퇴직하였다.
    경(庚) 대운부터 건강 관련 유통 사업을 하였다. 목·화(木·火)의 강한 세력이 일주를 향해 따르고 있으니, 많은 사람이 따르는 사업 수완의 능력을 발휘하였다.

    일지에 신금(申金) 편재가 문창성(文昌星)이라 총명 준수한 사업 기질을 발휘하였으며, 일간 병화(丙火)가 연간 신금(辛金) 정재(正財)와 병신 합(丙辛 合)을 하였으니, 운명이 재물의 돈을 가지고 노는 형국의 역할이다.
    다만, 합신 신금(辛金)이 연간에 있어 그 격이 떨어진다. 연간은 남의 집이라 일시주의 내집 돈을 버는 것보다는 재복이 적다.

    본래 병화(丙火)는 태양이라, 빛의 역할을 많이 하게 되나, 이의 명조처럼 강왕한 태양은 불의 역할로 변신하게 된다. 64세 신축(辛丑) 대운에 더욱 재탐(財貪)하게 될 것이다.

| 甲 | 丙 | 乙 | 戊 | 乾 |
| 午 | 子 | 卯 | 午 | |

    봄 태양이 빛의 역할이다. 크고 작은 나무숲을 키우는 봄 태양빛이다. 나무에게 꽃을 피워주는 역할이다.
    봄 나무(甲·乙 木)의 입장에서 보면 꽃을 피우기 위한 일간 병화가 필요하다. 병화(丙火)는 을목(乙木)에게 상관(傷官)의 겹꽃이 되고, 갑목(甲木)에게는 식신(食神)의 홀꽃이 된다. 지지에 중중한 도화살에서 표출된 병화(丙火) 식신 상관을 용신 삼는 형국이다. 인기살의 식상(食傷)을 쓰고 있으니, 이 명조는 인기 대중 연애 예술인이다.

그리고 생목의 나무는 뿌리내릴 땅이 필요하다. 따라서 화·토 대운에 승승장구한 대중 예술인 개그맨 정형돈 님 명조이다. 기축년(己丑年)에 결혼하였는데, 주체 대행자 시간 갑목(甲木)이 갑기 합(甲己 合)을 하였고, 일지 배우자궁도 자축 합(子丑 合)을 한 결과이다.

기미(己未) 대운 을미년(乙未年)에 불안 공황장애로 방송 잠정 중단하였다. 미토(未土)와 을미(乙未)의 목고(木庫)에서 투출한 백호 발동 운이었다.

이와 같은 여러 징후를 보면, 단순히 병화(丙火) 주체의 해석에만 치우쳐서는 안 된다. 인수격(印綬格)에 병화 양인(丙火 羊刃)이 연간 무토(戊土)로 나아가는데 그치고, 결실마저 없어 별 볼 일 없는 운명으로만 해석하는 단견에 빠질 수 있다. 역할론의 다양한 해석이 대두되는 명조의 예시이다.

● **정화**(丁火)

정화(丁火)는 만물지정(萬物之情)의 문명지상이다. 하늘로는 달과 별 등에 속하나, 땅으로는 등화(燈火)·촉화(燭火)·활화(活火)·생화(生火)·유화(柔火)로써, 열화(熱火)의 득세국(得勢局)을 하면 능히 화극금(火克金)하는 용광로 불이다.

* 음습하고 어두울 때는 빛의 역할을 한다.
* 달빛·북두칠성이며 정임(丁壬)이 합(合)되면 어둠의 등대불이다.
* 뿌리가 강한 화세(火勢)는 경금(庚金)을 제련한다.
* 왕목(旺木)의 생장에 꽃을 피워주는 역할도 한다.

오월 정화 일간이 월지 건록으로 득록하여 건왕하다. 따라서 열(熱)의 역할이다. 마침 일·시지로 유금(酉金)이 있으니, 잘 벼루어진 천을귀인의 편재를 가지고 놀아야 한다. 더욱이 연주 을사(乙巳)의 조상이 물려준 문서가 사유(巳酉) 합국을 이루고 있으니, 선조로부터 많은 유산을 물려받는다.

문제는 월간 임수(壬水)로 허관(虛官)을 쓰고서, 흉운 대운의 운로를 맞이한 상황이었다. 정관이 녹위(祿位) 하고 있으나, 일점의 물이 없어 발현이 어려운데, 사회 진출 시기에 대운마저 불리하게 진행하였다. 천간은 기·무(己·戊)의 식신 상관이었고, 지지는 불필요한 묘·인(卯·寅) 대운이라 만사불성이었다.

특히 무인(戊寅) 대운에는 상관견관(傷官見官)의 대흉이 발동하여, 도박으로 유산의 대부분을 날리고 말았다. 정임(丁壬)의 음란지합(淫亂之合)이 우둔한 고집까지 동반하게 만들었을 것이다.

정축(丁丑) 대운부터 가까스로 재기하여 현재 물류 유통 사업을 하고 있다. 그러나 오월 정화의 불로 쇠붙이를 녹이는 서방 금국(金局)의 운이 보이지 않고, 병자(丙子) 대운의 병화(丙火) 겁재운도 불미스럽다.

병·정(丙·丁)은 기본적으로 빛과 불의 역할이지만, 명조의 오행 구조에 따라 그 역할은 다양하게 변화할 수 있다.

土 : 戊 己

토는 중화(中和)의 조절신(調節神)이다. 조화의 구심점이며 중매쟁이고 종교인이거나 정치인이다. 형이하학적으로는 산이고 제방이며 대지이다.

● 土-나무(官星) 키우는 역할

토는 가색(稼穡)이라 하여, 심고 거두는 대지의 역할을 근본 공덕(功德)으로 삼고자 한다. 따라서 만물을 생육할 수 있는 습윤자양(濕潤滋養)의 봄-(寅·卯·辰 月)-땅이 진토(眞土)의 역할로서 가장 제격이라 말할 수 있다.

그러나 대지의 나무나 생명은 여름-(巳·午·未 月)-땅에서도 무성하게 자란다. 그러므로 여름 땅도 관목(官木)의 역할을 하는 경우가 많다. 다만 열화(熱火)의 조후를 식혀주는 수원지 물이 있어야만 가능해진다.

● 土- 물(財星)을 관리 조절하는 역할

나무 키우는 역할을 못 하는 토(土)는 흐르는 물을 막아주는 제방 역할을 한다.
즉, 토극수(土克水)의 역할론을 말한다. 큰물을 막아 유용하게 쓰는 다목적댐의 역할이라 매우 쓸모 있고 할 일이 많은 토(土)가 된다.

또한 토(土)가 수(水)를 잘 다스리는 형상은, 마치 명산에 폭포가 장관을 이루는 듯하여 천하에 그 아름다움을 뽐내는(戊癸合) 귀명(貴命)이 되기도 한다.

화토다(火土多)는 화토중탁(火土重濁)이라 한다. 그러하니 세속의 인연이 박하여, 종교 철학이 아니고서는 바짝 메마른 삶을 살아가기 쉽다. 그러나 순수한 화국(火局)에 사화(巳火)가 많으면, 오히려 그 성질이 강맹하여 함부로 다루기 어려운 화로가 된다. 이러한 토기(土器)는 마치 잘 구워진 청자나 백자와 같아서, 만인에게 존대 받는 귀한 자리를 차지하게 되는 경우가 많다.

금(金)을 설기(泄氣)하는 왕토(旺土)의 역할론도 있다. 토금(土金) 식상(食傷)이 순수하게 되면 토(土)로서 제 몫을 다하는 쓸모 있는 명조(命造)가 된다. 이때의 경·신금(庚·申金)은 철광산이며, 신·유금(辛·酉金)은 보석광산이 되는데, 역시 축·진토(丑·辰土)가 있어야만 개발의 여지가 있게 된다. 마치 흙에서 노다지를 캐내는 듯한 귀명의 재주를 발휘한다. 다만 약토(弱土)가 금(金)이 과다(過多)하면 아무데도 쓸모없는 돌자갈밭이 되고 만다.

甲	戊	癸	辛	坤
寅	午	巳	丑	

초여름의 무토가 나무 키우는 역할을 하고자하나 키울 나무가 무력하다. 시주 갑인(甲寅)의 큰 나무는 일지 배우자궁으로 인오(寅午) 화국(火局) 합사(合死)하여 불타버렸다. 할 수 없이 월간 계수(癸水)의 재물을 관리하는 역할이다.

남자의 나무를 키우는 일은 별 관심이 없고, 오로지 무계(戊癸)의 돈벌이에 집중하며 살아가고 있다. 55세 이후 재운에 크게 발전하여, 축재(蓄財) 하고 있는 운명이다.

癸	己	甲	辛	乾
酉	丑	午	丑	

염천의 대지에 큰 나무를 키우고 있다. 갑기(甲己) 합목(合木)으로 큰 나무를 끌어와 촉촉이 배수 잘 되는 일지에 뿌리를 내리게 하는 관귀(官貴)를 이루고 있다.

경찰 하위 공무원으로 진출하여 '묘·인 대운(卯·寅 大運)에 승진을 거듭하였고, 현재는 고위 간부로 재직 중이다.

원국의 월간 갑목(甲木)이 오화(午火) 사지 위에 있으나, 일지 축토(丑土)의 관대(冠帶-甲木 丑 관대)에서 키워지고 있다. 따라서 일지가 좋은 역할이라, 좋은 사람이며, 배우자의 처덕을 보게 된다.

비록 월간 갑목이 사지(死地)에 있다 해도, 록위(祿位)에 앉아 대운의 도움을 받으니, 관성의 나무를 잘 키울 수 있었던 것이다.

壬	戊	甲	辛	坤
子	辰	午	亥	

한여름의 큰 산이라 나무를 키우고자 한다. 월간 갑목(甲木)이 생목(生木)이라, 그 나무를 키우려고 한다.

그러나 갑목이 오화(午火)의 사지(死地) 위에 앉아 있는데다, 대운 무술(戊戌)을 만나 더욱 불타고 있는 형국이다. 그나마 기해(己亥) 대운에는 갑기 합거(甲己 合去)로 사라진다.

사정이 이와 같으니, 일간 무토(戊土)는 나무 키우는 역할을 포기하게 된다. 더운 여름에 갈증을 풀어주는 물을 받아들여 관리하는 역할로 돌아선다.

따라서 재성의 수원지 재고 진(辰)을 일지에 깔고 앉아 돈관리의 역할을 하고 있다.

대운이 불리하여 진술 충(辰戌 沖)으로 돈창고가 깨지는 세월에도 돈벌이에 열중하고 있다. 무진(戊辰)의 일지 홍염살에 무계 암합(戊癸 暗合)하고, 진중 을목(乙木) 관성의 남자들을 돈벌이로 홀리고 있는 형국이다. 여명 무진(女命 戊辰) 일주의 미색으로 보험외판원을 하고 있다.

丙	戊	庚	戊	坤
辰	辰	申	戌	

입추의 무토가 키울 나무가 없다. 월주 경신(庚申)의 식신 생재(食神 生財)의 역할이다. 배우자의 남편(木) 위주의 삶이 아니라, 식상의 자식(金) 위주의 삶을 살아간다. 종내는 두 개의 재물 창고(辰辰)를 관리하는 데에 목적이 있다.

월간 식신 용신이라 음식업과 새로운 일을 끊임없이 꿈꾸는 운명이다. 어린아이처럼 순수하고 통 크게 베풀기도 하지만 재물에 대한 집착이 강하다.

월주 경신 금(庚申 金)이 용신이고 가는 길이다. 따라서 대운의 운로가 서북 방 금수(金水)대운으로 흘러야만 발복한다. 그런데 인생 환갑 전까지 동·남방으로 흘러 행운과는 반대로 역행하고 말았다.

이처럼 대운이 행운과 반대로 흐르면 만사불성이다. 고급차가 비포장의 험난한 길을 달리는 형국이라, 더욱 난감한 형국의 세월을 겪게 된다. 외국생활을 전전하기도 하며 우여곡절을 겪어온 세월이었을 것이다.

특히, 44세 을묘 대운 10년 세월은 갈 길이 없어진 을경 합거(乙庚 合去)의 세월이었으니, 앞이 보이지 않는 지난(至難)한 인고의 연단을 받았을 것이다.

절차부심(切磋腐心) 고진감래(苦盡甘來)의 행운이 64세 계축(癸丑) 대운부터 임하게 되니, 그 타고난 기개세와 돈그릇 만큼 크게 발복하게 된다.

2019년 기해년(己亥年)부터 서서히 시동을 걸게 될 것이다. 무토(戊土) 일간이 술·진·진(戌·辰·辰)의 화개살(華蓋殺) 중중하여, 종교 철학 신앙의 길을 벗어나지 못한다. 전생 습업의 연장선을 살아가는 수행 신앙 행위이다.

환갑이 지났어도 인생의 봄은 이제 시작이니, 그 봄날 대운이 향후 자그마치 30년이다. 재물에 대한 전생의 한풀이를 원 없이 하게 될 터이니, 복이 다시 복을 부르는 포덕(布德-덕을 베품)의 나눔에 인색하지 말아야 할 것이다.

감사와 겸손과 하심(下心)의 생활 덕목을 새기고 또 새겨 나아갈 일이다. 재물이 넘치는 좋은 운에 호사다마(好事多魔)를 막기 위해서이다.

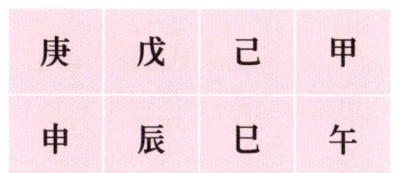

　일간 무토(戊土)가 초여름의 산과 같다. 그러므로 나무를 키우고 싶겠으나, 키울 나무가 변변치 못하다. 연간의 갑목(甲木)은 기토(己土) 겁재의 나무이니, 일간 무토는 나무 키우는 역할을 포기해야 한다.

　신왕한 무토의 기세가 일지에 물창고의 재고(財庫)를 깔고 있으니, 물을 관리하는 역할이다. 마침 수문(水門)에 해당하는 시주 경신(庚申)이 있으니, 식신 생재(食神 生財)로 돈관리 하는 역할이다.

　초반 유년 대운에는 화세(火勢)만 극왕하니, 별반 두각을 나타내지 못하고 존재감 없이 떠돌았다.

　그러다가 임신(壬申) 대운에 큰물이 역마지살(驛馬地殺)로 들어오니, 멀리 물을 건너 미국으로 갔다.

　미국에서 기름(물) 관련 주유소와 슈퍼마켓 사업에 뛰어들어 많은 돈을 벌게 되었다. 38세 계유(癸酉) 대운에는 음식점 사업까지 벌여 더욱 큰돈을 축재하게 되있다.

　문제는 48세 갑술(甲戌) 대운이었다. 연간 갑목(甲木)이 월간 기토(己土) 겁재(劫財)를 붙잡고 있다가, 갑술(甲戌) 대운에는 무장해제를 한 채, 난동을 부리게 된다.

　그간 실패를 별반 경험하지 못하였고, 순수하게 설기하는 기질이 강한데다, 타고난 기세마저 강해서인지, 수많은 재산이 썰물처럼 빠져나갔다. 술(戌) 대운의 진술 충(辰戌 沖)이 재고(財庫)를 깨버리니, 믿기지 않을 만큼의 파재(破財)를 당하고 말았다.

　연간 갑목(甲木) 관성(자식) 하나가 겁재 기토(己土)를 잡아주는 희신(喜神) 역할이며, 시주(자녀 궁)의 경신(庚申) 또한 길성(吉星)이지라, 딸이 미국 방송국 앵커의 빼어난 재원이며 효녀이다. 배우자는 잔병에 시달리며 무력한데, 진(辰)의 재고(財庫)에 갇힌 운명 정보 때문이다.

　무토(戊土) 일간이 진사(辰巳)의 라망살(羅網殺)을 두었으니, 종교 철학에 심취하기도하였다. 일지 진(辰) 활인성(活人星)을 놓은 탓에 자연치유와 약초 재배 등에도 전문 상식이 깊다.

　58세 을해(乙亥) 대운부터 불굴의 의지로 재기에 몸부림치고 있다. 전성기 때의 축재(蓄財)를 다 복원하지는 못해도 절반 복구는 가능할 것이다. 다만, 무술년(戊戌年)을 조심스럽게 건너야 하는데, 친구 투자로 무리하게 벌리다 결국 좌절의 실패를 겪어야 했다. 운명을 통찰하고 관조하는 깨달음이 없으니, 또다시 혹독한 실패를 거듭하고 있는 것이다.

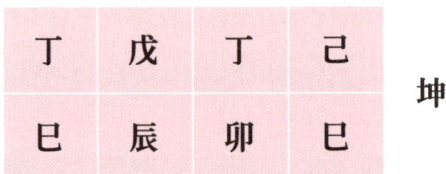

봄의 무토(戊土) 일간이다. 발양하게 생장하려는 많은 나무를 받아들여 키우는 역할이다. 일지 진토(辰土)의 촉촉한 땅에 묘진(卯辰) 목국(木局)의 세력이 일간을 따르고 있다.

일간 무토(戊土)가 봄 나무를 받아들여 키우는 역할이라, 이의 명조는 봄 나무의 입장에서 운명을 해석하는 체용 변화의 묘리로 풀어가야 한다.

즉, 월지 묘목(卯木)을 운명의 주체로 보고, 나무에게 꽃을 피워주는 정·사화(丁·巳火)를 희신(喜神)으로 보며, 나무의 뿌리가 되어줄 무·기토(戊·己土)가 용신 역할이다.

묘목의 상관(傷官)이 일간 무토(戊土)의 록(祿)이 되니, 그 역할이 태양처럼 빛나는 예술성으로 두각을 나타나게 되었다. 따라서 사화(巳火) 대운부터 걸그룹 리더가 되어 인기 절정의 리드보컬로 활동하였다.

무진(戊辰) 홍염살로 미모가 출중하고, 월주 정묘(丁卯)가 일주 동순으로 따르기는 한데, 일·시주가 1급 간지 역행에 휘말려 있다. 소용돌이와 합하는 임·계(壬·癸) 대운은 운명의 격랑에 휘말리는 시기이다. 아직 멀리 있는 앞날이지만, 이를 알아차림 하고 조심히 건너가야 할 때이다.

이 명조는 일간 무토(戊土)에서 보면 식상(食傷)이 보이지 않는다. 그런데 인기가 수로 크게 명성을 얻고 있다. 따라서 역할론에 따른 체용의 변화를 간파하지 못하면 운명 해석의 오류에 빠지게 된다.

즉, 신왕한 무토(戊土) 일간이 직장 관료의 '관인상생'으로 살아가는 운명으로 해석하기 쉽다. 역할론의 체용 변화를 알지 못하면, 걸그룹 인기 가수와는 상반된 해석을 하게 되는 큰 오류를 범하기 쉽다.

인기 가수 소녀시대 '태연'님의 명조이다.

金 : 庚 辛

 서방의 '경·신 금(庚·辛 金)'은 금성의 샛별이다. 창의적 개혁주의자이며, 결실을 좋아하고 의리가 있다. 기본적으로 경금(庚金)은 불로 연단(풀무질)하여 물로 식혀(담금질-庚金) 쓰기를 좋아하고, 신금(辛金)은 빛을 반영하여 물로 씻는 것을 좋아한다.

● **경금**(庚金)

 무쇠의 가공되지 않은 철광석과 같다. 그러므로 '화(火)'의 불로 제련되고자 하는 역할을 희구한다. 특히 금수쌍청(金水雙淸)으로 수기(水氣)가 왕성하면 불의 화기(火氣)로 제련되는 역할을 우선한다.

丙(用)	庚	戊	己	乾
戌	寅	辰	丑	

 봄산 깊은 곳에서 캐어낸 철광석이다. 인술(寅戌) 반합(半合) 화국(火局)으로 제련되려는 역할이다. 마땅히 불이 강해지는 화국(火局)을 용신한다. 화(火)를 따르는 공직의 운명을 살았다. 후반전의 용신 병화(丙火)가 소멸되는 신유(辛酉) 대운이 불미스럽다.

丁	庚	壬(用)	庚	坤
丑	辰	午	申	

 염천의 불로 제련되었으니, 차가운 물로 식혀 기물을 만드는 역할이다. 월간 임수(壬水)로 식혀주는 용신을 쓴다. 불의 정관인 남편 위주의 삶이 아니라, 자식 위주의 식신을 쓰고 있다. 축오(丑午) 귀문의 공줄이 발동하여, 무속의 시어머니를 모시고 살고 있다. 어린아이처럼 순수한 예지력으로 신명풀이를 즐겨 하는데, 역시 운명의 타고난 관습을 벗어나지 못하고 있다.

● 신금(辛金)

이미 제련된 가공 보석과 같다. 그러므로 찬란하게 빛나고자 하는 본성이 강하다. 맑고 깔끔한 성정이 특징이며, 예리한 희생자적 역할도 많이 한다.

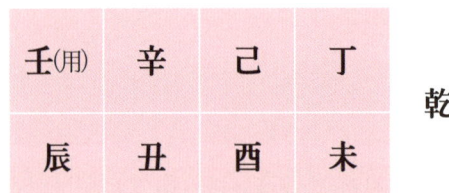

연월 주의 세력이 일주를 향해서 그 세력이 따르고 있다. 신금(辛金) 보석이 빛을 반영하고 싶은 병화(丙火)가 없다. 할 수 없이 시간의 임수(壬水)의 물을 맑게 하는 역할로 나아가고 있다.

월간 기토(己土)의 인수 자격증으로 세무사를 하고 있다. 임수 상관을 용신하니, 자유분방하고 종교 철학적인 개성적 삶을 살아가고 있다.

대운이 발전하여 세무관리자 고객(壬辰)이 많아 축재도 하였으나, 병신년(丙申年) 상관견관(傷官見官)의 큰 화를 피하지 못하였다. 세무사인데도 세금탈루로 인한 면허 취소를 당하면서, 일생의 파재(破財)를 감당하기 어려웠다.

이의 본명처럼 상관(傷官)을 강하게 쓰는 운명이 대·세운에서 정관(正官) 운을 만나면 대흉을 겪는다.

辛	辛	甲	丁	坤
卯	酉	辰	未	

봄 땅에 있는 큰 나무를 가다듬어 쓸모 있는 기물을 만들려는 역할이다. 정화(丁火)의 불로는 빛을 반영하기 쉽지 않고, 물이 많지 않아 물을 맑게 하는 역할도 원활하지 않다. 일지가 월지와 진유(辰酉)로 합인(合引)하여 월간 갑목(甲木) 재성(財星)을 끌어당기고 있으니, 봄 나무를 가다듬는 역할이 적합이다.

갑목이 재성(財星)이라 재물에 대한 애착과 관심이 많다. 봄의 큰 나무을 키우는 역할이라 재물을 키우고 가꾸는 능력이 탁월한 운명이다. 시주 신묘(辛卯)와 묘유 충

(卯酉 沖)이 있으니, 남이 키우다 못 키운 나무를 내 것으로 만드는 능력도 있다. 큰 나무를 키우고 있으니, 제법 큰돈을 벌 수 있다.

水 : 壬 癸

壬 · 癸水는 수성(水星)의 정기를 받은 물을 상징한다. 임수는 큰물이고 계수는 작은 물을 의미한다. 물의 대표적인 역할은 생명을 기르는 일이다. 특히 나무를 키우는 역할을 우선한다. 임 · 계수(壬 · 癸水)는 무기 토(戊己 土)가 있으면 담수(湛水)로 쓰이는 역할도 좋아한다.

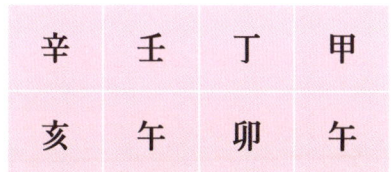

묘월(卯月) 임수(壬水)는 봄 나무를 키우는 역할이다. 상관 도화의 묘목과 갑목은 봄꽃을 화려하게 피운 생목(生木)이다. 그러므로 뿌리내릴 땅의 토(土)도 필요하고, 지지로는 물의 수(水)도 필요하다.

다만, 생목(生木)이 가장 싫어하는 금(金) 운은 좋지 않다. 특히 월지 묘목(卯木)은 운명의 핵심 중심이 되고 있으니, 충 · 형은 흉하다.

그리고 연 · 월주가 3급으로 간지 역행의 소용돌이에 휘말려 있다. 이와 같은 간지 역행이 있는 경우, 이와 합을 하는 대, 세운에는 실패와 혼돈의 격랑에 휘말리게 된다. 그리하여 초반 기사(己巳) 대운에 심한 혼란과 좌절을 겪어야 했다. 이의 방황 시기에 음악에 빠져들어 훗날 음유시인의 가객으로 유명인이 되었다.

묘목 · 갑목(卯木 · 甲木)의 식신 상관은 많은 임수의 기운을 받는 손님이고 대중이다. 이의 명조는 암울한 시대의 대중을 위로한 가수 정태춘 님의 명조로 알려져 있다.

| 庚 | 壬 | 甲 | 壬 | 坤 |
| 戌 | 午 | 辰 | 辰 | |

　진월 임수의 역할은 봄 나무를 키우는데 있다. 춘삼월의 봄날 큰 나무를 키우고자 하니, 월간 갑목의 입장에서 운명 해설을 하여야 한다.

　봄 나무는 화·토를 좋아하는데, 붉은 꽃(火)을 피우고 땅(土)에 뿌리를 내리고 싶기 때문이다.

　임오(壬午) 일주의 재관쌍미(財官雙美)이기는 하나, 가는 길이 월간 갑목(甲木) 식신이라, 예술 문학의 시인으로 삶을 살아왔다. 순수한 열정의 중견 여류시인인데, 월주와 일주 간의 간지 역행이 격랑을 일으키고 있다. 그 풍파를 시의 모티브 삼아 역작의 시혼을 불사르고 있다.

| 乙 | 癸 | 己 | 庚 | 坤 |
| 卯 | 丑 | 丑 | 寅 | |

　섣달 계수 일간이 어린나무 을묘 목(乙卯 木)을 키우고 있다. 추운 계절의 물이라 얼지 않도록 불이 필요하기도 하다. 다행히 인중(寅中) 병화가 있어 아쉬운 대로 빛을 활용하고 있다.

　대운이 역행하여 을묘 목의 나무를 키울 수 있는 여지가 없었다. 결국 불문 승도에 귀의하여 불법승의 길을 걸었다.

　미 대운(未 大運)부터 발복하여 큰 사찰의 주지가 되었으며, 을묘 목의 식신(食神)이 발동하여 사찰음식 명인으로 크게 발전하였다.

　다만, 인묘(寅卯)가 공망(空亡)된 나무라 결국 채울 수 없는 애착이 업상(業像)으로 나타나 있다. 역시 나무 키우는 역할임을 입증한 운명 사례이다.

己	癸	戊	丁	坤
未	丑	申	巳	

　계수(癸水) 일간이 키울 나무는 보이지 않고, 월간 무토(戊土)와 무계 합(戊癸 合)을 하였다. 따라서 그 제방에 의지한 채, 물의 쓰임을 받고 싶은 역할이다.
　무토(戊土) 관성은 남자이고, 바른 직장이다. 그러므로 남자에 의지하고 싶고, 바른 직장의 조직 생활을 희구하게 된다.
　그러한 명도(命道)를 살아가는 것도 대운의 운로가 부조(扶助)해 주어야 가능하다. 본명은 계축(癸丑) 백호에 탕화살(湯火殺)을 두어 E여대 약학과를 전공하였다. 신해(辛亥) 대운에 중소기업 재벌 2세와 결혼하였으나, 자식 하나를 두고 이혼하였다.
　대운 해수(亥水)가 연지 사화(巳火)와 사해 충(巳亥 沖)을 하며, 배우자 무토(戊土)의 녹위(祿位)를 충거(沖去) 시키니, 지나친 남편의 외도가 원인이었다.
　배우자 무토(戊土)가 겉으로는 일간 계수와 합정 하고 있지만, 속으로는 사신 합(巳申 合)의 외정(外情)을 두고 있다.

결구(結句)

　4주 8자의 역할론은 자연 물상론을 바탕으로 10간의 역할을 추론한 운명 해석법이다. 4주를 쉽고 간명하게 간파하고 8자를 정확히 풀이하는 비결이다.

　'역할론'은 흔히 4주 강약을 기본하여 8자를 용신법으로 풀이하는 방식보다, 훨씬 명쾌하고 정확한 방법이다. 자연철학적 물상론(物像論) 등에 근거하여 일간 주체의 역할을 대입하는 4주 해설의 직관법이다
　이와 같은 10간의 역할론을 학습하여 실전에 활용하면 그 묘리를 깊이 증득하게 될 것이다.

셋. 대행론(代行論)

'대행론'은 '주체를 대신하여 그 역할을 수행한다'는 뜻이다. '한밝 신사주학'의 핵심 정수에 해당하는 새로운 이론이라 할 수 있다.

이의 '대행론'은 앞서 '체용론'에서 언급한 바 있는데, 그 발상이 창의적이고 획기적 이론이라 다시 구체적으로 취급한다.

'대행론'의 핵심은 4주 일간 주체가 그 체근(体根)이 약해 무력할 경우, 그 주체를 대행할 수 있는 대행자를 새로 정해 8자를 분석한다는 것이다.

따라서 현대 명리학의 일간을 주체로 정하고, 월지를 기준하여 격국과 용신을 논하는 소위 '격국 용신론'의 틀을 완전히 깨는 이론이다. 전혀 새로운 방식으로 4주를 이해하고 해석하는 획기적 관법이다. 사주명리학의 혁명적 이론으로 논할 수 있다.

'대행론'의 실기관법(實技觀法)을 다음의 사례 중심으로 새 이론 체계를 실증하는 바이다.

대행론으로 풀어보는 유명 命人의 4주

|壬|戊|癸|壬| 乾 |
|子|申|卯|寅| |

58	48	38	28	18	8
己	戊	丁	丙	乙	甲
酉	申	未	午	巳	辰

이 명조는 운명학의 지평을 넓혀 가시는 유명한 역술인의 명조이다.

최근 강호에서 연구소를 운영하며, 왕성하게 활동 중이라는 소문이다. 명리의 강연과 저술 활동 등을 통해 '만인 命理 하자화'를 부르짖고 있어, 사주명리학의 긍정적 지평을 열어가고 있는 분이다.

대중의 공인인 그가 '명리'는 누구나 공부하면 자신의 운명을 알 수 있는 훌륭한 철학서라고 주장하고 있는 것이다. '명리'의 긍정적 가치를 널리 알리는데 일조하고 있으며, 대중적 인지도에 부합하여 상당한 반향을 불러일으키고 있다는 풍문이다. 매우 반가운 일이다.

위의 운명공식은 그의 저서에서 밝힌 본인의 4주 8자이다. 본인 명조를 걸림 없이 밝힌 담대함에 경의를 표하는 바이다. 공개되긴 하였으나, 사계(斯界)의 동종업자가 고수(高手)의 명조를 운운(云云)하는 것은 무례한 일이다. 그런데 결례를 무릅쓰고 재론해 보는 이유는, 그의 4주 8자 풀이가 '대행론'에 부합한 명조이기 때문이다.

따라서 명리의 새로운 이론을 함께 연구해보는데, 아주 좋은 사례가 될 것으로 사료되어 이렇게 재론해 보는 것이다. 그러므로 지면을 통해 정식으로 양해를 구하며, '대행론'의 이론 체계로 그분의 명조를 주제넘게 '운운(云云)'해 보는 것이다.

그의 저서에서는 원국표에 총 4명의 4주 8자를 예시로 내걸었다. 故 '노무현' 대통령, 가수 '조용필', 음악가 '베토벤' 등이다. 이의 넷을 예시로 내걸고 '명리'의 이론을 일관되게 전개하고 있다.

  이중, 위의 저자분을 제외한 나머지 3명의 4주 8자는 지금까지의 자평식 이론으로 평이하게 운명 해설을 하면 된다. 그러나 정작 저자의 명조는 지금까지의 자평식 이론으로는 4주풀이가 난해한 구조를 지니고 있다. 그런데도 그의 저서에서는 내격(평격)의 평범한 명조로 취급하여, 그 해석을 전개하고 있을 뿐이다.
  대중과 초학자들을 위한 기초 이론을 전개한 탓인지, 그의 저서에서는 실전풀이의 '실기관법(實技觀法)'을 고전 이론의 이법에서 벗어나지 않고 있다.

  신약한 무토(戊土) 일간을 부조(扶助)하는 화·토(火·土)를 희·용신(喜, 用神)으로 본 것 같고, 대운이 60년을 돕는 운명이라고 풀이하였다. 그리고 정미(丁未) 대운은 희·용신이 기신 임수(忌神 壬水)에 합을 당하였고, 지지마저 묘미 합목(卯未 合木) 운이라 매우 불리하였다고 해설하고 있다.

  그러나 고수(高手)의 관법으로 이해하기에는 해설이 미흡한데, 그중 원국에서 연지에 있으며 공망(空亡)까지 맞고 있는, 매우 미약한 인중 병화(丙火)와 일지의 신중(申中) 무토(戊土)를 희·용신으로 쓴 듯하고, 대운의 행로가 좋아서 지금처럼 발전했다는 취지의 운명 해설로 풀이한 듯하다.

  그러나 수다화식 수다토류(水多火熄 水多土流)의 존재감 없는 화·토(火·土)를 용신(用神)한 '명(命)'이라고 논하기에는 조금 억지의 해설이 아닐 수 없다. 아무리 대운 발복이 있었다 해도 대중적 존재감을 드러낸 저자분의 '명(命)'으로 판별하기에는 무리가 있다. 기본 '명(命)'이 재다신약(財多神弱)으로 재관(財官)이 혼탁한데, 어찌 대중 유명인의 운명으로 청귀(淸貴)를 논할 수 있겠는가.

  이의 명조는 기존의 자평학 이론인 '억부용신' 해설에 의존해서는 '명리'의 정수(精髓)로 해설할 수 없다. 다음의 '대행론' 실기관법으로 풀이해야만, 논리 합당한 통변에 임할 수 있다.

● **합신 주체격-대행론 4주 풀이**

  저자분의 명조는 신약한 일간 무토(戊土)가 월간 계수(癸水)와 무계 합(戊癸 合)을 하였다. 이처럼 간합(干合)을 하면 일간 무토(戊土)의 정체성이 더욱 무력해지는데, 이의 명조처럼 신약하면 그 주체성을 거의 상실하게 된다.

그런데다가 일간 무토는 계수(癸水) 재성(財星)과 합을 하였다. 이처럼 재합(財合)을 하면 더욱 일간 주체가 강해져야 한다. 재성(財星-돈)은 힘이 있어야 돈 관리를 할 수 있기 때문이다. 그런데 극 신약한 무토(戊土) 일간이 천간으로 정·편재(正, 偏財)가 혼잡되어 있으니, 그야말로 '재다신약(財多身弱)'이 재합(財合)을 하고 있는 것이다.

이와 같이 남명(男命)의 재성이 혼잡하고 신약하면, 그야말로 잡놈(混財) 소리 듣는 천격이 되는데, 이의 명조처럼 신약하고 인수(印綬)인 화(火)가 없을 경우 더욱 그렇다.

4주의 사정이 이러할 경우, 무력한 일간 무토(戊土)는 4주 8자를 대신 경영할 수 있는 새로운 주체 대행자를 찾아야 한다. 마침 일간 무토(戊土)와 합을 하고 있는 월간 계수(癸水)가 유력하고 능력 있다. 지지 신자(申子) 수국(水局)에 천간 임·임(壬·壬)이 발동하였으니, 능히 주체를 대행할 수 있는 주체적 힘을 갖추고 있다. 따라서 일간 주체 대행의 '합신 주체격' 운명으로 '체용'을 바꾸어 합신 월간 계수(癸水)를 주체로 '대행'하게 된다.

그다음은 주체 대행자인 월간 계수(癸水)의 용신(用神)을 정해야 한다. 이때 계수(癸水)의 역할론을 대입하는 방식으로 용신(用神)을 잡으면 된다.

먼저 묘월 계수(卯月 癸水)는 나무를 키우는 역할이다. 연·월지에 인·묘목(寅·卯木)이 있으니, 능히 키우고도 남을만한 나무가 있는 셈이다. 묘목 식신 문창성(卯木 食神 文昌星)의 총명함으로 인목 상관 활인성(寅木 傷官 活人星)을 용신하면 된다.

그 증거는 식상(食傷)의 자유분방한 실제 행보로 확인된다. 그간 음악평론, 영화판, 문화 계간지 편집 제작 등의 전방위적 문화 예술 활동을 하였고, 여러 대학에서 대중 음악사를 강의하기도 했다. 나무(제자)를 키우려는 자유분방한 활동력이 모두 식신 상관(食神 傷官)의 작용력인 것이다.

만약 신약한 무토(戊土) 일간을 주체로 고정시키면, 유일한 식상(食傷)의 신금(申金)은 흉신(凶神) 역할이다. 신약한 무토(戊土)의 기운을 더욱 설기시키기 때문이다. 운명의 주된 활동이 식상(食傷)인데, 이의 십성(十星)을 흉신 역할로 해석하는 건 이치에 맞지 않는다.

그러나 '합신 주체'인 계수(癸水)에서 보면, 그 역할 작용의 식상(食傷)이 희·용신이 된다. 봄의 인·묘 목(寅·卯 木)인 식상(食傷)으로 그 왕성한 세력이 돋보이게 되는데, 이는 확실히 저자분의 운명과 부합한 운명풀이가 틀림없다.

이의 용신 목성(木星)의 나무들은 땅이 필요한데, 그 땅의 역할인 일간 무토(戊土) 역시 매우 쓸모 있는 역할 대행 용신이다. 이는 대행 주체 계수(癸水)의 가는 길인 식신, 상관(食神, 傷官)이 무토(戊土)의 관성을 가지고 놀고 있는 형상이다. 운명 구조가 이와 같으니, 식신 상관의 활동력은 더욱 맹렬하게 발동하게 된다. 따라서 지금의 대중문화 예술 활동가로의 명성이 모두 식상(食傷) 용신의 작용력으로 풀이된다.

정미(丁未) 대운의 흉의(凶意)는 다음과 같이 풀어야 한다. 대운이 불길하지는 않은데, 이래저래 기신(忌神)인 연・시간의 임수(壬水)와 대운 정화(丁火)가 정임 합(丁壬 合)으로 배임하면서, 주체 대행 계수(癸水)의 겁재 임수(壬水)가 왕성히 활동 한다. 그렇게 되면 주체 대행 계수(癸水)의 겁재인 임수(壬水)가 발동(發動)하여 난동을 부린다. 그 겁재신(劫財神)이 발동을 하면 탈재(奪財)가 있거나, 몸(재성-財星)이 겁탈을 당하게 된다.

특히 대운지 미토(未土)는 명줄인 식상(食傷)의 인・묘목(寅・卯木)을 입묘(入墓)시키는 흉의로 작용한다. 그로인해 생사를 헤매게 되었을 것이며, 자칫 임사체험(臨死體驗-卯申, 寅未 귀문 발동)도 겪어보게 되는 운명 구조이다.

이 명조는 월지 묘목(卯木)이 일지 신금(申金)과 묘신 귀문(卯申 鬼門)으로 암합하고 있다. 일간 무토(戊土)의 식신 문창(申金)과 주체 대행 계수(癸水)의 식신 문창(卯木)이 귀문성(鬼門星)으로 암동(暗動)하고 있다. 그러하니 공문, 공줄 관련 역학, 예술활동, 강의 등에는 신기(神氣)의 천재성을 발휘하게 된다.

봄 나무를 키우고자 하는데, 봄장마가 들어 물젖은 하늘이다. 태양빛이 간절하니, 인(寅) 중의 화(火)가 희신(喜神)이다. 그런데 연주의 임인(壬寅)이 합신대행의 월주 계묘(癸卯)를 1급으로 따라붙고 있다. 식신문창의 똑똑한 겁재가 빛을 들고 따라붙는 형국이다.

화(火)는 방송미디어도 되니, TV 화면으로도 뜬다.

또, 봄 나무가 뿌리내릴 땅의 토성(土星)도 필요하다. 토(土) 역시 희・용신(喜・用神)이다.

이처럼 저자분의 명조는 '명리'의 고법 체계인 신약한 무토(戊土) 주체가 화・토(火・土)를 희・용신(喜・用神)하는 운명으로 보면 틀린 해석이다. 무토(戊土) 일간 주체가 아니라, 신강한 '합신 주체(合神 主體)' 월간 계수(癸水)가 화・토(火・土)를 희・

용신(喜·用神) 하는 운명으로 뒤집어 풀어야 한다.

그의 '만인 명리 학자화'에 적극 동참하는 바이다. 다만, 그의 저서에서 밝힌 특이한 운명 구조에 대해 '명리'의 새로운 화두를 던진다. 문제 제기가 될 법한 위의 명조에 '대행론'의 단초를 제시해 보는 것이다.

혹여 주제넘은 '운운(云云)'이었다면, 학문 연구의 대의명분으로 이해해주시기 바란다.

壬	戊	丙	癸	乾
子	子	辰	卯	

53	43	33	23	13	3
庚	辛	壬	癸	甲	乙
戌	亥	子	丑	寅	卯

진월 무토 일간이 연간 계수(癸水) 정재(正財)와 무계 합(戊癸 合)을 하였다. 돈과 합을 하였으니, 일간 주체가 신강(身强)해야 제격이다.

그런데 앞장의 저자분 명조와 비슷하게 일간 주체가 신약하다. 월지 진토(辰土)는 자진 수국(子辰 水局)에 묘진 목국(卯辰 木局)의 대목지토(帶木之土)로 변질되고 말았다. 토(土)가 변하여 수·목(水·木)으로 바뀌었으니, 일간의 주체 상실을 부추기고 있는 형국이다.

따라서 일간 무토(戊土)는 합신의 계수(癸水)에게 그 주체를 대행시킨다. 일간 대행 연간 계묘(癸卯)가 식신 문창의 묘목(卯木)을 키우고 있다. 계수(癸水)는 일지 자수(子水)에서 표출하였으니, 더욱 확실한 일간 대행자 역할을 감당한다.

운명은 봄날 밤중에 봄장마가 들었으니, 빨리 비가 그치고 월간 병화(丙火)의 태양이 빛을 발하여야 한다. 타고난 운명이 그러하니, 일평생 자연 조경업을 하며 타고난 재능을 발휘하고 있다.

일간 주체를 고집하면 재다신약(財多身弱)의 잡놈처럼 살아가야 하겠으나, 실제는 다재다능한 손재주와 예술성을 발휘하여, 자존심 있는 자연 조경 사업을 하고 있는 것이다.

일간 무토(戊土)에서는 식상(食傷)이 지장간에도 없어 총명한 재주를 논할 수가 없는 운명이다. 오직 '대행론'의 계수(癸水)로 주체를 바꾸어 보면, 그 재주와 예술성이 식신 문창성 묘목(卯木)으로 보이는 경우이다.

본명은 타고난 재주와 예술성을 지니고도 20대에서 50대까지의 대운이 불발이라, 좀처럼 봄장마가 그치질 않고 있다. 대운이 온전히 서북방으로 흘러 실패와 고난을 감내하고 있다.

특히 43세 신해(辛亥) 대운은 그나마 있는 병화(丙火) 태양빛을 병신 합(丙辛 合)으로 합거(合去)해 가니, 그야말로 캄캄한 어둠의 세월이었다.

나무를 키우는 계수(癸水)에게는, 앞의 命人처럼 태양빛의 화(火)와 땅의 토(土)가 와야만 신명을 얻을 수 있게 된다. 합신(合神)이 배우자이니, 배우자에게 의지하는 것이 이롭다.

신약한 무토(戊土)가 월간 병화(丙火) 인수(印綬)에 의지하는 재다신약(財多身弱) 격(格)으로 해설하면, 운명 실체의 묘리(妙理)를 전혀 짐작할 수 없게 된다.

대행론(代行論) 실관

일간이 무력하여 주체로 쓸 수 없을 경우, 우선 일간과 한 몸인 일지를 주체 대행으로 정하는 이론이다. 특히 일지는 배우자궁에 해당하므로, 일간의 주체 대행자를 일지 배우자로 대행한다는 평범한 상식 논리에 근거한 추명론이다.

이의 '대행론'은 일간을 대신하여 일지가 주체적 역량의 힘을 갖춘 대행자이어야만, 그 대행을 맡길 수 있다는 기본 원칙에 충실한다.

癸	癸	丙	甲(体)
亥	卯	寅	辰

坤

57	47	37	27	17	7
庚	辛	壬	癸	甲	乙
申	酉	戌	亥	子	丑

　본명은 신약한 계수 일간이 시주 계해(癸亥)에 의지하는 방식으로 풀이하기 쉽다. 그러나 시지 해수(亥水)는 일지와 해묘(亥卯)로 합을 하여 목국(木局)으로 배임하고 말았으니, 믿고 의지하는 용신으로 쓸 수 없다. 대부분 신약한 계수가 수·금(水·金)으로 대운이 흐르고 있으니, 운이 좋다고 해석하기 쉽다.
　이의 방식으로 분석하지 않고, 일간 계수(癸水)의 주체를 버린다 해도, 자평 이론은 주체를 상실한 일간 계수는 종세(從勢)하여 목·화(木·火) 용신한다는 방식으로 취급하여 왔다.

　이와는 달리, '일지 대행론'은 일지 묘목에서 투간한 연간 갑목을 주체로 정하여 용신을 정하게 된다. 인월(寅月)의 큰 나무가 생목(生木)이라, 태양볕을 받아 큰 꽃을 피우고 땅에 뿌리내리고자 하니, 병화(丙火) 용신에 토(土)가 희용신이다.
　'목화통명(木火通明)'의 총명 준수한 거목인데, 곤명(坤命)이라 대운이 여행하여 거울에서 가을의 북·서방으로 운로가 흘렀으니, 생목(生木)이 사목(死木)처럼 살아가야 했다.
　남편의 금(金) 관성이 기신(忌神)이지만, 일간 계수에서는 인중 무토(戊土)가 월간 병화 용신으로 발동하여 남편은 좋은 역할이다. 그러나 월주와 연주 간에 2급 소용돌이가 일고 있으니, 인연과의 불화 이별이 예고되어 있고, 자기 정체성의 혼란과 갈등은 피할 길이 없다.
　신유(辛酉) 대운은 월간 병화(丙火)가 합거(合去) 되니, 갈 길이 보이지 않는 형국이다. 용신 병화(丙火)가 합입사(合入死) 하고 있으니, 일생의 흉운인 셈이다.
　이처럼 대운이 불리하여 세상과 사람이 등을 돌리게 되니, 결국 무속인의 삶으로 대운의 흉함을 극복하며 살아갔다. 진해(辰亥) 귀문이 발동하고 공망이 중중하니, 공줄 공문에서 공수를 청배하지 않을 수 없었던 운명이다.

丙(体)	己	丁	辛	坤
---	---	---	---	
寅	酉	酉	亥	
(空)				

기토(己土) 일간이 주체를 뿌리내릴 기반이 약하다. 시주 병인(丙寅)에 의지하고자 하나, 공망으로 힘을 받고 의지하기 어렵다. 그보다는 힘 있는 일·월지 유·유(酉·酉)가 연간 신금으로 투간하였으니, 이의 신금(辛金)을 일지 대행하여 주체로 삼는다.

일지 대행 신금(辛金)은 시간 병화의 빛을 반영하는 역할론에 임하고자 한다. 그러나 시주가 공망인데다 병화가 너무 멀리 있어 믿고 의지하기 어렵다. 그런데다 병신합사(丙申 合死)가 업상(業像)으로 있어, 자칫 사별의 여한을 면치 못할 수 있다. 대운마저 금·수(金·水) 운으로 본명을 배임하고 있어 음식점 종업원 등으로 고된 업상을 풀어가고 있는 운명이다.

이의 운명을 신약한 기토 일간으로 보고 시주 병인(丙寅) 인성 용신으로 해석하기 쉬우나, 실제 삶을 지켜보면 신왕한 신금(辛金)처럼 일지 대행 운명의 실상이 역력하게 드러나고 있다.

丙(体)	庚	甲	辛	坤
---	---	---	---	
戌	午	午	丑	

70	60	50	40	30	20	10
辛	庚	己	戊	丁	丙	乙
丑	子	亥	戌	酉	申	未

오월 경금(午月 庚金) 일간이 관살(官殺)의 화국(火局)에 녹아내리고 있다. 이를 견디기 위해 연주에 있는 신축(辛丑) 형제에 의지하며 살아가는 신약한 운명으로 해

석하기 쉽다. 혹은 관살로 종(從) 하는 가종격(假從格)으로 해석하기도 할 것이다.

그러나 실제 이의 본명은 주체가 약한 의존적 삶을 살아가기는커녕, 주체가 약한 운명들을 세워주고 일깨워주는 상담 전문가로 살아가고 있다. 그간의 자평식 논리로는 전혀 부합하지 않다.

그렇다고 가종격의 운명처럼 빛나는 남편 위주의 삶을 살거나 관살의 조직과 권력과 권세를 쫓으며 살아가고 있지도 않다. 평범한 성직자의 배우자를 내조하면서 상담전문가로서 자신만의 영역을 조용히 넓혀가고 있다. 그렇다면 이의 운명 실제를 어떻게 해석해야 할 것인가.

이런 경우, 약한 경금(庚金) 일간의 주체를 버리고, 일지에서 시간으로 투출한 일지 오중 병화(午中 丙火)를 주체로 대행하는 '일지대행론'으로 해석하면 된다. 그런 관법을 적용하면 실제 운명과 일치하는 4주 풀이에 곧바로 부합한다.

일지 대행의 주체 병화(丙火)는 신금(辛金)의 보석을 빛나게 해주는 확실한 역할을 해주고 있다. 이는 연주의 전생으로부터 영혼의 빛을 잃을 사람들을 깨워주고, 그들을 다시 빛나게 해주고 있는 실제의 삶과 정확히 일치한다.

특히 축·오·오(丑·午·午) 쌍귀문살이 강하게 발동하고 있으니, 독특한 영적 예지력이 특별하게 발현된다. 내담자가 그려내는 그림을 통해 상담의 문제를 심도 있게 읽어내고 풀어내는 특이한 능력을 지니고 있다.

대운의 운로에서 10세 대운 을미(乙未)의 삼형(三刑)으로 학마(學魔)가 있었을 것이며, 백호(白虎) 호랑이가 날뛰니 잔병치레의 신액도 겪었을 것이다.

40세의 무술(戊戌) 대운 역시 황구(黃狗)가 날뛰는 시기라 이래저래 불미스러운 일들을 감내하며 건너왔을 것이다.

50세 중반 해수(亥水) 대운부터 4주 전국의 타는 목마름을 조금씩 적셔주는 해갈이 시작되고 있으니, 비로서 운명의 봄날이 오고 있는 형세이다.

점차 발전을 거듭하다가, 70세 신축(辛丑) 대운에는 자신 운명의 원하는 모든 사명을 완전하게 풀어갈 것이다. 노익(老翊)에도 아름다운 사명을 받들고 있을 것이다. 다만, 자(子) 대운에는 왕기 오화(午火)를 건드리지 않도록 주의를 기울여야 한다.

이의 운명을 신약한 경금(庚金)이 연주 신축(辛丑) 겁재에 의지한다거나, 또는 가종격(假從格) 등으로 해석하면 크게 오류를 범하게 된다는 것을 확실히 알 수 있다. 앞서 해석처럼 '일지대행론'의 새로운 관법이 아니고서는 본명의 실체를 알 길이 없을 것이다.

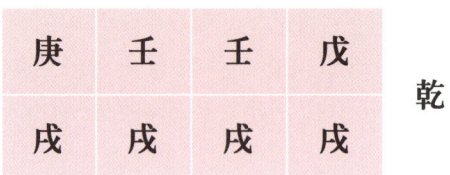

　　술월 임수(壬水)가 무토 편관 칠살이 태다(太多)하니, 시간의 경금(庚金) 편인으로 통관시켜 주는 운명으로 해석하기 쉽다. 혹은 종살(從殺)로 해석할 수도 있다.

　　그렇다면 신약한 하격이거나, 신왕한 귀격이 될 것이다. 그러나 이 운명은 일지 대행의 연간 무토가 주체가 되고, 경·임(庚·壬)의 식신 생재(食神 生財)가 용신이 된다.

　　술월의 조토(燥土)에 물을 줘야 하니, 일간 임수(壬水)의 역할이 좋아 쓸모 있는 운명이다. 다만, 지지에 물의 수원지가 없고, 대운이 여름과 봄으로 역행하고 있으니, 재물에 대한 목마름이 쉽게 해결되지 못하고 있다.

　　백두산 천지(天池)의 물을 담고 싶은 운명의 기개세가 엿보이는데, 운로가 따르지 않아 아쉽다.

庚	乙	庚	庚	乾
辰	酉	辰	子	

53	43	33	23	13	3
丙	乙	甲	癸	壬	辛
戌	酉	申	未	午	巳

　　진월 을목이 자진 수국(子辰 水局)의 생조(生助)를 받는 '관인상생(官印相生)'으로 해석하기 쉽다. 그러나 을경(乙庚) 합에 진유(辰酉) 합까지 있어 강왕한 금국(金局)으로 변하고 말았다.

　　따라서 시주 경진이 주체가 되고, 일간 을목이 재성(財星)이 되며 용신으로 변한다. 그러니 재물에 대한 집착이 강한 운명으로 바뀐다.

　　초반 화(火) 대운까지 직장 생활을 하다가, 갑신(甲申) 대운에 사업가로 변신하였다.

무인도의 섬을 매입하여 레저 휴양 사업을 하고 있는 운명이다. 을목(乙木)의 먹을거리를 두고 쟁합(爭合) 하고 있으니, 물욕의 치열한 경쟁적 습성을 감내해야 한다.
　기존의 이론으로 보면 정관과 합을 하였으니, 고지식한 직장 생활 운명으로 해설하는 운명의 방향부터 오류를 범하게 된다.

| 庚 | 丁 | 丁 | 辛 | 乾 |
| 戌 | 酉 | 酉 | 亥 | |

50	40	30	20	10	0
辛	壬	癸	甲	乙	丙
卯	辰	巳	午	未	申

　유월 정화 일간이 강왕한 금국(金局)의 세력에 둘러싸여 있다. 도무지 미약한 불꽃으로 거친 무쇠들을 단련할 수가 없다. 이리되면 금의 세력을 따르는 종재격(從財格)으로 취급해왔던 것이 지금까지의 이론이었다. 그렇다면 부자 운명으로 해석되어야 한다.

　그러나, 이 운명은 일지 유금에서 경·신금(庚·辛金)이 투간하였으니, '일지대행론'이 성립된다. 시주 경술(庚戌)이 주체 대행한다.
　강왕한 경금 주체가 시지 술토(戌土)에 뿌리를 두고, 정화(丁火)의 관을 쓰고자 한다. 사화(巳火) 대운까지는 관운으로 조직의 직장 생활을 하였을 것이나, 임진(壬辰) 대운에는 연지 해수(亥水)로 설기하는 길이 살길이 된다. 그러나 진(辰)은 물길이 막히니 답답하게 된다.

　경금(庚金) 주체에서 보면 재(財)의 목(木)이 보이지 않고 비겁(比劫)의 세력이 중중하니, 강왕한 주체 경금(庚金)이 결실 부족하다. 술해(戌亥) 천문성에 유·유·술(酉·酉·戌)의 철쇄개금(鐵鎖開襟)이 발동하였으니, 자유로운 영적 상담가이기도 하다.
　이의 4주 8자를 기존의 명리 이론으로 해석하면 도부지 종잡을 수 없는 오류에 빠지게 된다.

| 庚 | 甲 | 甲 | 丙 | 坤 |
| 午 | 寅 | 午 | 申 | |

　　일주 갑인이 인오(寅午) 화국으로 불타 소멸하고 말았다. 사주 전국이 목화(木火)로 불타고 있는 형국이다. 이를 대행하는 주체는 연간 병화(丙火)가 된다. 강왕한 불길로 시간 경금(庚金) 편재를 녹이고 있다.

　　금(金)의 재물을 가지고 놀고 싶어 하니, 돈놀이 일수업을 하고 있는 여장부이다. 이와 같은 '일지대행론'이 아니고서는 운명 해설이 불가한 운명이다.

| 乙 | 乙 | 丙 | 乙 | 坤 |
| 酉 | 巳 | 戌 | 未 | |

59	49	39	29	19	9
壬	辛	庚	己	戊	丁
辰	卯	寅	丑	子	亥

　　일간 을목(乙木)의 근원이 없다. 따라서 운명의 주체로 삼을 수 없다. 연·시간에 또 다른 을목이 있어 일견 주체가 될 듯하나, 지지 어디에도 의지가지 할 수 있는 뿌리가 없다.

　　따라서 일지 사화(巳火)에서 투출한 월간 병화(丙火)를 주체로 삼는 '일지대행론' 운명이다.

　　늦가을 해질녘 태양 병화(丙火) 주체는 세상에 빛을 밝히는 역할이다. 사술(巳戌) 귀문(鬼門)에 술미(戌未) 화개성(華蓋星)이 있어, 특출한 영적 신앙인이며, 교육자로 살아가고 있다.

　　신묘(辛卯) 대운에 병신 합(丙辛 合)으로 재혼하였으나, 묘대운(卯大運)에 묘유 충(卯酉 沖)으로 배우자 유금(酉金)이 충거를 당하니, 이별과 별거를 거듭하며 설왕설래 하였다.

흔히, 신약한 을목(乙木)을 주체로 삼거나, 또는 화·토(火·土)로 종세(從世) 하는 운명으로 해석하면, 실제 운명의 삶과는 전혀 부합하지 않은 해설의 오류를 범하게 된다.

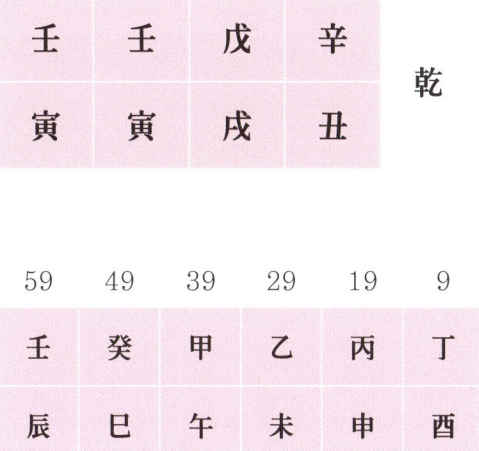

술월 임수(戌月 壬水) 일간이 인술(寅戌) 반합국으로 조열하다. 그런데나 편관 칠살이 첩신하여 신약하다. 그러므로 연간 신금(辛金)으로 살인상생(殺印相生) 해야 한다고 해설하면 오류이다.

이의 명조는 일지 인중(寅中) 무토(戊土) 월간으로 투출하여 신왕하다. 따라서 월간 무토(戊土)가 주체이다. 그리고 연간 신금(辛金) 상관은 가는 길이고, 일간 임수(壬水) 편재는 용신이다.

일찍이 금속 신금(辛金)을 다루는 샷시업으로 발전하였으나, 대운이 남방 화운(火運)으로 배임하면서 사기 부도를 당하고 말았다. 현재는 소규모 건설업으로 동분서주 하고 있다. 59세 임진(壬辰) 대운은 절호의 행운 발복의 시기이다.

이 명조 역시 살인상생의 신약 운명이 아니고, 여러 사람을 다스리고 일을 시키는 '일지 대행론'의 사업가 운명이다.

庚	丁	辛	戊	坤
子	酉	酉	申	

　　4주 8자 전반이 금국(金局)으로 편중되어 종혁격(從革格)으로 태왕하다. 본래는 정화(丁火) 일간이라, 이리되면 종재격(從財格) 운명으로 취급될 것이다. 대운의 향방을 불문하고, 돈과 재물을 향해 몰입하는 삶을 살아가야 한다고 간명(看命) 해설하게 된다.

　　그러나 실제 운명은 그와는 정반대의 삶을 살고 있다. 세속의 가정을 이루지도 못하였고 출가하여 수행자의 길을 걷고 있다.

　　이 운명은 시간의 경금(庚金)이 주체가 되고, 나아갈 길은 온전히 자신을 죽이고 희생하는 자수(子水) 사지(死支)밖에 보이질 않는다. 일점의 재물도 보이지 않고, 남편인 관성은 있으나마나 일 뿐이니, 부득이 종교인으로 귀의(歸依)할 수밖에 없었을 것이다.

　　일간 정화(丁火)가 재성의 금국(金局)으로 종재(從財)한다는 자평식 이론으로는, 어찌 세속을 버리고 종교인으로 살아간다는 직관을 할 수 있겠는가.

辛	丙	己	丁	乾
卯	戌	酉	酉	

51	41	31	21	11	1
癸	甲	乙	丙	丁	戊
卯	辰	巳	午	未	申

　　중추절 아침 태양의 병화(丙火) 일간이다. 유일한 체근(體根)은 일지 술(戌)에 있고, 그곳에서 표출한 연간 정화(丁火)가 있다. 중추절 묘목(卯木)은 묘술 합을 이루지만, 태양빛을 생조하기에는 역부족이다.

　　이런 중에 일간 병화는 시간 신금으로 병신 합(丙辛 합)을 하여, 그나마 그 힘을 더욱 약화시키고 있다. 이쯤 되면, 제아무리 병화(丙火)라 할지라도, 그 주체성을 버리고 싶어진다. 때마침 합신인 신금(辛金)이 일지 술(戌) 중에서 표출하였고, 그 힘이 강왕하게 있다.

이런 경우, 차라리 시간 신금(辛金)에게 주체를 넘겨버리게 된다. 그렇게 신금(辛金)이 주체가 되면 합신 대행격이 성립되고, 일간 병화(丙火)는 관성의 용신으로 변한다.

이의 본명은 공기업인 대한 석탄공사 광업소 소장을 역임하였다. 평생을 직장인으로 살았으니, 관성의 용신을 쓴 것이 분명하다.

대체로 재다신약(財多身弱)의 하격으로 취급되고, 신약이 재성과 합을 하였으니, 재다(財多)운명의 천격으로 보아 잡놈으로 해석하기 쉽다.

그렇게 해석하면 확실한 오류 해설이다. 실제 이 운명의 행태는 정관성(正官星)으로 발현하였고, 준법적이고 모범적 삶을 살아왔기 때문이다. 묘·유·술(卯·酉·戌)의 철쇄개금(鐵鎖開襟-자물쇠처럼 잠긴 마음을 풀어헤침)의 별기운이 중중하여, 침술 등의 상담 복지사 공부를 하며, 인생 2막을 준비하고 있는 명조이다.

辛	庚	丙	庚	乾
巳	午	戌	戌	

57	47	37	27	17	7
壬	辛	庚	己	戊	丁
辰	卯	寅	丑	子	亥

술월 경금(庚金)이 병화(丙火) 칠살로 녹아내리고 있는 형국이다. 이의 화세(火勢)를 제극(制克) 해줄 수 있는 수기(水氣)는 일점도 없고, 강한 화력을 살인(殺引) 해줄 토성(土星)은 조토(燥土)로 화국(火局)의 살성(殺星)으로 변해버렸다.

이렇게 되면 아무리 술월 경금(戌月 庚金)이라도 주체로서의 역량이 무력하여 쓸 수 없게 된다. 따라서 운명을 경영할 새로운 주체를 정해야 하는데, 마침 일지 오화(午火)에서 표출한 월간 병화(丙火)가 유력하다. 그러므로 월간 병화(丙火)를 주체 대행하는 '일지 주체격'이 성립된다.

　이 운명은 어느 명리 홍보 책자에 '의명론'으로 소개된 명조이다. 여타의 정보는 소개가 없고 결혼하여 성불구로 이혼당했다는 언급만 했을 뿐이다. 일점의 수기(水氣)가 없어 신장과 정력에 문제가 있다는 지적이었다. 일견 일리 있는 운명 정보이기 하나, 운명의 기반 해설인 '체용론'은 일언반구가 없다.

　'대행론'의 주체 월간 병화(丙火)는 합신인 시간 신금(辛金)이 할 일이다. 빛을 반조하고, 경금(庚金)의 무쇠를 녹이고자 한다. 따라서 정, 편재가 용신이 된다.
　또한 주체 병술(丙戌)에서 표출한 시간 신금(辛金)이 배우자이다. 그런데 사화(巳火) 록위(祿位)에 사지(死地)로 앉아 위태롭다. 아마도 기축(己丑) 대운에 결혼하였으니, 경인(庚寅) 대운에 이혼당하였을 것이다. 일주 경오(庚午)와 시주 신사(辛巳)가 '1급 간지 역행'의 급격한 회오리가 발동하는 대운이기 때문이다.
　신금(辛金) 배우자의 사신(死神)인 사화(巳火)가 대행주체 병화(丙火)로 발동하였으니, 처와 사별시키는 운명이다.

　이처럼 '일지 대행론'으로 '체용론'을 분명히 규정하지 않으면, 운명 해석의 기본 오류에서 벗어나기 어려울 것이다.

대행론으로 다시 풀어보는 유명인 4주

　세간의 여러 서적이나 미디어를 통해 공개된 유명인들의 4주를 '대행론'의 운명 공식으로 다시 풀어보기로 한다. 자평론의 관법으로도 명료한 해설이 부족하고, 살아온 생애에 견강부회식(牽强附會式)으로 꾀어 맞춘 듯한 명조들을 다시 풀어보는 것이다.
　'대행론'의 새로운 관법으로는 어떻게 풀이되는지, 그 명료한 해설을 검증해보는 차원으로 아래와 같이 파설한다.

己	辛	戊	戊	乾
丑	丑	午	午	김두한

45	35	25	15	5
癸	壬	辛	庚	己
亥	戌	酉	申	未

정치가였던 풍운아 김두한의 명조로 알려져 있다.

오월 신금(午月 辛金)이 편관 칠살(午)을 통관시키는 '살인상생'의 인수(印綬)를 용신으로 해석하는 것이 자평식 관법일 것이다. 그렇지 않으면 신금(辛金) 일간 주체가 토·금(土·金) 왕(旺)하니, 편관(偏官)을 용신하여 정치가로 살았을 것이라고 주장할 수도 있다.

그러나 주먹계의 전설적 보스로 풍운아의 일생을 살았다는 해석은 아무래도 부합하지 않는다.

이의 운명 공식을 '대행론'으로 보면 가장 강한 5행의 주체 세력이 월간 무토(戊土)이다. 도대체가 신금(辛金) 일간으로는 가지고 놀만한 '용신'이 없으니, 강왕한 세력인 무오(戊午) 양인(羊刃)에게 그 주체를 넘기는 것이다.

그렇게 하면 비로소 일간 신금(辛金)이 상관(傷官)이 되고 강왕한 무토의 세력을 설기시키는 '용신'이 된다. 신금(辛金) 상관은 예리한 칼날의 예체능이 되며, 아랫사람과 부하들이 된다. 축·오(丑·午) 탕화 귀문(湯火 鬼門)은 귀신같은 특이한 재능이며, 기행(奇行)이 된다.

시주의 기토(己土) 역시 월지 오화(午火)에서 투간하였으니, 내몸(戊午의 午는 내몸)처럼 여기는 아랫사람이며, 형제가 되고, 축·축(丑·丑)은 상관 고(傷官 庫)가 되니, 아랫사람 관리에 능숙하게 된다.

초년 기미(己未) 대운은 대흉하니, 천애 고아로 거지패들과 걸식의 세월을 보냈을 것이다. 경신(庚申) 대운부터 두각을 나타내기 시작하여, 시대의 풍운아로 정치가의 길을 걸었다.

45세 계해 대운 말에 5행 주체 대행 무토(戊土)가 대운 계해(癸亥)와 무계 합입절(戊癸 合入絕)하였다. 임자년(壬子年) 신해월(辛亥月)의 합입절(合入絕)이 중첩하였으니, 굵고 짧은 생애의 뒷문을 닫고 말았다.

일간 신금(辛金)이 식상(食傷) 1위도 없이 시대의 뒷골목을 평정하였다는 것은 난해하다. 또한 편관 칠살을 견인하는 인성(印星)으로 용신을 해석한다면 학문과 명예에 운명의 방점이 찍혔어야 할 것이다.

이처럼 실제 운명은 기존 이론과는 전혀 부합하지 않는다. 그러나 '대행론'의 '5행 주체격' 해석은 실제 삶과 논리 정연하게 부합한다. 따라서 '대행론'으로 많은 연구 임상 있기를 바란다.

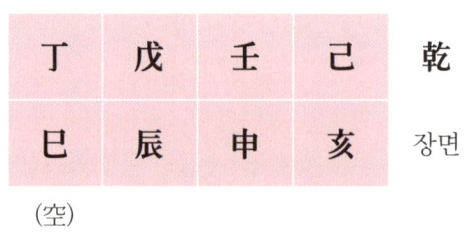

근, 현대사의 혼란 시기에 정치가로서 굵은 한 획을 그은 분이다. 국무총리, 부통령, 주미대사를 역임한 '장면' 선생의 명조로 공개되어 있다.

명조를 보면 일간 무토(戊土)가 월간 임수(壬水)의 해·신진(亥·申辰) 수국(水局)을 감당하기에 역부족으로 보인다. 시주 정사(丁巳)에 의지해야 하나, 공망(空亡)을 맞고 있고, 일주 무진(戊辰)과는 간지의 행로가 소용돌이(丁⇨戊/辰⇨巳)에 휘말려 기운을 못 받고 있는 실정이다.

무엇보다 일점의 관성(官星-권세)이 보이지 않는다는 점이다. 대운이 남·동향으로 흘러 고관(高官)에 이르렀다는 풀이는 설득력이 부족하다. 재다신약(財多身弱)의 운명이 혼란의 시기에 시대를 가르는 정치인으로 살았다는 해설은 이래저래 석연치 않다.

'대행론'의 관점에서는 힘 있는 수기(秀氣) 월간 임수(壬水)에게 주체를 이양한다. 이처럼 임수(壬水)가 체가 되면, 무·기 토(戊·己 土)는 관성의 정·편관(丁·偏官)이 되고, 시주 정사(丁巳)는 재성(財星)으로 변한다.

주체 임수(壬水)는 대해수(大海水)의 지략으로 수국(水局)의 많은 세력을 규합하게 되고, 그 세력을 등에 업고, 재성(財星)을 가지고 놀며, 출중한 관성(官星)에도 능히 임할 수 있게 된다.

병인(丙寅) 대운이 좋은 운이기는 하나, 임수 주체가 시주 정사(丁巳)와 정임 합입절(丁壬 合入絶) 흉사가 발동되는 운이기도 하다. 그런 연유에서인지 병오년(丙午年)에 취약한 장부인 간의 질환으로 이승을 하직하고 말았다.

물론 일간 무진의 역할이 완전히 소멸되지는 않는다. 운명 상황의 필요에 따라 무토(戊土) 일간 주체를 쓰기도 할 것이다. 그러나 일간 주체 고정의 고법의 틀에 갇혀 억지 해석에 전전긍긍할 이유는 없다.

'역(易)'은 변화를 뜻하니, 실제 운명에 부합하는 논리로 변해야 '역(易)'이다.

辛	己	丁	甲	乾
未	亥	卯	寅	운보 김기창

88	78	68	58	48	38	28	18	8
丙	乙	甲	癸	壬	辛	庚	己	戊
子	亥	戌	酉	申	未	午	巳	辰

묘월 기토(己土) 일간이 해묘미 목국(亥卯未 木局)의 강왕한 갑목(甲木)과 갑기 합(甲己 合)을 하고 있다. 관인상생(官印相生) 격으로 청귀하여, 관료요, 학자의 길로 가야하는 운명 공식으로 풀이될 것이다.

목세(木勢)가 강하고 연주로부터 시주까지 5행이 상생하는 순식격(順式格)이기는 하나, 일간 기토의 체근은 시지 미토(未土)에 겨우 의지하는 신약의 형국이다.

그런데 이 운명은 한 시대를 풍미한 바보 산수의 '운보 김기창' 화백의 명조로 알려져 있다.

이 명조 역시 '대행론'에 입각하면, 미약한 일간 기토(己土)가 갑기 합사(甲己 合死)하는 시간 갑목(甲木)에게 그 주체를 이양하는 '합신 주체격'으로 변한다.

그렇게 되면 목왕지절의 큰 나무는 화려한 꽃(丁火)을 피우고 땅(己土)에 뿌리내리며, 결실(辛金)을 거두는 생목(生木)의 역할이 되게 된다.

따라서 상관 정화(丁火)가 묘(卯)의 도화 위에 있으니, 화려한 색감의 예술성이 빛났을 것이며, 좋은 배우자(己土)를 만나 생기발랄(己亥 長生地)의 발전을 거듭하게 된 것이다.

유년에 질병으로 청각을 잃은 것은 청각에 배속되는 해수(亥水-신장, 귀-청각)가 묘목(卯木) 사지(死地)인데, 그 사지가 갑목(甲木)으로 발동되어 취약한 체질적 이유일 것으로 추정한다.

일간 기토(己土)로는 88세까지 한국 화단을 주름잡은 예술가로 보기에는 아무래도 납득되지 않다. 그러나 '대행론'의 '합신 주체격'인 갑목(甲木)을 주체로 보면 상당히 부합하는 운명 공식 사례이다.

갑목(甲木)을 크게 꺾는 경진년 기축월(庚辰年 己丑月)에 종명하였다.

丙	丙	癸	戊	乾
申	辰	亥	寅	안창호

51	41	31	21	11	1
己	戊	丁	丙	乙	甲
巳	辰	卯	寅	丑	子

해월 병화(丙火) 일간이 진(辰)위에 앉아 극심히 탈기 되고 있다. 의지해야 할 지지의 체근은 유일하게 인목(寅木) 하나인데, 인해 합파(寅亥 合破)로 깨지고 말았다. 양간 병화(丙火)가 2개 있어 종살(從殺)도 의심스럽고, 연주 무토(戊土)로 제살(制殺)도 마뜩치 않다. 그저 대운이 서서히 동·남진 하는 운로에 의지하는 명조로 해석하기도 할 것이다.

이처럼 혼탁하고 오리무중의 운명 공식이 한말의 독립운동가요, 사상가인 '도산 안창호' 선생의 명조로 알려져 있다.

이 명조 역시 '대행론'의 '일지 주체격'으로 뒤집어 보면 앞뒤 논리가 훨씬 부합된다.

일단 약한 주체의 병화(丙火)가 넘겨주어야 주체 대행자가 있는지를 살펴야 한다. 이때 우선 일지의 세력을 먼저 살펴야 하는데, 이의 명조는 마침 일지 해월(亥月)의 신진(申辰) 반수국(半水局)에서 월간으로 투간된 계수(癸水)가 빼어난 기세로 솟아있다.

그리고 그 계수 대행자가 가지고 부릴만한 용신이 뚜렷한지를 동시에 살펴보아야 한다. 그 용신은 재관(財官)이 가장 좋은데, 때마침 관성 무토(戊土)와 정관(正官)으로 무계 합(戊癸 合)을 하였고, 재성(財星)에 정재(正財) 병화(丙火) 태양이 쌍으로 빛나고 있다.

이와 같은 운명 공식이 되면 부귀겸전(富貴兼全)의 청귀격(淸貴格)이라 할 만 하다. 가히 '도산 안창호' 선생의 명조로 불리어도 손색이 없을 것이다. 물론 용신은 화·토(火·土)의 재관(財官)을 부조하는 행로가 되어야 큰 발전을 이룬다.

일간 병화(丙火)가 해월(亥月)의 추위를 견디게 해주고 있으니, 조국과 민중을 따듯하게 해주려는 기본 주체의 역할은 존재한다. 그러나 천추에 그 이름을 새길만한 운명 공식이 되려면, 그 주체가 안정되고 '재·관·인(財·官·印)'의 틀이 잘 짜여 있을 때 가능하다. 이것은 명리관법의 상식적 논리이다.

따라서 '도산 안창호' 선생의 운명 공식도 '일간 대행론'으로 다시 보아야만 실제와 부합하는 운명 해설이 될 것이다.

기사(己巳) 대운은 역마지살(驛馬地殺)의 지지 전국이 형·충·파·해(刑·沖·破·害)의 격랑에 휘말리는 대운이다. 그래서인지 안타깝게 짧은 생애로 종명하였다.

癸	戊	壬	丁	乾
丑	辰	子	亥	김병로

67	57	47	37	27	17	7
乙	丙	丁	戊	己	庚	辛
巳	午	未	申	酉	戌	亥

　일간 무토(戊土)가 지지 전국이 해·자진 수국(亥·子辰 水局)의 물판인데, 거기에다 시간 계수(癸水)와 무계 합(戊癸 合)을 하였다. 고립무원의 일간 무토(戊土)는 아무리 봐도 그 주체 상실이다.
　운명 공식이 이렇게 되면, 수국(水局)의 재성(財星)을 따르는 종재격(從財格)으로 보는 것이 타당할 것이다. 그렇다면 이재실리(利財失利)에 강한 사업가의 명도를 따랐을 것으로 추정되는 명조이다. 그리고 종세(從勢)를 거역하는 화·토(火·土) 대운은 대흉으로 판단해야 할 것이다.
　무력한 일간 무토(戊土)가 수다토류(水多土流) 되고 있는 이의 명조가 청렴 강직한 대법원장으로 유명천추(遺名千秋)의 삶을 살다 가신 '김병로' 선생의 운명 공식으로 알려져 있다.

　어찌된 일인가? 잘 보았다 해도 종재(從財)의 사업가에 화·토(火·土) 대운은 대흉으로 해설했던 운명 공식과는 전혀 부합하지 않는다. 도대체 한습(寒濕)한 수다토류(水多土流)의 하격 운명으로 취급하지 않으면 안 될 것이다.
　역시 '대행론'의 논리로 보면 무계 합(戊癸 合)의 계수(癸水)에게 그 주체를 이관하고, 일간 무토(戊土)를 정관(正官)의 관성으로 '용신'하는 '일지 주체격' 또는 '합신 주체격'으로 해설된다.
　또한 주체 계수(癸水)의 겁재 월간 임수(壬水) 나쁜 놈을 제압하고 있으니, 법조인의 운명으로도 부합한다.
　이렇듯 뒤집어 놓고 보면, 화·토(火·土) 대운은 관운이 크게 발복하는 운로가 된다. 무·기·병·정·사·오·미(戊·己·丙·丁·巳·午·未) 대운에 대법원장을 2대에 걸쳐 연임하는 대발복의 운이었던 것이다.

명리는 학문으로 발전하였다. 그러므로 학문적 체계는 객관적 논거가 분명해야 학문으로서의 가치가 성립된다. 이의 명조처럼 무토(戊土)가 주체로서는 그 역할을 상실하는 파격이 되나, 시간 계수(癸水) 주체가 용신으로 활용하는 데는 충분히 쓸모가 있게 된다.

이의 명조처럼 일간이 용신으로 뒤집어지는 '일간 용신격' 운명 공식은 대귀격(大貴格)으로 변화하는 반전이 있다.

명리학의 학문 역시 고법(古法)을 중시하되, 고정관념에 매몰되지 말고, 온고지신(溫故知新) 해야 할 것이다.

일주 대용론(日柱 代用論)

지금까지 현대 명리 이론은 일간을 용신으로 쓴다는 발상조차 할 수 없었다. 간혹 일지를 용신 삼는 경우는 있어도, 특히 일간을 용신으로 쓰는 경우는 용납되지 않았다. 물론 일주의 주체를 용신으로 쓴다는 자체가 허용되지 않았다.

그러나 '한밝 신사주학'은 명리 체용의 새로운 변화에 따라 일주도 용신으로 정할 수 있다는 새로운 이론이다. 이것이 '일주 대용론'이다.

일간을 절대 주체로 고정시킨 현대 자평 이론으로는 일간을 용신할 수도 없을 뿐만 아니라, 혹여 일지를 용신 삼는 운명 역시 오직 자신에 의지한 채 살아가는 신약의 하격 운명으로 해석되고 있었다.

그러나 일간 주체의 고정관념의 틀을 깨고, 연주·월주·시주, 혹은 월지 중심 등으로 주체를 바꾸게 되면, 4주 8자의 운명 공식 해설은 일대 혁신의 새로운 관법이 성립된다.

이와 같이 일간 주체가 다른 궁성(宮星)에게 주체를 넘기게 되면, 일간 또는 일주가 '용신'으로 쓰이는 경우가 있다. 이를 '일간 대용론' 혹은 '일주 대용론'이라 명칭하는 것이다.

실제 임상에서 이처럼 일간 일주를 '용신 대용'하는 4주는 대부분 쓸모 있는 상격의 운명으로 해석되는 반전이 있다.

| 辛 | 丙 | 庚 | 辛 | 坤 |
| 卯 | 子 | 子 | 丑 | |

　병신(丙辛) 합수(合水)의 윤하격(潤河格)으로 해석되는 사주이다. 그러나 이 사주는 일간 병화를 용신하는 '일간대용론'의 명식으로 해석된다.

　이의 운명 주체는 수(水)가 된다. 따라서 수(水)에서 보면 병화(丙火) 용신이 재물의 재성(財星)이 된다. 금수(金水)가 태왕하여 일간 병화의 용신 작용이 절실한 운명이다.
　얼어붙은 주변 환경을 녹이는 태양볕 역할을 하는 사람이라, 만인에게 이로움을 주는 덕인(德人)이다. 자칫 희생적 삶을 살아갈 수도 있는데, 대운이 목·화(木·火)로 흘러 점차 발전하였다. 그러나 배우자 인연이 박한 운명의 업상은 피할 길이 없었다.

| 丁 | 丙 | 己 | 庚 | 乾 |
| 酉 | 午 | 丑 | 子 | |

　축월 병화 일간이 목(木)의 인수도 없는 신약한 독상으로 보인다. 겨우 시간의 겁재를 용신하는 불미한 사주로 감명하게 된다. 양인살에 상관과 겁재 흉신이 중중하니, 도저히 귀격 운명으로 판단하지 못할 것이다.

　그러나 이 명식의 실제 삶은 그렇지 않다. 일찍이 경찰 공직에 입신하여 현재는 수도권 지방청의 청장을 역임하고 있는 관귀(官貴) 출중한 운명이다. 기존의 명리 이론으로는 해석이 불가한 사례의 명식인 것이다.
　이의 본명은 강왕한 시간 경금(庚金)이 주체가 되고, 일주 병오(丙午) 양인에 편관을 용신하는 '일주 대용론' 사주이다.
　혹여 일주 병오(丙午) 양인에 편관 칠살을 용신한다는 억지 맞춤 이론도 맞지 않는다. 기축(己丑) 상관이 강하게 자수(子水) 관살을 합하고 있고, 연주와 월주가 1급 소용돌이로 역행하고 있기 때문이다.

축월(丑月) 혹한의 섣달 태양의 역할이라, 활인 공복(公僕)의 경찰로서 만인을 따뜻하게 해주고 있으며, 축오(丑午) 자유(子酉)의 양귀문이 발동하고 있어, 특별한 영력의 종교 철학적 성향을 지니게 된다.

이처럼 '일주대용론' 사주는 쓸모 있는 상격의 운명을 살아가는 경우가 대부분이다. '일간 대용론'의 묘리가 빛나는 사례이다.

庚	辛	丙	丁	坤
寅	亥	午	未	

맹하의 병화(丙火) 태양과 병신 합(丙辛 合)을 하여, 일간의 주체성을 상실하였다. 멀리 연지 유금(酉金)과 시간 경금(庚金)의 비겁에 의지하는 신약 사주로 해석하기 쉽다. 그렇다면 주체 신약한 하격 운명으로 살아가야 할 것이다.

그러나 이 운명은 자존이 고강하고 이재실리(理財失利)가 분명한 상격의 삶을 살아가고 있다.

이 명식 역시 합신 병오(丙午)에 그 주체성을 넘겨주고, 일주 신해(辛亥)를 용신하는 '일주 대용론' 사주이다. 월주 병오(丙午)의 주체에서 보면 일주 신해(辛亥)가 재관(財官)으로 용신 귀격이 된다. 따라서 부귀(富貴)를 희구하는 상격의 운명을 살아간다.

일지 해수(亥水)가 천문성(天文星)이고, 염천의 불볕 갈증을 해소해 주는 물의 역할이라, 역학 활인(易學 活人)의 길을 걸으며 부귀겸전(富貴兼全)을 신명으로 펼치고자 한다.

乙	壬	癸	辛	乾
巳	子	巳	卯	

62	52	42	32	22	12
丙	丁	戊	己	庚	辛
戌	亥	子	丑	寅	卯

일주 임자(壬子)가 의지할 곳이라고 자신 밖에 없다. 연·월간의 신금(辛金) 계수(癸水)는 그 뿌리가 없어, 일간 임수가 의지할 처지가 못 된다.

이리되면 신약한 임수가 미약한 신계(辛癸)와 일지 자수(子水)에 의존하는 용신 하격 운명으로 해설하게 된다. 그렇지 않으면 목·화(木·火)로 종세하는 격으로 풀이하기도 할 것이다. 기존의 이론대로라면 그야말로 별 볼일 없는 고단한 운명으로 해설하게 될 것이다.

그러나 본명은 대학 교수를 역임하다, 정해(丁亥) 대운에 J대학 대학원장으로 승승장구하였다. 시간 을목을 주체로 하면 임자(壬子)가 인수성(印綬星)으로 '일지대용론'으로 해설될 것이다. 월지 사화(巳火)를 주체로 본다면 일주 임자(壬子)가 편관성(偏官星), 월간 계수(癸水)가 정관성(正官星)으로 역시 '일주대용론' '명도'이다.

이처럼 일주를 대용하는 '일주대용론' 운명은 기존 이론과는 전혀 상반되는 귀격(貴格)의 운명이 많다. 본명 역시 무더위를 식히고 갈증을 해갈하는 교육, 활인의 상격(上格) 운명으로 살아가고 있다.

癸	乙	辛	辛	坤
未	丑	丑	亥	

41	31	21	11	1
丙	乙	甲	癸	壬
午	巳	辰	卯	寅

일간 을목이 맹동의 추위에 얼어 죽을 지경이다. 동토의 자갈밭에 뿌리를 의지하자니, 생존 불능이다. 생명의 본질적 특성상 일간 주체를 포기하게 되고, 살길을 찾게 된다.

때마침 일지에서 투간한 월간 신금(辛金)이 힘있게 있다. 이럴 경우 얼른 일간의 주체를 이양하게 된다. 그리고 주체를 이양받은 월간 신금(辛金)은 자신의 할 일을 찾아야 한다.

곧바로 을목(乙木)이 자라기만을 기다리게 된다. 머지않아 봄이 오게 되면 자라나는 을목(乙木)의 싹을 잘라먹는 역할이다. 따라서 일간 을목(乙木)을 용신으로 취용하게 된다.

이에 부응하여 곧바로 대운의 행로가 꽃피는 봄으로 다가오게 되니, 인생 초반부터 신명나는 세월이었다.

현재 부모가 큰 자산가로 대형 스파 찜질방을 운영하고 있다. 그 후광으로 결혼 후에도 친정 부모의 사업을 도우며 축재하고 있다. 일간 을목(乙木) 편재를 용신하게 되니, 재산관리에 출중하며 사업적 기질도 다분하다.

이 명조 역시 음습한 을목이 식상도 없고, 편관 칠살 신금(辛金)에 벌벌 떠는 빈천한 4주로 오역하기 쉽다.

그러나 '대행론'으로 보면 '일지 주체격'에 '일간 용신격'으로 할 일이 분명해지는 부자 4주로 해석된다. 실제 운명과 부합되는 운명 풀이가 된다.

壬	壬	丁	戊	坤
寅	子	巳	戌	

59	49	39	29	19	9
辛	壬	癸	甲	乙	丙
亥	子	丑	寅	卯	辰

임자 일주가 시간 임수와 월주 정화(丁火)를 두고 쟁합(爭合)이다. 임자 양인(羊刃)이기는 하나, 어느 간지 하나도 임수(壬水)를 돕지 않고 있다.

그런데다 월주 정사(丁巳)와 정임 합(丁壬 合)으로 본분 망각을 하고 있으며, 임정 합입 절(壬丁合入 絶-壬水-巳火 絶)까지 당하고 있으니, 불가분 일주는 주체 역할 상실일 수밖에 없다.

따라서 정임 합(丁壬 合)의 월주가 정사(丁巳) 월령으로 강건하고 있으니, 월간 정화(丁火)에게 4주의 주체를 넘겨야 한다.

월간 정화(丁火)가 체(体)가 되면 다음은 '용(用)'을 찾아야 하는데, 정사(丁巳) 월의 화세(火勢)가 조열하니, 마땅히 이를 식혀주는 일주 임자(壬子)가 조후 용신이다.

일주 용신 임수(壬水)가 무더위를 식혀주고, 갈증의 목마름을 해갈해주는 좋은 역할이라, 쓸모 있는 사람이며 좋은 사람이다.

여명(女命)의 정관(正官)이 용신이라, 남자 위주의 삶을 지향하게 되고 남자가 나를 따르는 운명 구조이다.

문제는 연주 무술(戊戌) 상관(傷官-丁火의 傷官)이 발동되어 있어 불미스럽고, 39세 갑인(甲寅) 대운까지 초반 대운의 운로가 나쁘다. 정화(丁火) 주체에서 보면 정관 임수(壬水)가 둘이 있으니, 재혼은 불가피하다.

첫 남자는 양인(羊刃)으로 칼 같은 성격의 사람이었겠으나, 합입 절(合入 絶)에 상관을 만났을 것이고, 두 번째 남자는 식신 문창에 똑똑한 사람이겠으나, 주체 정사(丁巳) 하고는 인사 형(寅巳 刑)으로 있으니, 안정과 심기가 불편할 것이다.

이 모두가 내 운명 인과의 엄정한 프로그램인 것을, 어찌 하늘을 탓하고 누구를 원망하랴. 다행히 대운이 서방 가을로 흐르고 있어 위안이다.

庚	辛	乙	丙	乾
子	未	未	午	

59	49	39	29	19	9
辛	庚	己	戊	丁	丙
丑	子	亥	戌	酉	申

일간 신금(辛金)의 체근(体根)이 없어 무력하기 짝이 없다. 더욱이 연간 병화(丙火)와 병신 합(丙辛 合)을 하였으니, 일간 주체 역할 상실이다. 할 수 없이 '합신 주체격'의 연간 병화(丙火)에게 주체를 넘겨야 한다.

'합신 주체' 병화는 월주 을미(乙未)까지 합세하여 주체적 힘이 왕하다. 그 강왕한 힘을 사용할 일거리를 찾아야 한다. 일간 신금(辛金)과 합을 하였으니, 가지고 놀 수 있는 일간 용신(用神)의 '일주 대용론' 운명이다.

특히 복중 미월(伏中 未月)의 무더위를 식혀줄 물이 간절하다. 따라서 시지의 자수(子水)를 쓰고자 하는데, 그 물이 관성(官星)이라 권세욕을 절실하게 쫓는다.

재성(財星)이 용신이라, 경제 회계학을 전공하였다. 지방에서 경제 단체장을 역임하고, 시의회로 정치 입문하였다.

주체 병화(丙火)의 관성(官星) 운인 해(亥) 대운이었고, 임진년(壬辰年)에는 국회의원에 당선되었다. 병신년(丙申年)에는 또 다른 병화(丙火)에게 밀려 차등(次等)으로 국회 입성이 불발하였다.

경자(庚子) 대운이 좋긴 하나, 연·월주의 1급 '간지역행'과 을경합(乙庚合)으로 혼란 실패가 따른다.

흔히 미토(未土)를 편인으로 보고, 관인상생격으로 취급하게 된다. 그러나 미토(未土)는 조토(燥土)인지라, 토생금(土生金)이 안 된다.

오로지 '합신 주체격'에 '일간 용신격'의 대행론으로 해석해야만 실제 운명과 부합한다.

庚	乙	癸	甲	乾
辰	酉	酉	午	

54	44	34	24	14	4
己	戊	丁	丙	乙	甲
卯	寅	丑	子	亥	戌

신약한 을목 일간이 을경 합(乙庚 合)으로 정관 합(正官 合)하였다. 따라서 월간 계수(癸水)에 의지하는 관인상생(官印相生)으로 해설하면 오류이다.

대운이 북방 수운(水運)에서 동방 목운(木運)으로 진행하였으니, 필시 직장이나 관직으로 진출하여 안태하게 살았을 것으로 해석하기 쉬운데, 실제는 전혀 다른 운명의 소유자이다.

일단 이 운명은 신약과는 거리가 먼 신강한 운명으로 사회 활동을 하였다. 학력은 미흡하였으나, 34세 정축(丁丑) 대운부터 지방 시의회 의원으로 진출하였다.

44세 무인(戊寅) 대운까지 시의회 의장을 역임하였으며, 지방 권력을 손에 쥐고 재물 축재로 왕성하였다. 신약한 관인상생과는 전혀 부합하지 않은 삶이었다.

이 운명 역시 '합신 주체격'의 '대행론' 운명이다. 시간 경금(庚金)이 주체가 되고 일간 을목(乙木)이 용신이다. 강왕한 경금(庚金)이 시지 진중 계수(癸水)가 월간으로 표출하고, 일간 을목(乙木)으로 표출하였다.

이런 경우, 연지 오화(午火)가 발동하는 정화(丁火) 대운부터 무인(戊寅) 대운까지 발동하는 관살(官殺)을 가지고 놀게 된다. 이때가 지방 시의회 의원으로 의장까지 지내며, 지방 권력을 이용하여 이재(利財)에 몰두하는 시기였다.

54세 기묘(己卯) 대운부터는 무관(無官)의 속인으로 부동산 중개업을 하며 탐재(貪財) 하고 있다. 그러나 돈을 쫓아가는 운명이라 곤곤하고, 좋은 인덕을 얻지 못하였다.

이 명조 역시 '대행론'이 아니고서는, 실제 운명을 조금도 예측할 수 없게 된다.

甲	辛	壬	乙	乾
午	丑	午	卯	

56	48	36	26	16	6
丙	丁	戊	己	庚	辛
子	丑	寅	卯	辰	巳

신금(辛金) 일간이 오월(午月)의 화기(火氣)에 녹아내릴 것 같다. 그러니 이의 불길을 제거하는 물이 필요하다. 소위 상관제살격(傷官制殺格)으로 해설하는 명조이다.

임수(壬水)의 물이 필요하니, 그 물의 시원지가 되는 일주 신축(辛丑)이 희·용신이 된다. '일주 용신격'에 해당한다.

이 명조는 '상관제살격'으로 풀어도 맞지만, '대행론'으로 풀이해도 된다. 목·화(木·火) 세력이 왕성하니, 월지 오화(午火)를 주체로 삼는다. 그 오화가 가지고 놀 수 있는 일주 신축(辛丑)을 용신 삼고, 월간 임수(壬水)를 관성으로 삼아도 된다.

이의 명조는 언론인이며 방송국 아나운서로 명도를 풀어가고 있다. 축오(丑午) 귀문이 발동하고 있어, 신출귀몰의 천재성으로 특출한 재능이 있다.

결구(結句)

일간 주체를 대행하는 '대체론'이 있다면, 사주 용신을 대행하는 '대용론'이 있다.
현대 자평 명리 이론이 일간 주체 불변론을 기정사실화 했는데, 이를 뒤바꿔 일간 주체를 대행할 수 있다는 '일간 대행격' 이론은 획기적인 新사주학 이론으로 입증될 것이다.
특히 상황에 따라 일간을 용신하고, 일주 자체를 용신으로 대행하는 '일주 대용론' 역시 新사주학의 새로운 이론으로 많은 연구와 체계적인 학술 발전이 있기를 바란다.

넷. 향배론(向背論)

4주 8자의 간지는 파동 에너지를 발진하고 있는 생체와 같다. 그러므로 단순한 문자로 보지 말고 살아있는 활구(活句)로 볼 줄 알아야 한다. 그래야만 제대로 된 운명 해석을 할 수 있다.

특히 4주의 8자가 그 기운이 어디로 향하고 무엇을 등지고, 무엇으로 향하고 있는지를 간파할 수 있어야, 운명의 상황을 세밀히 파악할 수 있다.

일간 주체는 어디로 향하고 무엇을 등지고 있는가? 특히 부귀공명(富貴功名)의 재·관·인(財·官·印)은 본명을 향해 따르고 있는가, 등지고 있는가? 이를 명확히 간파하는 논리관법이 명리학의 '향배론(向背論)'이다. 즉, 주체가 어디로 향하고, 어디를 등지는가를 파악하는 이론이다.

이의 '향배론' 관법에 익숙히 학습되면, '돈이 나를 따르는 8자인지, 내가 돈을 쫓아가는 8자인지' 등을 쉽게 논할 수 있다. 뿐만 아니라, 육친 인간관계의 좋고 나쁜 상황 등등, 4주 8자의 여러 환경을 좀 더 정확하게 분석해 볼 수 있게 된다.

합-향배론(合-向背論)

일간 주체가 최우선으로 향해 가는 길은 합(合)이다. 그러므로 일간의 간합(干合)이 있으면 그 합향(合向)의 정보를 정확히 파악해야 한다. 왜냐하면 그곳이 운명의 가는 길이 되기 때문이다.

십간의 간합은 모두 부귀(富貴)를 향해 간다. 이를테면, 10간 중에서 갑·병·무·경·임(甲·丙·戊·庚·壬)의 양간합(陽干合)은 재(財)와 간합하여 간다. 을·정·기·신·계(乙·丁·己·辛·癸)의 음간합(陰干合)은 관(官)으로 간합하고 간다. 그러므로 일간과 주체의 간합(干合)은 재관(財官)의 두 가지 길밖에 없다.

이를 보면, 인간의 삶에서 재관(財官)이라는 부귀(富貴)의 욕망이 세속의 최우선 덕목임을 간합(干合)이 확실하게 입증하고 있다.

 일간 합이 없고, 일지 합이 있으면, 운명은 일지 합으로 합향(合向) 한다. 즉, 일지 합이 운명의 가는 길이다.

 일간 임수는 월간 정화와 정임 합(丁壬 合) 하였다. 정화의 정재(正財)와 합을 하였으니, 돈을 쫓아 살아가는 삶을 지향한다. 미토(未土)의 정관에서 투출한 정재와 합을 하였으니, 재정과 관계되는 직장 생활 운명이다.
 특히 미토가 연주의 남의 집에 있으니, 자영업보다는 안정적인 직장생활에 충실하게 된다. 일지에 식신(食神)이 있고, 시지 해수(亥水) 록위(祿位)와 합을 하였으니, 음식업에 종사하며 직장 생활하고 있다. 일간이 재물의 돈과 합을 하였으니, 돈에 관한 원(願)을 해소해야 한다.
 이처럼 일간 임수가 향하는 길은 정화(丁火)의 재물임을 단번에 간파할 수 있는 것이 '일간 향배론'이다.
 겉으로는 처와 정임 합(丁壬 合)을 하는데, 속으로는 부모와 인해 합(寅亥 合)을 하는 이중성으로 혼란스럽다. 즉, 생각 따로 몸 따로 가고 있으니, 일관된 집중력이 부족하고, 우유부단한 생활 태도로 오해를 사게 된다. 그로 인해 가정사의 균열을 초래하게 되니, 초지일관 한쪽으로 집중하는 결단의 생활 태도가 필요하다.

이의 운명 역시 일간 임수(壬水)가 시간 정화(丁火)와 정임 합(丁壬 合)을 하고 있다. 그러므로 운명의 가는 길이 재물이고, 인생의 목적이 돈벌이에 있다.

앞쪽 운명과 향배가 같은 정재(丁財)인데, 다른 점은 재합(財合)의 정화(丁火)가 시간에 있다는 차별이 있다. 그러므로 앞의 운명과는 달리 자영업이나 사업 지향적 목표가 훨씬 강하다. 연·월주의 재물은 남의 돈이지만, 일지·시주의 재물은 내 돈으로 해석한다.

진월(辰月)의 임수(壬水)가 기름불 역할로 돈벌이에 목적을 두는데, 식상(食傷)이 미(未)에 입묘(入墓)라, 자칫 게으르기 쉽다. 식상(食傷)은 돈을 벌기 위한 노력인데, 미약한 식상(食傷)이 입묘(入墓)하였기 때문이다.

신왕한 임수가 시원하게 흐르지 못하니, 비만 체질이 되기 쉽다. 식상 입묘(入墓)의 미(未) 중에서 표출한 정화(丁火)와 합을 하였으니, 노력 없이 돈벌이를 하려는 습성에 주의해야 한다.

진월의 물이 태왕(太旺)하여 흘러야 하고, 월간 임수와 정·임·임(丁·壬·壬) 쟁합을 하니, 승부욕 있고, 의부증(丁火 배우자) 있게 된다. 식상이 없어도 돈벌이에 눈치 빠르게 민첩하고 부지런할 수 있다. 임자 양인의 칼을 품고 있으니, 손 안대고 코 풀려는 태만을 과감히 잘라내야 성공할 수 있다. 친구에게 돈 자랑, 남편 자랑은 금물이다.

壬	丁	丙	庚	坤
寅	亥	戌	子	

　일간 정화가 시간 임수 정관(正官)과 간합을 하였다. 정관의 관록과 남편 배우자와 천간지합을 하였으니, 이 운명의 가는 길은 공직과 정치인 등의 관록을 향하게 된다.
　천합지합의 일관된 합을 하였으니, 관귀(官貴)와 공명(功名)을 향해 일관되게 삶을 지향하게 된다.
　월주 병술(丙戌) 겁재 상관마저 일주 본명을 향해 따르고 있고, 술해 천문(戌亥 天文)과 천을귀인의 덕상이 있어 귀격의 운명을 살아가고 있다.

辛	壬	丙	癸	乾
亥	寅	辰	卯	

　간합은 보이지 않으나, 일지의 인해 합(寅亥 合)이 있다. 일지의 합을 따라 임수 일간도 가는 길이 시주의 신해(辛亥)가 된다. 월간 병화까지 시간으로 병신 합(丙辛 合)하였으니, 더욱 합향(合向)의 길이 분명하다.
　시간 신금(辛金)은 정인의 학문성이니, 만학의 길로 복록(福祿)을 지향하게 된다. 고초의 만학으로 한의학 박사 학위를 받았다. 시주는 자식궁이기도 하므로 자식과 합을 지향하며 살아가는 운명이다. 배우자와는 일찍 깨어지고 말았다.

丙	戊	丙	癸	坤
辰	戌	辰	卯	

　진월의 무토가 월간 계수와 무계(戊癸)로 합을 하였다. 정재(正財)와 합을 하였으니, 목적이 재물에 있다.
　다만, 연지의 묘목(卯木) 정관(正官)인 남편 배우자 위에 계수(癸水)의 재성(財星)인

물이 있으니, 재물(財物)의 물을 주고서 진월(辰月)의 봄 나무(남자)를 키우고자 한다.
그러나 일지 술(戌)이 월·시지 진(辰)과 충·충(沖·沖) 하고 있으니, 재혼이 불가피하다.

| 戊 | 戊 | 己 | 癸 | 坤 |
| 午 | 辰 | 未 | 卯 | |

말복 염천의 더운 산에 물이 간절하다. 다행이 연간 계수(癸水)가 있어 반갑기 그지없다. 무계(戊癸) 합(合)으로 합향(合向)하였으니, 운명의 가는 길이 재물에 있다.
계수(癸水) 재원(財源)은 나에게서 나왔으니, 내 돈은 분명한데, 비겁의 도둑들이 많아 먼저 가로채 간다. 어쩔 수 없이 재물에 대한 집착이 많고, 내돈 뺏길까 노심초사하게 된다. 비겁 기미(己未)가 발동하여 재합을 방해하고 있고, 내 남자(癸卯)도 입묘(入墓) 시키고 있으니, 내 남자에 대한 의부증도 심하다.
물이 간절한 운명이라, 다도(茶道)로 재원(財源)의 물을 채워가는 삶을 살아가고 있다.

생 향배론(生 向背論)

모든 간지의 파동 에너지는 합향(合向)을 우선하여 간다. 특히 일간은 간합의 길로 가고, 간합이 없으면 일지의 지합(支合)으로 향한다.
그러나 그마저도 없으면 그다음 가는 길이 오행 상생의 생(生)으로 향한다. 그 오행의 상생으로 향하는 길을 '생향론'이라 한다.

| 庚 | 己 | 辛 | 庚 | 乾 |
| 午 | 酉 | 巳 | 子 | |

일주 기유(己酉)는 합향(合向)이 없다. 월주 사화(巳火)가 일지 유금(酉金)과 사유

(巳酉)로 합을 하고 오는 것이지, 일주가 합향(合向) 하는 것은 아니다. 따라서 일간 기토가 생향(生向) 하는 경신 금(庚辛 金)이 가는 길이다. 식상생재(食傷生財)로 가는 길을 잡는데, 여기저기 가는 길이 난삽하여 정신없다.

오지랖이 넓어 동분서주로 바쁜 사람이며, 생각은 짧고 행동은 급하다. 한 번에 세 마리 토끼를 쫓고 있으니, 집중력이 없는 삶을 살아간다.

| 丙 | 己 | 庚 | 己 | 乾 |
| 寅 | 卯 | 午 | 亥 | |

오월 기토의 여름땅은 나무를 키우고자 한다. 그러나 기토의 향배는 월간 경금의 상관으로 생향(生向)하고 있다. 나무를 키우고자 하면서 금성의 도끼(庚)를 휘두르러 가고 있으니, 운명이 이율배반적이다.

정치의 관귀(官貴)를 꿈꾸면서 지방신문의 편집장을 하였으나, 을축(乙丑) 대운 경인년(庚寅年)에 건강 이상으로 좌절하고 말았다. 일간과 식상이 입묘(入墓) 되고, 금목상전(金木相戰)의 흉운인데, 경인년(庚寅年)은 일주 기묘(己卯)와 1급 간지 역행의 소용돌이가 일고 있다.

| 庚 | 丙 | 庚 | 甲 | 乾 |
| 寅 | 辰 | 午 | 申 | |

일간 병화는 천간으로 합향(合向)과 생향(生向)이 없다. 할 수 없이 일지 진토(辰土) 식신으로 생향해야 한다. 오월 병화의 열기가 왕하니, 경금 편재를 노린다.

초반 계유(癸酉) 대운 정사년(丁巳年) 겁재, 겁살년에 무리한 사업 진행으로 옥고를 치르게 되었다. 연주 갑신(甲申)과 1급 간지 역행에 걸린 대운이 흉하다.

일지 식신으로 생향(生向)하니, 만가(挽歌)의 상여소리를 전수받았고, 손재주를 부렸으며, 재혼의 후처와 음식점도 경영하였다.

팔자가 화금(火金)과 금목(金木)이 상쟁(相爭) 하고 있어 불미스럽다.

| 戊 | 辛 | 壬 | 辛 | 坤 |
| 戌 | 巳 | 辰 | 亥 | |

일간 신금이 향하는 길은 월간 임수(壬水)의 생향(生向)이다. 가는 길이 상관(傷官)이니, 배우자 위주가 아닌 자식 위주의 삶을 살아간다. 3남매를 둔 뒤, 배우자를 등지고 말았다. 월지 진토(辰土)에 의지해야 하나, 월·일주 간에 1급 간지 역행이 몰아치고 있다. 그러니 운명의 가는 길이 헷갈리고 정체성마저 크게 혼란스러운 상황이다.

진해(辰亥) 사술(巳戌)의 쌍귀문(双鬼門)이 있어서인지, 임사(臨死) 체험을 두 번이나 하였다. 술해 천문(戌亥 天文)에 진사 라망(辰巳 羅網)이 있는 독특한 연구 사례의 운명이다. 일지 대행론으로 풀어야 실제 삶과 부합한다.

극 향배론(克 向背論)

일간이 합(合)도 없고, 생(生)도 없으면, 그다음에는 오행의 극(克)으로 향한다. 즉, 일간 합도 없고 식상(食傷)도 없으면, 그다음 재성(財星)의 극으로 가게 된다. 이의 극 향배론 운명은 역경으로 다사다난하고 고단한 운명을 살아가기 쉽다.

순조로운 합(合)과 생(生)이 없으니, 절차의 순리에 거역하게 되고, 급하게 탐재(貪財)를 쫓게 되니, 역경의 삶을 살아가게 된다. 삶이 돈을 쫓아가는 고초로 인해 힘겨운 것이다.

| 乙 | 丁 | 丁 | 丙 | 坤 |
| 巳 | 酉 | 酉 | 申 | |

56	46	36	26	16	6
辛	壬	癸	甲	乙	丙
卯	辰	巳	午	未	申

일간 정화가 천간 합도 없고, 토(土)의 식상(食傷)도 보이지 않는다. 그러니 화극금(火克金)의 극향(克向)으로 간다.

극향(克向)의 운명은 합(合)도 없고 생(生)도 없으니, 삶의 진로가 순조롭지 못하다. 재(財)를 향해 극(克)의 쟁투를 벌이고 있는 형국이니, 운명이 투쟁적인 일들로 다사다란 해진다.

그러나 할 일이 재(財)를 향해 돈을 벌로 가야 하는 종재격(從財格) 운명이다. 그러므로 토·금(土·金) 대운이 와주어야 발전한다. 사·오·미(巳·午·未) 대운은 종세(從勢)를 반역하여 화·금 상쟁(火·金 相爭)의 시기였다. 가까스로 사(巳)대운 말미부터 축재(蓄財)하여 상당한 재력을 갖게 되었다.

월주 병신(丙申)이 나를 따르고, 시주 을사(乙巳) 역시 나에게로 합사(合死) 하고 있다. 그래서인지 성직자의 조력으로 재원을 지원 받았고, 어린이집을 운영하여 축재하였다. 배우자 신(申)의 임수(壬水)는 사중(巳中) 병화(丙火) 절신(絶神)으로 발동하였으니, 아이 하나 낳고 절단이 나고 말았다.

乙	丁	甲	辛	坤
巳	酉	午	卯	

오월 정화가 신왕하다. 그러나 합(合)도 없고, 생(生)도 없다. 오로지 일지에서 연간으로 투간한 신금(辛金)을 극(克)하러 가야 한다.

일견 돈복 있는 좋은 팔자로 보이기는 하나, 극향(克向)으로 화금 상전(火金 相戰)하고 있으니, 운명이 불미스럽다. 여명이 배우자인 관성이 보이지 않으므로 더욱 곤곤하다.

辛	丁	甲	庚	坤
亥	亥	申	子	

56	46	36	26	16	6
戊	己	庚	辛	壬	癸
寅	卯	辰	巳	午	未

일간 정화가 합(合)도 없고 생(生)도 없다. 할 수 없이 시간의 신금(辛金)으로 극향(克向)한다. 관살(官殺)이 왕하여, 살인상생(殺印相生)이 시급한데, 가는 길이 불미스럽다. 다행히 대운의 행로는 좋았으나, 늘 두통에 시달리고 강박의 스트레스가 극심하였다. 일지 주체 대행의 월간 갑목(甲木)이 칠살 경금(庚金)의 극충하여, 이로 인한 강박증이 원인이다.

庚	丁	丙	丙	坤
子	巳	申	午	

56	46	36	26	16	6
庚	辛	壬	癸	甲	乙
寅	卯	辰	巳	午	未

일주 정사(丁巳)가 월주 병신(丙申)으로 사신(巳申) 합하였으니, 일간이 가는 길이다. 그러나 합극(合克)이 되어 극(克)으로 가는 운명이 되었다.

신중(申中) 임수가 배우자인데, 배우자는 돈과 여자의 병·병·오·사(丙·丙·午·巳)가 많다. 따라서 남편은 바람기 많은 사람이며, 배우자가 벌어주는 돈이 시주의 내 돈으로 와 있으니, 본인은 제법 부자 소릴 듣는다.

그러나 일주 고란살에 초년 대운 을미(乙未)가 일주와 2급 간지 역행하고 있으니, 부부 불화와 갈등이 심하다. 56세 경인(庚寅) 대운에 파경이 염려스럽다.

향배(向背)의 호악(好惡)

일간 뿐 아니라, 모든 간지(干支) 오행은 합·생·극(合·生·克)으로 향(向)하고, 충·형·파·해(沖·形·破·害)를 등지며 배(背)한다.

따라서 4주 8자를 유심히 들여다보면 제각각의 향배(向背)를 파악할 수 있다.

일간은 어디로 가고, 어디를 등지는지, 또한 용신은 어디로 향하고 무엇을 등지는지, 기타 연·월·일·시의 간지들은 어디로 향배하는지를 알아볼 수 있다.

특히, 일간과 일지, 용신의 향배(向背)를 보면 좋은 길로 가는 운명인지, 나쁜 길로 향하는 운명인지 단박에 알아볼 수 있다.

辛	壬	丁	戊	坤
亥	午	巳	申	

52	42	32	22	12	2
辛	壬	癸	甲	乙	丙
亥	子	丑	寅	卯	辰

무더운 여름의 임수(壬水)는 좋은 역할이라, 본성은 좋은 사람이다. 임수(壬水)가 가는 길은 정임 합(丁壬 合)의 재합(財合)으로 간다.

가뜩이나 갈증이 폭발하고 있는데, 돈을 쫓아 불속으로 뛰어드는 형국이다. 물이 필요한데, 불로 뛰어들고 있으니, 나쁜 길로 향하는 운명의 굴레에 사로잡혀 있는 것이다.

더욱 나쁜 것은 정임 합절(丁壬 合絶)을 당하고 있는 것이다. 이렇게 되면 돈을 쫓다가 몸 건강이 절단 나거나, 배우자(午中 丁火) 또는 부친(月干 丁火)으로 인해 운명이 절단 나는 일을 겪게 된다.

이의 본명은 나도 합을 하지만, 합을 하며 쫓아오는 돈과 사업으로 인한 여러 곡절을 겪게 되어 있다. 이런 것이 운명의 습업(習業)인데, 정작 자신은 본인 문제를 직시하지 못하고, 주변에서 일어나는 환경과 인간관계를 원망하게 된다.
정임 합절(丁壬 合絶)의 습업으로 인해, 자신이 절단 나는 줄도 모르고 사업과 인정(人情)을 쫓다가 파란을 겪으며 건강을 크게 잃기도 하였다. 배우자와 이별하는 고통이 따랐고, 배우자를 벗어나니 부친의 경제 부채를 막아내는 일로 극도의 고통을 당하였다.

이런 운명은 시지 해수(亥水) 록위(祿位)에 있는 신금(辛金)의 학문을 따라야 한다. 그러기 위해서는 자신의 4주 8자를 분석하고, 운명의 향배(向背)를 뒤집는 깨달음이 있어야 한다. 그것이 4주 8자를 뒤바꾸는 운명의 과제이다.

戊	甲	己	甲	坤
辰	子	巳	子	

58	48	38	28	18	8
癸	甲	乙	丙	丁	戊
亥	子	丑	寅	卯	辰

초여름의 갑목(甲木) 일간이 가는 길은 갑기 합(甲己 合)의 재성(財星)으로 간다. 여름 나무가 물이 필요하니, 일지 자수(子水)의 샘물을 두고 있어 좋은 사람이고, 주변 만인에게 필요한 사람이다.

그런데 가는 길은 재탐(財貪)의 돈과 배우자로 가고 있다. 하라는 공부(印綬)는 안 하고 돈 벌로 가서 남자 사귀고 있는 형국이다. 하필 남자도 양다리 걸치고 있는 바람꾼과 합정(合情)을 하고 있는 운명이다. 갑기 합(甲己 合)으로 병지(病地)에 임하니, 남자로 인해 병들고 자칫 병신(病身) 소리 듣는다. 나의 갑자(甲子)가 기사(己巳)를 쫓아가고 있으니 곤곤하다.

월주 기사(己巳)가 부모 형제궁이라, 부모 형제 때문에 희생도 해야 한다. 초반 대운마저 따르지 않아, 인수(印綬)의 공부와 자격증을 더욱 배임하고 말았다. 일찍이 식당 카페 등을 전전하며 운명의 액땜을 하고 있는 중이다. 병인(丙寅) 대운은 넘어가야 할 것 같다.

壬	癸	戊	庚	坤
戌	酉	子	子	

51	41	31	21	11	1
壬	癸	甲	乙	丙	丁
午	未	申	酉	戌	亥

동짓달 계수(癸水) 일간이 금수(金水) 태왕하다. 맑은 청수이기는 하나, 춥고 습하다. 그러므로 불이 필요하고 한습을 말려줄 제방의 토(土)도 필요하다.

그런 와중에 일간 계수는 월간 무토(戊土)와 무계 합(戊癸 合)으로 가고 있다. 필요한 무토(戊土) 정관(正官)과 합을 하였으며, 무계 합(戊癸 合)으로 록위(祿位)를 얻고 있다. 그러니 좋은 쪽으로 가는 운명이다.

정관 록위(祿位)를 얻었으니, 국립 유치원 원장을 하고 있다. 다만, 일간 자신은 정관 합록(正官 合祿)을 얻지만, 배우자 무토(戊土)는 합사(合死)를 당하고 있으니, 배우자 인연은 불미스럽다.

시주 임술(壬戌)의 술토 위에 겁재 임수(壬水)가 앉아있으니, 임자 있는 유부남과 합정하여 결혼하였다. 결국 운명을 벗어나지 못한 결과였다.

궁성(宮星) 향배의 길흉(吉凶)

- 월주 부모형제궁의 향배

| 丙 | 甲 | 戊 | 庚 | 乾 |
| 寅 | 子 | 寅 | 午 | |

월주 편재 무인(戊寅)의 부친이 연주 경오(庚午)와 합을 하고 있다. 록위(祿位)의 편재가 일간을 등(背)지니, 나와는 무정하다. 따라서 부친의 덕이 없으며 유년기에 부모가 이별하는 아픔을 겪어야만 했다. 모친 자수(子水)가 새로 만난 시지 인중 무토(寅中 戊土)는 내가 따라가는 후부(後父)의 인연 관계가 된다.

| 己 | 己 | 戊 | 庚 | 乾 |
| 巳 | 丑 | 子 | 寅 | |

월주의 무자(戊子) 부모 형제궁이 일주와 합을 하며 나를 향(向)하고 있다. 무토(戊土)가 겁재인데도 자수(子水) 천을귀인 재성(財星)을 달고 따르고 있는 형국이다. 시주 기사(己巳) 역시 일주 기축(己丑)으로 합향하여 나를 따른다.

따라서 차남이지만 부모 유산을 모두 물려받는 복락이 있었다. 이처럼 월주의 세력이 나를 향(向)하면 대부분 좋은 팔자가 성립된다.

상관생재(傷官生材)의 명도를 따라 운동선수로 진출하여 지도자 생활을 역임하였다.

| 乙 | 丁 | 丙 | 庚 | 乾 |
| 巳 | 亥 | 戌 | 子 | |

일주 정해(丁亥)를 향(向)해 월주 병술(丙戌)이 1급으로 따르고 있다. 병술 백호로

까칠하지만 일주 정화(丁火)보다 큰 병화(丙火)의 세력이 나를 따르고 있다. 그러니 항상 나보다 큰 사람의 조력이 따르며 부모의 땅을 유산으로 물려받았다.

다만, 초년의 북방 대운이 불발하였고, 시주와 배우자궁이 사해 충(巳亥 沖)으로 깨지고 있으니, 배우자와의 불화 갈등을 벗어나지 못하고 있다.

● 시주 자식궁의 향배

시주는 자식궁에 해당한다. 그러므로 일주와 시주가 합(合)이나 생(生)으로 향(向) 하면 자식, 또는 시주의 육친성과 유정한 관계가 된다. 그러나 반대로 형·충·파·해 등으로 배(背) 하거나 극(克) 하게 되면, 자식 또는 해당 육친성과 무정한 인연 관계가 된다.

또는 일주와 시주 사이에 '간지 역행'이 있게 되면, 이 역시 불화, 갈등, 실패, 이별로 무정하게 배(背) 한다.

壬	丁	丙	庚	坤
寅	亥	戌	子	

일주와 시주가 천간 지합 하였다. 그러므로 자식궁으로 유정하게 향하고 있다. 따라서 자식과의 인연이 좋으며 육친성의 배우자와도 인연이 좋다. 일주의 본인 역시 미래지향적으로 자신의 일(官)과 명예(印)를 지향(志向)한다.

丙	壬	癸	癸	乾
午	子	亥	酉	

일주 임자(壬子)는 시주 병오(丙午)로 극향(克向) 하고 있다. 태왕한 금수(金水)의 세력이 추위를 해소 해주는 불길로 달려드는 형국이다. 그런데 서로 칼의 양인(兩刃)으로 대항하고 있으니 운명이 무정하다. 쓸모없는 친구 형제들과 어울려 쓸모 있는 내 처와 재물을 작살내고 있으니, 처자와의 인연이 박하다.

결구(結句)

'향배론'은 일간의 가는 길을 파악하여 해설하는 이론이다. 일간뿐만이 아니라, 4주 8자 모두의 '향배론'을 살펴 운명을 해설하는 일은 매우 중요한 이론이다.

이의 '향배론'은 '합(合)'으로 가는지, 생(生)으로 가는지, 극(克)으로 가는지를 살펴 파악하는 일이다.

특히 일간이 좋은 쪽으로 향배하면 좋은 운명이 되지만, 나쁜 쪽으로 향배하면 나쁜 운명이 된다.

따라서 일간 향배와 궁성의 향배, 팔자 전체의 향배를 파악하면, 단번에 운명의 품격과 길흉을 쉽게 해설할 수 있다. 그러므로 '향배론'은 운명 해설의 중요한 좌표가 된다.

다섯, 명도-직업론(命道-職業論)

'명도론'은 '운명의 길을 밝히는 이론'을 말한다. 동양철학의 한 축인 '명리학'에서 '운명의 길'을 파악하고 해설하는 일은 매우 중요한 작업이 아닐 수 없다.

이를테면, 4주 8자를 열어보는 순간, 단박에 '운명의 길'이 무엇인가를 간파할 수 있어야 한다.

이의 '명도(命道)'는 마치 전생의 원(願)과 같다. 이번 생애에 꼭 이루고 싶은 자신만의 운명의 길인 것이다. 그 '명도'를 찾아 자신만의 운명을 살아갈 때, 삶의 신명과 행복을 얻게 된다. 특히 먹고사는 일로 직업을 선택할 때, 자신의 '명도'와 부합하는 일을 선택하는 것은 매우 중요한 일이다.

자유업-식상명(食傷命)

본명의 기운을 자유롭게 발산하고 살아야 하는 운명이다. 억제와 구속을 싫어하고, 기질적으로 조직의 틀을 거부하게 된다. 자유를 갈망하며 늘 새로움을 추구하는 창의적인 운명이다. 대체로 예체능에 능하며 종교 철학의 영성가들이 많다. 순수하기는 하나, 재물이 없으면 결실이 없는 가난한 운명이 되기 쉽다.

己	戊	庚	壬	乾
未	戌	戌	寅	

54	44	34	24	14	4
丙	乙	甲	癸	壬	辛
辰	卯	寅	丑	子	亥

　웅장한 가을 산에서 철광석을 캐내고 있다. 신왕한 무토가 월간 경금으로 그 기운을 발산하고 있으니, 대자유의 길로 향하는 운명이다. 천문 화개성이 중중한 무토 일간이라, 종교 철학을 벗어나지 못한다.
　자유로운 영혼의 진화를 추구하는 영성가요, 음악 예술가이다. 세속의 인연이 박한 것은 시주 겁재가 형충을 하고 있기 때문이다. 처자 궁인 일시지(日時支)가 깨진 탓이 원인이다. 인수 고(印授 庫) 술토(戌土)가 중중해서인지, 모친의 한이 깊다.
　병진(丙辰) 대운 무술년(戊戌年) 기미월(己未月)에 한 많은 모친은 본명의 품에서 귀천하였다. 일주 복음년(戊戌)과 시주(己未)가 형충하는 시기였다.

乙	甲	丙	己	乾
亥	戌	子	酉	

56	46	36	26	16	6
庚	辛	壬	癸	甲	乙
午	未	申	酉	戌	亥

　동짓달 독산에 고목이 꽃을 피우고 있다. 화로를 껴안고서 봄을 인내로 기다리는

큰나무이다. 월간 병화의 태양볕이 간절하니, 자신의 기운을 발산하여 불을 지피는 자유업의 운명이다.

식상생재(食傷生財)의 명도(命道)로 연주와 월주가 3급 간지 역행을 하고 있다. 뒤늦게 결혼하였으나, 이내 이혼하고 말았다. 월주 병자(丙子)와 합동(合動)하는 신미(辛未) 대운까지 불화, 갈등, 이별, 실패를 감내해야 한다.

연·월간에 희용신이 투간하고 있으니, 부모 조상의 음덕이 가피하고 있다. 그러나 초반 대운이 불리하여 연단의 세월이었다. 생목(生木)의 나무가 겨울과 가을의 쇠퇴시기를 혹독하게 감당해야 했다.

목화통명(木火通明)이라, 눈썰미 뛰어나고 창의적이다. 겨울나무가 얼지 않으려고 동분서주로 역동하는 '자유업-命'인 것이다. 오랜 기다림 끝에 늦은 발복을 기다리는 대기만성의 자유로운 영혼이다.

겨울산의 낙락장송이 춥고 괴로움을 이기려고 남을 향해 쫓아가고 있어 곤곤한다.

재물업-命

소위 식상생재(食傷生財) 형의 명도이다. 돈과 부의 재물에 대한 애착과 집착이 많은 운명이다. 이재(利財)에 밝고 실리에 강하며 욕심이 많다. 목표 지향적이며 결과를 중시하는 성향이 강하다. 자본주의 사회에서는 대부분 재복 있는 상격의 운명으로 취급된다. 그러나 운명의 구조에 따라 탐욕을 벗어나지 못하는 재물의 노예가 되기도 한다.

壬	戊	庚	庚	乾
戌	辰	辰	子	

58	48	38	28	18	8
丙	乙	甲	癸	壬	辛
戌	酉	申	未	午	巳

진월의 무토 봄산이다. 봄산의 드넓은 호수인 임수(壬水)의 물을 관리하고 싶은 운명이다. 물이 편재의 재물이니, 이 운명의 명도는 '돈'에 있다. 돈에 대한 전생의 한이 크게 있으니, 재물로서 그 한을 풀어야 한다.
　　세속의 윤리와 도덕의 규범을 넘어서라도, 실컷 '돈'을 벌어보는 것이 '재물업-命의 길'인 것이다. 그러므로 일단 '돈'을 벌어보는 것이 이 운명의 '명도'이다.
　　순리적 노력으로 재물 축재를 하였으나, 관성의 자식이 진중 을목으로 엎드려 있어, 크게 현달하지 못한 아쉬움이 있다. 일지 재고가 진술로 충을 당하고 있으니, 배우자 인연도 애로가 있다.
　　병술(丙戌) 대운은 도식(盜食)의 운로라 밥그릇이 엎어지지 않도록 조심히 건너가야 한다.

辛	辛	甲	丁	坤
卯	酉	辰	未	

53	43	33	23	13	3
庚	己	戊	丁	丙	乙
戌	酉	申	未	午	巳

　　봄산에 잘 벋은 나무를 끌어당겨 필요한대로 조경하고 있다. 그러므로 재물을 잘 가다듬고 있는 운명지상이다. 나무가 재물이니, 전생의 원(願)이 돈에 대한 한을 풀어야하는 '재물업-命'이다.
　　봄산의 큰 나무가 재물이니, 제법 돈복이 있다. 재물을 관리하고 보호하는 연간의 편관성 정화(丁火)가 있다. 그러므로 남자를 앞세워 재물을 지키는 지혜가 있다.
　　미토(未土)의 화개성과 묘목(卯木)의 활인성이 있고, 월지 진토(辰土) 인수를 끌어당겨 재원(財源)을 만들고 있다. 따라서 종교 관련, 의료 관련, 학문 관련의 일로 재물을 취득하면 유리하다.

　　재(財)와 합을 하였으니, 무신 · 기유(戊申 · 己酉) 대운은 재물을 끌어당기는 조력의 힘을 받으니, 무난한 세월이었다.

경술(庚戌) 대운은 겁재(劫財) 흉신을 연간 정화(丁火)가 견제해주기는 하나, 조심히 건너가야 할 시기이다. 일주와 1급 '간지 역행'의 회오리가 일고 있다.

직장업-命

이른바 관인상생(官印相生) 격의 명도이다. 그러나 인수(印綬)보다는 관록에 방점을 두고 있는 운명이다. 그러니 오직 관록의 관귀(官貴)를 추구하는 운명이다. 권위와 체면 체통을 중시하며 살아간다. 책임감이 강하며 준법정신이 투철한 성격을 지닌다. 주로 조직사회의 관료 체계를 잘 받아들이고 맡은 임무를 잘 수행한다. 격식을 잘 따지고 고지식한 성향을 지닌 운명이다.

丙	己	甲	乙	乾
寅	未	申	巳	

48	38	28	18	8
己	庚	辛	壬	癸
卯	辰	巳	午	未

초가을 기토 일간이 늦게나마 큰 나무를 키우려고 갑기 합(甲己 合) 하고 있다. 주변에 나무들이 중중하니 가을로 접어들었지만, 끝내 나무를 키워야만 운명의 '명도'를 따르는 것이다. 이때, 나무는 관성(官星)이 되므로 직장업-命인 것이다.

본명은 사회 진출 시기인 28세 대운(辛巳)에 시간 병화 용신이 병신 합수(丙辛 合水)로 기반되면서, 직장업-命을 따르지 못하고 사업의 길로 나섰다. 땅에 나무를 세우는 건축, 건설 사업을 하였으나, 경영의 어려움을 벗어나지 못하고 고전하고 있다.

월지 신중임수(申中壬水)로 돈을 쫓는(未→申) 삶은 역경이다. 일지미토(未土) 관고

(官庫)로는 관운이 따르니, 직장 관료명으로 가는게 삶이 순조롭다.

　본래 학문성인 인수 병화(丙火)와 관련된 직장업의 길로 가거나, 사업을 해도 학문과 관련된 교육사업, 학원사업을 해야 고초를 면하게 된다.
　기묘 대운에는 배우자와의 합신(合神)인 갑기 합(甲己 合)이 풀리면서, 가정사도 흔들리고 있다. 권위와 자존심, 체면을 꺾지 못하는 운명이라, 사업을 고집스럽게 밀고 나가고 있다.
　인미(寅未) 귀문(鬼門)이 발동하고 있고, 일지 화개성 미토(未土)에 시간 병화(丙火) 인수가 있으므로, 자기 자신을 찾는 학문과 지혜를 증득하는 '명도'를 따라야 한다. 그렇지 않으면 무인(戊寅) 대운에 심한 역경이 예고되는 운명이다. 타고난 명도를 벗어난 대가를 톡톡히 지불하고 있는 운명이다.

戊	癸	庚	癸	乾
午	丑	申	未	

75	65	55	45	35	25	15	5
壬	癸	甲	乙	丙	丁	戊	己
子	丑	寅	卯	辰	巳	午	未

　신월 계수(癸水) 일간이 시간 무토(戊土)의 정관성(正官星)과 무계(戊癸) 합(合)을 하였다. 일간 주체가 신왕한데다, 가는 길이 일관되게 관성(官星)으로 향하고 있다. 따라서 관료형 직장업-命이다.

　연간 계미(癸未)가 월간 경신(庚申)을 따르고 있고, 월간 경신(庚申) 수기(秀氣)의 인수성(印綬星)이 계축(癸丑) 일주로 입묘(入墓)되어 본명을 따르고 있다. 사람과 인덕, 명예가 나를 따르고 있는 형국이다.
　그 상황에서 시간 무토(戊土)로 정관(正官) 합(合)을 하였다. 합 입절(合 入絶)하였으니, 목숨이 끊어질 때까지 관귀(官貴)의 정치적 욕망을 벼슬로 머리에 쓰고 있다. 4선 국회의원으로서 그 명망이 높았으나, 계축(癸丑) 대운부터는 내리 3선을 낙선하였다. 대운이 발전할 때는 야당 정치인으로서 굵직한 쾌적을 남겼으나, 대운이 기울면서 더 이상 그의 명성을 이어가지 못했다.

세속의 부귀공명인 '명도'를 초월한 영성의 길을 가야할 것이다. 임자(壬子) 겁재 대운이 그리 말하고 있다. 원로 정치인 J씨의 명식이다.

명예업-命

삶의 최대 관심이 자신의 이름을 알리고 싶은 운명이다. 관인상생(官印相生) 격이기는 한데, 운명의 방점이 인수(印綬)에 있다. 그러므로 학문하기를 좋아하고, 명예를 소중히 여기는 성향을 지닌다. 남에게 인정받기를 좋아하며, 온 후 세심한 성격을 가진 사람들이 많다.

전생의 한이 공부를 많이 해서 만인에게 공명(公名)을 얻는데 있다고 해도 과언이 아닌 운명들이다. 그러므로 자존을 소중히 지키며, 학문 교육과 관련된 운명의 길을 가는 것이 합당하다.

乙	壬	丁	辛	乾
巳	戌	酉	丑	

56	46	36	26	16	6
辛	壬	癸	甲	乙	丙
卯	辰	巳	午	未	申

유월 임수 일간이 월간 정화와 정재(正財)로 합을 하였다. 사유축(巳酉丑) 금국(金局)이 있고, 정재의 재물과 합을 하였기 때문에 일견 '재물업-命'으로 해설하기 쉽다.

그러나 임수 일간의 수원지(水源池)가 보이지 않고, 일간 임수(壬水)가 재물과 합을 하였으므로, 신왕을 희구하게 된다. 그러므로 이 운명의 '명도'는 인수(印綬)의 학문을 추구하는 '명예업-命'이다.

인수(印綬)의 금국인 연간 신금(辛金)의 수기(秀氣)가 출중하니, 일생을 학문 연구에 전념하고 있다. 다만, 일간이 정임 합(丁壬 合)의 재합(財合)으로 향배하고 있어, 재인상전(財印相戰)이 괴롭다. 처(丁)도 챙기고 어머니(辛)도 봉양하고자 하니 힘든 것이다.

사술(巳戌)귀문에 현침살이 중중하니, 재야 의인(醫人)으로 일가(一家)를 이루게 되었다. 전통 동의학을 계승하며 후학을 양성하는 활인포덕(活人布德)의 길을 외로이 걷고 있다.

己	丁	乙	乙	坤
酉	亥	酉	未	

65	55	45	35	25	15	5
壬	辛	庚	己	戊	丁	丙
辰	卯	寅	丑	子	亥	戌

유월 정화(丁火) 일간이라 편재격(偏財格)이다. 따라서 연주 을미(乙未)에서 힘을 얻어야 하는 '명예업-命'이다. 을미(乙未)가 편인성(偏印星)에 화개성(花蓋星)이고, 미토(未土)가 시간 기토(己土) 식신으로 투출하였으니, 좋은 머리로 공부하여 가르치는 교육자 운명이다.

하지만, 초반 대운이 불리하여 학창시절에 학문에 정진하지 못하였고, 해(亥) 대운에 조혼하였으나, 무(戊) 대운에 가정사를 실패하고 말았다. 외국 생활을 전전하다, 귀국하여 게스트 하우스를 운영하고 있다.

천을 양귀(酉亥)가 있고, 여명이 음팔통의 청귀함이 있으나, 자신의 '명도'를 분명히 깨닫지 못하는 정체성의 혼란을 겪고 있다. 이는 일주와 시주 간의 행기(行氣)가 2급으로 역행하고 있는 운명의 덫에 걸려 있기 때문이기도 하다.

연·월주는 일주를 향해(未 → 酉 → 亥) 따라오고 있어 좋으나, 일·시주가 '간지역행'이라 미래가 혼란스럽다.

乙	甲	己	丁	坤
亥	辰	酉	酉	

53	43	33	23	13	3
乙	甲	癸	壬	辛	庚
卯	寅	丑	子	亥	戌

가을 갑목이 추풍낙엽하고 있지만, 살아있는 생목(生木)의 나무이다. 땅에 뿌리 내리고 꽃도 피는 나무이다. 따라서 물을 잘 간수해서 겨울나기를 해야 하는 '명예업-命'이다.

초반 대운이 불리하여 '명도'인 학문과 인연이 없었다. 뒤늦게 인수(印綬) 대운이 잘 와주었지만, 끝내 자신의 길을 찾지 못했다. 운명이 재물과 합을 하고서, '명도'를 배임했기 때문이다. 학문의 길을 가야 할 운명이 그 반대인 재물을 탐하고 있는 까닭이다.

甲	乙	丙	丙	乾
申	未	申	辰	

59	49	39	29	19	9
壬	辛	庚	己	戊	丁
寅	丑	子	亥	戌	酉

입추절이 지났지만 늦은 여름의 꽃나무가 화려한 꽃을 달고 있다. 아직 무더위가 지속이니, 생목(生木)인 꽃나무에게 필요한 것은 물이다. 멀리 연지 진중(辰中)의 저수지에 물을 가둬두고, 생목(生木)의 생기를 유지해야 한다.

연·월간의 상관 병·병화(丙·丙火)로 정관 신금(申金)을 제살하고자 하나, 연지 진토(辰土)로 화생토가 우선이다. 그러므로 신진(申辰) 반수국(半水局)의 인수인 명예업을 지향해야 한다.

일지 미토(未土) 화개성(華蓋星)이 활인성(活人星)이고, 양쪽으로 신금(申金)의 정관성을 두었으니, 인수(印綬)의 수성(水星)으로 '관인상생(官印相生)'을 해야 한다.

따라서 학문과 자격증과 스승을 따르는 '명예업-命'이다. 특히 일주와 시주 간의 1급 파동 회오리가 치고 있어, 정체성 혼란의 자아의식 갈등이 심할 수 있다. 그러므로 더욱 자의식을 정립하고 철학적 해답을 찾는 학문에 입문해야 할 것이다.

일주 을미(乙未)가 월주 병신(丙申)을 따르므로, 부친 사업을 이어받아 발전하고 있다. 활인성으로 돼지 해수(亥水)를 기르고 배양하는 바이오 관련 사업을 하고 있으니, '명도'와 부합하는 운명을 살고 있다. 결혼이 늦었는데, 己亥年에 가정을 꾸릴 것으로 추정된다. 그러나 부성(父星) 무토는 절지해수(絶地亥水)에 임한다.

| 乙 | 戊 | 庚 | 丁 | 坤 |
| 卯 | 寅 | 戌 | 酉 | |

62	52	42	32	22	12	2
丁	丙	乙	甲	癸	壬	辛
巳	辰	卯	寅	丑	子	亥

만추의 늦가을 산에 기암괴석 사이로 단풍이 수려하게 물들었다. 나무를 키우고자 하나, 메마른 가을 산에 생목인 나무가 무력하고, 일주 인목(寅木)은 월주로 입묘(入墓)하고 있고, 시주 을묘 목(乙卯 木) 역시 산에 뿌리내릴 의지가 없이 월주 경술(庚戌)로 합묘(合墓)하고 있다.

하여, 빼어난 미색과 총명한 재능을 가지고서도 결혼을 하지 못하고 독신으로 살고 있다. 활인성인 연지 유금(酉金) 위에 정인(正印) 정화(丁火)가 있고, 묘유술(卯酉戌)의 철쇄개금(鐵鎖開金)의 상담사 역할의 달란트가 돋보이니, 학문을 추구하는 여류 선비의 '명예업-命'이다.

계축(癸丑) 대운이 결혼 운이었고, 갑인, 을묘(甲寅, 乙卯)의 관성(官星) 운에도 혼기 중중한데도 배우자와 인연 없었고, 늦게까지 독신으로 살고 있다. 현재 헤어디자이너로서 끝없이 배움을 추구하는 '명도'의 길을 걷고 있다.

결구(結句)

'명도'는 4주 8자 본명이 간절히 지향하는 '운명의 길'이다. 그 길은 4주 8자 본명의 용신(用神)이 결국 운명의 '명도'가 되겠다.

명리학은 4주 8자에 담긴 운명의 정보를 파악하여 해설하는 학문이다. 따라서 한 개인의 삶을 있는 그대로 들여다보는 학설이다.
그러므로 지극히 세속적인 학문이다. 보편적 인간 삶의 기본 가치인 '부귀공명(富貴功名)'을 따져 운명의 품격을 결정하는 학설인 것이다. 다만, 운명의 정보를 있는 그대로 분석하고, 좀 더 나은 삶을 살기 위해 타고난 운명을 바꾸고 고쳐보려는 지혜의 이정표가 곧 명리학인 것이다.

'명도론'의 기조 역시 4주 8자의 용신에 따라 그 길을 규정한다. 즉, 재물-돈이 용신인 운명은 '돈을 벌기 위한 삶'을 따르라는 입장이다.
사람의 삶은 우선 '의식주'를 해결하기 위한 직업을 가져야 한다. 이의 직업을 선택하는데 있어, 각자의 적성과 타고난 능력에 맞는 직업을 선택하는 일은 매우 중요한 일이다. 그 직업을 선택할 때, 4주 8자의 '명도'를 파악하고, 그에 따른 직업을 선택하면 좋다. 직업이 '명도'를 따르면 일이 신명나고 능률적이기 때문이다.

그리고, '의식주'에 따른 자신의 세속적 복락이 어느 정도인가를 파악해야 한다. 그 분수에 맞는 정도에서 세속의 욕망 열차를 멈추기 위해서다. 세속을 벗어나 욕망 열차에서 내려야 할 때, 정확히 내려놓을 줄 알아야 한다.

그리고 '부귀공명'의 욕망 너머에 있는 '흔 나'를 찾아, 영혼이 가는 하늘 열차로 갈아타야 한다.

해닮(談)

운(運) - 때를 모르는 철부지(節不知)

1부

철부지는 '철부지(哲不知) 혹은 절부지(節不知)'의 뜻 말일 것이다. '총명하지 못한 사람, 혹은 때를 모르는 사람'의 뜻인데, 아무래도 '제 철(때)을 모르는 사람'의 뜻이 더 명료할 듯싶다.

'모사재천(謀事在天) 성사재인(成事在人)이라. 천시인사(天時人事)라' 했으니, 때는 하늘의 시간이 짓고, 사람은 그때를 알아 일을 성사하는 법. 그때를 아는 법수가 바로 명리(命理)요, 운명학의 요체이다.

명(命)은 체(體), 운(運)은 용(用)인데, 명(命)은 뿌리요, 운(運)은 천변만화하는 꽃가지이다. 명(命)은 타고난 자동차라면, 운(運)은 그 자동차가 달리는 길과 같다. 명(命)은 물려받은 자동차와 같으니, 일생을 타고 살아야 할 정해진 자동차랄까.
그러니 팔자를 척 보면, 소위 명(命) 팔자에서 그 자동차가 고급차인지, 중형급인지, 소형차인지를 금방 가늠하게 된다.
물론 자동차가 어디 승용차만 있는가. 물류를 실어 나르는 화물차도 있고, 각양의 용도에 따라 차종도 다양하다. 비유컨대 그렇다는 것이지, 실로 운명의 차종이야 말로 얼마나 다양하겠는가마는.

한 번 타고 나온 차는 바꿔 탈 수 없다는 것이 명리(命理)의 기본 입장이다. 어쩔 수 없이 이번 생을 타고 가야 할 자동차와 같으니, 그 명(命) 팔자는 다분히 숙명론적이다. 다만 그 자동차가 달리는 길이 있음이니, 그것이 곧 운명론의 운(運) 팔자다.

굽이굽이요, 산전수전의 인생길. 즉, 타고난 자동차가 한 생애를 달리는 길이 운(運)에 있음이다. 운명의 사계절을 말한다. 이름하여 운(運) 팔자다.
그 운 팔자는 끊임없이 변하는 한 생애의 길이다. 그 길을 아는 사람이 도인(道人)이다. 그 길을 가르쳐 주는 스승은 도사(道師)이다.
1년을 하루 일진으로 본다면, 10년을 한 절기로 삼고, 30년을 한 계절로 삼는 운(때)이 명리학의 대운(大運)이다. 즉, 운명이 맞이하는 한 생애의 주기를 대운 팔자라고 말한다. 명리학은 이를 대운(大運)이라 하여, 명(命) 팔자와 짝을 이루는 운(運) 팔자로서, 그 운명의 때를 가늠하여 파설하는 것이 명리학이다.

운명 4계절의 출발은 각양각색이다. 일찍 운명의 봄을 맞이하면 거개 초년 운이 좋다. 좋은 부모와 안태한 가정환경에서 승승장구한 학업운을 만난다. 절대적이지는 않지만, 연·월·일·시의 사주 중에 대체로 연주와 월주에 좋은 기운의 팔자 정보가 놓여 있는 경우에 해당한다. 흔히 조상 음덕을 논하고, 좋은 가문에 태어났음을 유추하는 경우다.

초년에 혹한의 겨울을 만나는 상황은 반대다. 일찍이 불우한 가정환경에서 학운마저 따르지 않고, 매사가 힘겨운 시절을 보낸다. 그나마 어려운 환경에서도 꿋꿋하게 살아가는 운명은 명(命) 팔자의 격조가 높은 경우다. 명(命) 팔자마저 나쁘고 운(運)마저 불리하면, 일찍이 비틀고 꼬이는 비행의 주인공이 되고 만다.

모두가 '운'의 작난(作亂)인 것을. 잘남의 교만을 경계하고, 못남의 멸시를 삼가할 것. 모두가 한때려니, 그 운의 작난에 놀아나지 말고 중용지덕의 인품을 잘 지켜갈 일이다.
또한 '운(運)'-돌고 돌아 '돌 운(運)'이다. 그 길이니 역시 '길 운(運)'도 된다. 인생 사계절의 때를 말함이니. 바로 그 운을 알고자 하고, 그때를 알아 저의 인생 농사를 잘 경작하자는 데서 사람들은 명리가의 문을 두드리는 것이다.

그리고, 명(命)보다 운(運)을 더 앞세워 말하는 까닭에 '운명'이다. 그 까닭에 숙명론이 아닌 운명론이다. 다분히 팔자를 고쳐보자는 운명론에 명리학의 본뜻이 있음이다. 즉, 타고난 자동차는 못 바꿔도 자동차가 달리는 길을 운용하는 삶의 주인이 되어보자는데, 명리학의 대의(大義)를 부여하는 것이다.

고급형 승용차를 타고서도 그때를 못 만나면 괴롭다. 고급차가 험악한 길을 달리는 형국이기 때문이다. 시절이 자신을 외면하니 세상이 원망스럽고 힘겨웁다. 차라리 힘 좋은 4륜구동의 짐차보다 못한 상황이다. 소형차인들 어떠랴. 탄탄대로를 달리는 운전자는 행복하다. 명(命) 팔자보다 운(運) 팔자가 좋은 경우다.

2부

집현전 학자가 이름을 지어준 조선의 '김시습' 선생. 성군 세종이 무릎에 앉혀 해동의 공자로 키우겠노라 약조했던 5세 신동 '매월당'. 당대의 세도가 한명회를 꾸짖고, 시해만 거두어도 삼족을 멸한다는 시대의 칼날에 마주서서 사육신의 육시를 모두 거두고, 그 위패를 모신 한 시대의 풍운아.

그도 시운(時運)이 외면하니 어찌하랴. 시대의 아웃사이더로, 주유천하의 광인(狂人)으로 낭인의 한 생을 마감할 수밖에. 틀림없이 운(運) 팔자가 사나웠을 것이다.

또, 사육신 중 한 분인 매죽헌 '성삼문'은 외가에서 출생하였다 한다. 일설에 의하면, 그의 외조부가 명인(命人)이었고, 산파인 외조모가 '지금 낳아도 되느냐?'를 세 번 물었다 하니, 산모의 자궁을 틀어막고서 '조금 더 기다리라!'는 명(命)으로서, 명(命)을 잇고자 했으나, 결국 천명에 따라 세 번을 묻고도 기다리지 못해 이내 출생하고 말았다 한다.

'허허, 단명(短命)의 천명(天命)을 어찌 거역할고. 너는 세 번을 묻고 나왔으니, 삼문(三問)이라 이름 짓는다!'

하여, '성삼문(成三問)'이 되었다는 야사가 전해진다. 그럴싸한 명리 콘서트 주제이다.

한 때, 여의도 권력의 중심에서 입심을 발휘했던 J씨.
庚寅年의 지역 자치단체장 선거 때의 일이었다. 낙향하여 그 위세로 전라도 지자체장 선거전에 출사표를 내밀었다. 하지만 선거전도 못 나서고 하차해야만 했다. 운(運) 팔자가 나쁜 탓이다. 지인이 해닮 명문관주(命問關主)에게 성패를 물어 왔을 때는 이미 출정의 닻을 올린 뒤였다. 헛물 뒤의 허탈함이 눈에 보이는 상황인데도 답변이 참 난처했다. 성패의 결론은 내려주었으나, 그 권세욕을 어찌 막을 수 있으랴. 상당한 경제력과 정력을 낭비하고 명예마저 실추한 뒤, 중앙당의 추천에서 탈락하고 말았다. 그나마 중도 포기라도 했음을 다행으로 여긴 경우였다.

그러나 시의회 초선의 O모씨 경우는 달랐다. 명문관주를 찾아왔을 때는 출마 선거구 분할로 출정에 낙담하는 중이었다. 그러나 그의 운(運) 팔자를 살펴본 뒤, 그의 선거 사무실로 이내 '당선을 축하합니다'라는 문구로 확신을 적어 호인(虎寅)이 그려진 표구 하나를 보내주었다. 물론 본인은 못 믿겠다는 표정이었을 것이다. 개표 결과는 전체 시의회 1등 당선이었다.

 개표 다음날, 내외가 이른 아침 당선 인사를 다녀가는 예의를 보여주었다. 물론 명문관주의 추단에 놀라움을 금치 못하는 눈치였다. 명문관주는 그분께 무엇보다 명(命) 팔자의 품격에 신뢰가 깊으니, 부디 시정 발전에 매진할 것을 당부했다. 또 향후 그 관운이 일취월장할 것이니, 더욱 유권자의 신망을 얻는데 소홀함이 없기를 바란다는 축하 인사를 마주 건넸다.

 운칠기삼(運七技三)이라 했던가. 타짜도 운 좋은 하수를 못 당한다는 의미다. 그만큼 운이 지배하는 현실 작용력이 크다.
 옛말에 아무리 불운해도 삼세번은 기회가 있다 했다. 그러니 삶이 힘겹고 팍팍해도 늘 각성하고 살아가야만 한다. 어쩌다 한 번씩 오는 좋은 때를 놓치지 않기 위해서다.

 운명은 제행무상(諸行無常), 새옹지마(世翁之馬)다. 메뚜기도 한 철이고. 다만 그 철을 아는 자는 삶이 담대하고 여유롭다. 위수 강가에서 곧은 낚시를 드리우고 왕상이 불러도 뒤돌아보지 않았던 태공망의 여유로움이 바로 그것이다.
 '철(節)'도 모르고 날뛰는 '부지(不知)'를 경계한다. 그야말로 운명에 정처 없이 끌려 사는 철부지(哲不知)는 면해야 하지 않겠는가 말이다.

여섯, 육친론(六親論)

사람의 삶은 사람과 사람의 관계로 엮여 살아간다. 그중에서도 나를 중심으로 해서 매우 밀접한 혈연관계가 있다. 이를 명리학에서는 '육친(六親)'이라 하여 매우 중요하게 취급하는 이론이다.

즉, 부모, 형제, 배우자, 자식 등 운명 공동체의 인연 관계를 4주 8자 속에서 찾아보는 이론이 '육친론'이다.

그런데 실전 감정 실례를 보면 지금까지의 '육친론' 학설이 잘 안 맞는 경우가 많다. 이를테면 운명 명식에 배우자가 없는데, 실제로는 좋은 배우자와 잘 살고 있다든지, 자식이 4주 8자에 보이지 않는데, 출중한 자식을 두는 경우 등이다.

또한 정·편인을 모친이나 부모로 해설하는데, 실제 인수가 없는 운명이 많다. 그렇다면 그 운명은 부모가 없는 것으로 해설해야 하는 모순적 한계가 있다. 따라서 또 다른 관점의 새롭게 제시되어야 할 '신육친론'이 대두되는 실정이다.

이에 부합한 '新 육친론'은 새로운 관점을 제시한 입체적 해석이라 할 수 있다. 특히 운명 해석이 난해한 4주 8자는 '신육친론'을 대비하고, 이에 부합하는가를 확인한 뒤, 보다 정확한 운명 해설을 하는데 많은 도움이 될 것이다.

배우자론

사람이 스스로 선택할 수 있는 운명의 가장 중요한 인연은 배우자일 것이다. 따라서 운명의 배우자를 찾아, 그 작용이 어떤 역할을 하고 있는지를 운명 해설하는 일은 매우 중요하다.

배우자의 '십성(十星)'은 기본적으로 남명은 재성(財星)이고, 여명은 관성(官星)이 된다. 4주 8자 명식에 남명은 재성이 있으면 그것이 배우자가 되고, 여명이 관성이 있으면 그것을 배우자로 해설하면 된다.

문제는 남명에 재성이 없거나, 여명에 관성이 없을 때이다. 또한 남명에 재성이 흉신 역할이거나, 여명에 관성이 기신(忌神) 역할을 하고 있을 때이다. 이때는 다음의 '新육친론'을 대입하여 처리하고 해설하면 된다.

● **합론**(合論)-**합**(合)**이 배우자이다.**

　명리의 합(合)은 매우 중요한 핵심 사항이다. 특히 배우자 인연을 찾을 때는 반드시 합(合)을 살펴보아야 한다. 배우자는 남녀의 음양이 합(合)을 하는 것이며, 두 가지의 이질적인 요소가 극합(克合-간합은 극합이다)을 하는 것인데, 명리의 합(合)을 하는 형태가 이와 맥락을 함께하기 때문이다.
　즉, 십간의 천간 합(天干 合)을 보면 음양이 합을 하고, 서로 극합(克合)을 하고 있다.
　따라서 배우자 육친이 명확하지 않거나, 육친의 십성(十星)이 나쁘게 작용할 경우가 있다. 그때는 다음의 합론(合論)을 대입하여 배우자 육친을 간파하면 될 것이다.

● **간합**(干合)**이 배우자이다.**

壬	丁	庚	庚	乾
寅	丑	辰	子	

　남명(男命)의 재성은 연·월간의 경연·월경(庚연·월庚)이 있고, 일지의 축중 신금(辛金)이 있다. 재다신약(財多身弱)이다.
　많은 재성(財星)이 있으나, 일간 정화에게 흉신 역할이라 배우자로 받아들이지 않는다. 오로지 시간 임수가 도움이 될 것 같으니, 정임 합(丁壬 合)으로 배우자를 삼는다. 남명에 정관은 자식성이기도 하나, 이의 명식은 간합의 임수가 정관(正官)이면서 배우자로 취급해야 한다.

甲	丙	辛	己	坤
午	午	未	酉	

일간 병화의 배우자인 관성(官星)이 보이지 않는다. 그러니 남편이 없다거나 결혼이 늦을 것이라는 등 배우자에 대한 불편한 해석을 할 것이다.

그러나 이의 운명은 유(酉) 대운에 일찍 조혼을 하였으며, 두 자녀를 두고 결혼 생활을 잘 해가고 있다.

관성(官星)이 없는 본명은 월간 신금(辛金)과 병신 합(丙辛 合)을 하였으니, 월간 신금(辛金)이 배우자인 남편이다. 지지마저 오미(午未)로 합을 하였으니, 연애 결혼이다. 자식성인 기토·미토(己土·未土)가 함께 있으니, 더욱 확실한 배우자이다. 이처럼 여명의 관성이 미약하거나 보이지 않으면 확실한 천간 합(天干 合)을 배우자로 간명(看命) 해설한다.

계유(癸酉)의 정관 정재(正官 正財) 대운이라 결혼했다는 두루뭉술한 해설보다는, 천간 합이 배우자가 된다는 원리적 신육친론을 정립해야 한다.

물론 정재 신금(正財 辛金)을 배우자로 천간 합을 하였으니, 배우자의 조건은 돈을 우선으로 생각하는 삶을 살아가게 된다.

병오(丙午) 양인이 미월(未月)에 신금(辛金)의 배우자를 불에 녹이고 있으니, 배우자는 점점 무능하고 병약해지게 된다. 일지 배우자궁이 불미스러운 탓이다.

癸	癸	戊	庚	乾
丑	酉	子	子	

일간 계수의 배우자가 되는 재성(財星) 화(火)가 보이지 않는다. 무재(無財) 팔자이니, 배우자가 없어 결혼 못 하는 팔자로 해석하기 쉽다.

그러나 이의 본명은 월간 무토(戊土)와 무계 합(戊癸 合)을 하고 있으니, 월간 무토(戊土)가 배우자이다.

동짓달 추운 계절의 한습(寒濕)한 운명이라, 이를 제습해주고 바람을 막아줄 큰산 무토(戊土)가 절실하게 필요하다. 그러므로 배우자를 간절히 원하게 되고, 배우자 없이는 살아갈 수 없을 것 같은 집착을 하게 된다.

그러나 안타깝게도 배우자 인연은 불미스럽다. 무계 합(戊癸 合)은 하나, 배우자 무토가 합사(合死) 하고 있으니, 본명의 품에 안기면 배우자가 얼어 죽는 형국에 있기 때문이다. 시간의 계수(癸水)가 축토(丑土) 천을귀인이니, 나를 배임하고 다른 쪽으로 가게 된다.

癸	壬	丁	乙	坤
卯	辰	亥	酉	

　신왕한 해월 임수 일간이 배우자인 관성(官星)이 보이지 않는다. 일지의 진토(辰土)는 월간 을목(乙木)과 시간 계수(癸水)로 투간하여, 이미 토성(土星)의 역할을 상실하였다. 거대한 물길을 막는 제방 역할을 못 하는 흙이다.

　그렇다고 배우자인 남편이 없다고 해설해서는 곤란하다. 이럴 경우, 일간의 천간합을 찾으면 바로 그 합신이 배우자인 남편성이다.
　본명 임수는 월간 정화(丁火)와 정임 합(丁壬 合)을 하였다. 따라서 월간 정화(丁火)가 남편이다. 연·월주가 일주를 따르니, 록위(錄位)의 부친과 재관이 이롭다.
　한습(寒濕)한 초겨울 바람(乙)이 불고 파도(癸)가 몰아치는 큰 바다(壬)에 등불(丁)을 밝히는 역할의 부친이며, 배우자이기도 하다.
　본명은 을목(乙木) 상관으로 흘러가는 물이라, 교육과 예술의 삶을 살아가면서 자유로운 영혼의 순례자이다. 진해 귀문성(辰亥 鬼門星) 발동이 특출한 천재성과 민족의식의 괴짱성을 발현시키고 있다.
　임진(壬辰) 대운에 정임 합(丁壬 合)이 풀리니, 배우자와 이별 갈등이 불가피하였을 것이다. 일주와 시주 간의 행기(行氣)가 간지 역행으로 회오리바람이 몰아치니, 정임합을 깨는 불화 갈등 이별의 업상(業像)이 더욱 뚜렷하다.
　다만, 말년으로의 대운 운행이 순조롭게 흐르고 있으니, 필시 마고 할미의 마고성으로 해원복본(解冤複本) 하지 않겠는가. 천을귀인의 무궁 복연 있기를 기원한다.

甲	戊	癸	辛	坤
寅	午	巳	丑	

　연주 편관성 갑인 목(甲寅 木)을 배우자로 판단하면 오류이다. 갑인은 일지 오화(午火)의 사지(死地)로 합인(合引)하여 불타버리게 되기 때문이다. 그러므로 관성(官星)의 배우자가 될 수 없다. 더욱 뜨거운 화왕(火旺)에 장작을 불 지피는 갑인 목(甲寅 木)을 배우자로 삼을 수 없다.

이런 경우, 일간 합신인 무계 합(戊癸 合)의 계수(癸水)가 배우자이다. 목마른데 물의 역할이라 간절히 필요한 배우자가 된다. 그러나 이의 배우자는 돈이 있어야 한다. 배우자의 돈을 보고 결혼에 임하게 된다.
　뿐만 아니라. 자식의 신축(辛丑) 상관이 계사(癸巳)의 배우자와 사축 합(巳丑 合)을 하니, 계수(癸水)는 더욱 확실한 배우자이다.

　그러나 계수 배우자가 불안 불안하다. 일지 오화(午火) 배우자궁이 절지(絶地)가 되니, 필시 인연이 끊어지게 된다. 언제 어느 때인가는 대운의 운행에서 보인다. 44세 무인(戊寅) 대운이다. 다른 여자(戊戌)가 나타나서 합정(合情-戊癸 合)해 가게 된다. 무술(戊戌) 대운 무자년(戊子年)이었다.
　무술 대운은 인오술(寅午戌) 화국이 충천하니, 물(돈)은 바짝 마르고 정신이 괴롭고 혼란스러워 미칠 지경(巳戌 鬼門)의 힘겨운 대운이다. 그러나 곧 북방의 수(水) 대운이 다가오니, 무던히 견디고 나아갈 것이다.

子	甲	乙	己	坤
卯	辰	亥	亥	

　여명의 관성인 금(金)이 보이지 않는다. 그렇다고 남편이 없다거나 결혼을 못하는 스님 팔자로 보면 하수이다. 합신 기토(己土)가 배우자이다. 연주 조상궁에 있으니, 내가 조상 모시듯 섬겨야 한다. 또한 상관 생재(子→土)해야 하니, 내 활동으로 보태주어야 하는 무능한 배우자이다.
　그 가운데 을목(乙木) 겁재가 부부합을 깨고 있다. 백호 흉살로 죽은 오라버니(乙亥)의 원혼이 훼방을 놓고 있는 업상이다.

● 지합(支合)이 배우자이다.

丙	己	壬	庚	坤
子	丑	午	子	

여명(女命)의 오월 기토 일간이 배우자인 관성(官星)의 목(木)이 보이지 않는다. 그렇다고 천간 합도 보이지 않는다. 이럴 때, 배우자가 없다고 해설해서는 안 된다.

이처럼 천간 합이 보이지 않으면 일지의 지합(支合)을 찾아야 한다. 이의 본명은 일지가 시지 자수와 자축 합(子丑 合)을 하고 있다. 그리고 그 자수(子水)가 월간 임수(壬水)로 발동하고 있다.

따라서 본명의 배우자 육친성은 월간 임수(壬水)가 된다. 무더위를 식혀주고 갈증을 풀어주는 물의 역할이라, 배우자는 사람을 살리는 활인업(活人業)에 종사하였다.

壬	乙	丙	己	坤
午	亥	子	亥	

한겨울 동짓달 자월(子月) 을목(乙木)이 동백꽃 같은 겨울꽃을 피우고 있다. 관성(官星)의 금(金)이 보이지 않고, 있다 해도 흉신 역할이다. 물론 천간 합도 보이지 않는다.

그렇다고 배우자가 없이 결혼을 못한 운명이 아니다. 자식의 식상(食傷)인 병·오화(丙·午 火)가 있기 때문이다.

이의 운명처럼 관성도 없고 천간 합도 없을 경우, 그리고 지합(支合)도 뚜렷하지 않을 때는, 지지 암합을 찾아 배우자 육친성을 삼아야 한다.

따라서 본명은 일지 해수(亥水)가 시지 오화(午火)와 지지 암합을 하였다. 그러므로 오화(午火)가 배우자인데, 오화(午火)에서 월간 병화(丙火)와 연간 기토(己土)가 천간으로 투간 발동하였으니, 그중 기토(己土)가 배우자이다.

기토(己土) 대운에 결혼하였다. 내가 뿌리 내릴 기토(己土)의 배우자가 매우 필요한 의지처이다. 그러나 그 기반이 약해 많은 물에 휩쓸리고 있는 상황이다. 따라서 내 의지의 바램을 충족시키는 배우자가 되지 못한다. 오히려 내 활동력으로 언땅 기토(己土) 배우자를 녹여주어야 할 입장이다.

일지 활인성(活人星)을 두고 월간 상관(傷官)으로 화술을 발휘하고 있으니, 요가 강사로 오래 활동하고 있다.

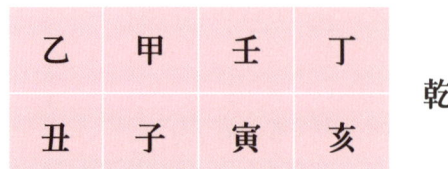

정월달 신왕한 갑목(甲木)이 뿌리 내릴 기반인 땅이 부족한 형국이다. 남명의 갑목(甲木)은 배우자 육친성이 토성(土星)의 땅이 된다. 일간의 천간 합도 없고, 배우자인 토성(土星)도 뚜렷이 보이지 않는다.

이럴 경우, 지합(支合)을 살피거나, 암합(暗合) 또는 명합(明合)을 찾아 배우자 육친성을 해설해야 한다.

본명은 일지가 시지 축토(丑土)와 자축 합(子丑 合)을 하였으니, 이를 배우자로 파악해야 한다. 갑목의 큰 나무가 토(土) 같지 않은 축토(丑土)가 불만스럽다. 그런데다 시간에 겁재 을목(乙木) 비견이 줄기를 감고 오르고 있으니, 남의 여자이거나 재혼녀와 인연이다.

큰 나무가 큰 땅(여자)에 뿌리내리고 싶으나, 큰 땅이 팔자에 없으니, 배우자에 대한 불미스러움이 업상(業像)으로 있다. 일생에 받아들이고 감내해야 할 운명의 숙제이다.

● **암합(暗合) 이 배우자이다.**

남자의 재성(妻-배우자)이나, 여자의 관성(官星-남편)이 확실하게 보이지 않을 경우, 우선 간합(干合)에서 찾고, 그도 마땅치 않으면 지지 합(地支 合)에서 배우자를 찾는다.

그마저도 없을 경우에는 일간의 암합(暗合)을 중요하게 살핀다. 그 암합이 있으면, 바로 그 암합이 배우자이다. 그런데 그 지장간에서 천간으로 투간된 천간이 있으면, 그 투간신(透干神)이 배우자의 최종 모습이다. 다음의 실례로 이해를 돕고자 한다.

丙	戊	乙	乙	乾
辰	寅	酉	巳	
(空)				

일점의 재성(財星) 수(水)가 보이지 않는다. 배우자를 찾는 일간의 간합도 없고, 일지와 지합(支合)하는 지지도 뚜렷하지 않다.

이럴 경우, 일간의 암합을 본다. 시지 진중(辰中) 계수(癸水)와 암합이므로, 이것이 배우자가 된다.

그러나 지장간 투출신의 동태를 최종적으로 살펴야 하는데, 진중(辰中) 계수가 연·월간으로 투간하였다. 그러므로 배우자의 최종 자리와 모습은 을사(乙巳)요, 을유(乙酉)의 을목이다.

따라서 이의 본명은 배우자가 둘인 재혼격이 된다. 그런데 2마리의 새가 위태위태하게 앉아있는 형국이다. 사유 금국(巳酉 金局) 위에 을목(乙木)이 절지(絶地-酉金)로 앉아있기 때문이다.

임오(壬午) 대운에 결혼하였으나, 34세 신사(辛巳) 대운에 신금(辛金)이 을목(乙木)의 배우자를 노리게 된다. 을목(乙木)의 절신(絶神)이 발동(發動)하여 어김없이 칼날을 휘두르기 때문이다.

해년(年)은 갑신년(甲申年)이었다. 일지 배우자궁을 인신충(寅申沖)하여 결국 사별이었다. 운명의 업보를 되돌리기 어려운 법이니, 안타깝기 그지없는 노릇이었다. 명석하고 바른 사람이었으며, 어판장 중매인으로 살아가고 있다. 관성이 불안하게 있어서인지 자식도 없는 운명으로 살고 있다.

| 辛 | 乙 | 辛 | 辛 | 坤 |
| 巳 | 卯 | 卯 | 丑 | |

묘월 을목 일간이라, 을묘 목은 봄에 솟아오르는 새순 새잎과 같다. 그러므로 그 봄빛을 자르는 전정 가위 같은 신금(辛金)은 조금도 필요하지 않다.

이의 여명은 배우자인 관성(官星)이 쇠붙이의 금(金)이다. 그 금성(金星)이 연·월·시 천간에 신·신·신(辛·辛·辛)으로 나란히 있다. 특히 편관(偏官)인 신금(辛金)이 날카롭게 칼날을 세우고 있는 형국이다. 그렇다고 남자 또는 애인이 많은 운명으로 해설하면 안 된다. 더욱 재혼 또는 3혼을 들먹이면 하수(下手)의 운명 해설사로 취급되고 만다.

이렇듯 관성의 신금(辛金)이 많다한들, 오히려 일간 을목에게 해(害)를 끼치고 있다면, 이를 어찌 남편의 배우자로 삼을 수가 있겠는가.

따라서 본명의 신금(辛金)은 배우자가 될 수 없다. 이럴 경우, 일간 을목은 지장간의 암합(暗合)을 찾는다. 마침 을목에게 필요한 시지(時支)의 사중 경금(巳中 庚金)과 암합을 하니, 그 사화(巳火)가 배우자인 남편성이 된다. 자식성인 병화(丙火)도 함께 있으니, 더욱 확실한 배우자가 된다. 혼전 동거로 아이 낳고 결혼하였다.

| 壬 | 乙 | 丁 | 乙 | 坤 |
| 午 | 卯 | 亥 | 亥 | |

일간 을목이 배우자인 관성(官星)의 금(金)이 없다. 본래 생목(生木)의 나무는 금(金)을 꺼리고 있으니, 배우자 복락을 기대하기 어렵다. 그렇기는 하나, 배우자가 운명에 없는 것은 아니다.

이의 본명도 마찬가지로 관성(官星)의 금(金)이 없고, 천간 합이나 지합도 없을 경우는, 일지의 지지 암합을 찾아야 한다.

일지 묘목(卯木) 중에 갑목(甲木)과 시지 오화(午火) 중에 기토(己土)가 갑기 합(甲己合)으로 암합하고 있다. 따라서 오중(午中) 기토(己土)가 배우자인데, 월간 정화(丁火)로 투간(透干) 하였으니, 이의 정화(丁火)가 배우자이다.

| 甲 | 乙 | 乙 | 甲 | 乾 |
| 申 | 卯 | 亥 | 子 | |

신왕한 초겨울의 을목 일간이 뿌리내릴 땅이 없다. 남명의 을목 일간은 땅의 토성(土星)이 배우자인데, 그 땅이 보이질 않는다. 부평초처럼 떠다니는 운명적 업상

이 내재되어 있다.

그러므로 이의 본명은 뿌리내릴 땅이 필요하고, 기반이 되는 배우자가 필요한 운명이다. 재성(財星)의 토(土)가 없다고 결혼 못 하는 운명으로 쉽게 추단해버리면 안 된다.

이럴 경우, 천간 합도 살피고, 암합도 살펴보며, 그 나중에는 명합도 살펴보아야 한다. 이의 본명은 일간 을목이 시지 신금(申金)과 암합하고 있다. 그러므로 배우자이다. 신금(申金)이 관성의 자식이기도 하므로, 반드시 혼인하고 자식도 두게 된다.

己	己	庚	己	乾
巳	巳	午	酉	

오월 기토 일간이 토금(土金) 상관으로 순수하게 설기하고 있다. 신왕하고 더운 열기를 빼주고 식혀주는 금수(金水)가 필요하다.

남명의 배우자인 재성 수(水)가 일점도 보이지 않는다. 결혼 시기의 대운에서도 북방 수운(水運)이 오지 않았다. 그렇다 하여 결혼 못 하는 운명으로 해설해서는 안 된다.

이의 명조처럼 배우자의 재성도 없고, 일간 합과 암합도 없으며, 일지 합도 없을 경우, 그다음은 일지 암합도 살펴야 한다. 그래서 지지 암합이 있으면 그 합신이 배우자이다.

따라서 이 4주는 일지 사화(巳火)가 지지 암합(巳酉 合)하는 연주 유금(酉金)이 배우자이다. 배우자인 유금(酉金)이 월간 경금(庚金)으로 표출하였으니, 최종 월간 경금(庚金)을 배우자로 간명한다.

이때, 배우자 경금(庚金)은 일간 기토의 숨통이며, 가는 길이고, 쓸모 있는 역할이다. 따라서 배우자 덕이 있으며, 배우자 덕을 보기 위해 배우자를 향해 쫓아가는 곤곤한 운명이다.

운명이 맑고 순수하나, 연주 기유(己酉)인 타인의 일거리를 일주 기사(己巳)가 따라가는 형국이라, 내가 남을 부리는 것이 아니고, 남의 부림을 내가 따르는 형국이다.

대운마저 초반 동·남방으로 흘러 고초의 삶을 감내할 수밖에 없다. 45세 을축(乙丑) 대운은 가는 길마저 을경 합(乙庚 合) 입고(入庫)하니, 갈 길 암담하고 신액이 중중하다. 당연히 배우자와 떨어져 살고 있다.

건축 관련 기술자로 생업 하다가, 음식점 프렌차이즈를 하고 있으나, 경영에 여러 어려움을 겪으며 운땜을 하고 있다.

● **명합**(明合)**도 배우자가 된다.**

명합(明合)은 암합(暗合)의 반대 개념을 의미한다. 즉, 일간이 지지의 지장간(支藏干)과의 합을 암합(暗合)이라 하는데, 반대로 일지가 천간과의 합을 하는 것을 명합(明合)이라 말한다.

배우자 육친성이 보이지 않을 때, 천간 합과 암합, 지합 등이 없을 때는 이의 명합(明合)을 찾아 배우자로 해석하면 된다.

여명의 정화 일간이 배우자인 관성(官星)이 보이지 않는다. 그렇다고 천간 합도 없고, 일간 정화의 암합(暗合)도 없다.

이럴 경우, 일지의 명합(明合)을 살핀다. 마침 미중 을목(乙木)이 연간 경금(庚金)과 을경 합(乙庚 合)으로 명합(明合)하고 있다.

따라서 연간 경금(庚金)이 배우자이다. 연지 술토(戌土) 상관이 함께 있어서인지, 자식 낳고 별부(別夫)하고 말았다. 내가 식상으로 활동해서 밀어주어야 할 남편이다.

부모 합신론

4주 8자 운명 공식에서 부모의 십성(十星)은 인수(印綬)가 된다. 기본적으로 우선 인수(印綬)를 부모로 해석한다.

그다음 좀 더 세부적으로 보면 재성(財星)이 부친이고, 인성(印星)이 모친이 된다.

그런데 운명 공식에 인성(印星)이 없는 경우가 있고, 또는 재성(財星)이 없는 경우도 있다. 그렇다고 해서 인성(印星)의 실제 모친이 없다거나, 현실에서 재성(財星)의 부친이 없다고 판별해서는 안 된다.

- 인성(印星)의 합신(合神)이 부친이다.

 4주 8자에서 인성(印星)은 확실히 있는데, 재성(財星)이 없는 경우가 있다. 이때는 인성(印星)과의 합신(合神)을 부친으로 판단 해설한다.

 일간 기토(己土)의 모친인 정인(正印)은 연간 병화(丙火)로 분명하게 나타나 있다. 그런데 부친인 재성(財星)이 일점도 보이지 않는다. 그렇다고 부친인 아버지가 없는 것일까.
 그렇지 않다. 이럴 경우, 모친인 인성(印星) 병화(丙火)의 합신인 월간 신금(辛金)을 부친으로 판단한다.
 실제로 이의 본명 부친은 월간 신묘(辛卯)가 천충지충 당하는 정유년(丁酉年)에 절명하고 말았다. 합신 육친론의 이론을 확증하는 임상 사례이다.

표출 육친론

 실제 임상에서 매우 중요한 '신육친론'이 '표출 육친론'이 된다.
 '표출 육친론'은 4주 지지의 지장간에서 표출된 천간을 최종 육친으로 해설하는 새로운 이론이다.
 지금까지의 육친론은 4주 지지의 십성(十星)을 육친 그대로 해석하는 것으로만 결론하였다. 그러나 '표출 육친론'은 4주 지지 중에서 천간으로 표출된 십성(十星)을 최종 육친으로 규정하는 '신육친론'이다.
 예를 들면, 일간 임수(壬水)에게 지지 '사화(巳火)'는 편재요, 육친으로는 부친에 해당한다. 그런데 사화(巳火)의 지장간 중에 천간으로 경금(庚金)이 표출하였다면, 그 경금(庚金) 편인을 부친으로 판단하고 해설하는 방식이다.

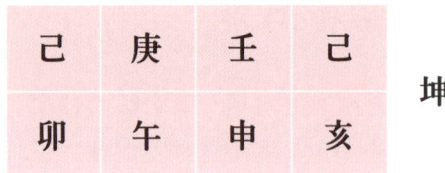

경금 일간의 일지 오화(午火) 정관이 배우자이다. 그런데 오중(午中) 기토가 연간과 시간으로 표출되었다. 오화(午火) 정관이 기토(己土) 정인으로 작용하고 있는 것이다.

따라서 기토(己土) 정인을 배우자로 판별해야 한다. 연·시간으로 표출하였으니, 재혼격이 성립된다. 또한 배우자는 부모 같고 선생 같은 사람이다.

연간의 기토는 첫째 남편인데, 기토탁임(己土濁壬)의 많은 물에 휩쓸려 사라지게 되었다.

시간의 기토(己土)는 두 번째 만나는 배우자이다. 달변의 설교자요, 성직자인 선생 같은 사람과 인연이 되었다. 속으로는 배우자의 재물(卯)과 암합하고 있으니, 재혼남의 재정적 돈의 상태를 보고 선택하게 된다.

이처럼 해당 육친의 지장간에서 표출된 천간을 최종 육친으로 판별하는 이론이 '표출 육친론'이다.

궁성 육친론(宮星 六親論)

'궁(宮)'은 사주(四柱) 네 기둥이 세워진 집터의 영역을 의미한다. 그 '궁'에 내려앉은 별자리가 '성(星)'인데, 이의 '궁'과 '성'을 아울러 육친 해설을 하는 것이 '궁성 육친론'이다.

즉, 연주의 '궁'은 '조상궁'이다. 월주의 '궁'은 '부모궁'이다. 일지의 '궁'은 '배우자궁'이다. 시주의 '궁'은 '자녀궁'이다.

그 각자의 '궁'에 어떤 '성(星)'이 앉아있는지를 살펴 해석하는 것이 '궁성 육친론'인 것이다.

'궁성 육친론'은 해당 '궁'에 제 육친의 '성'이 자리하는 것이 최상으로 해석한다. 이를테면, 조상 자리에 조부모(祖父母)가 있고, 부모궁의 월주에 부모(父母) '성'이 있으면 좋다. 일지에 배우자 '성'이 있으면 좋고, 시주에 자녀 '성'이 있는 것이 좋다.

그런데 배우자궁인 일지에 인성(印星)이 있으면, 부모를 배우자처럼 모시게 된다든가, 배우자를 부모처럼 섬기게 된다.

또한 연주의 조상궁에 자녀성이 있게 되면, 마치 자식을 조상처럼 떠받드는 경우로 해석된다.

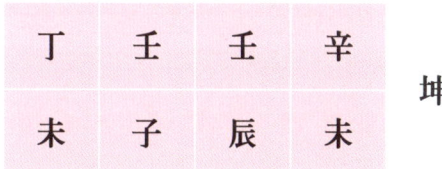

일지 배우자 '궁'에 겁재 친구를 두었다. 배우자를 친구로 생각하거나, 배우자보다 친구를 더 좋아하기도 한다.

그리고 시지의 미(未) 중 기토(己土) 정관이 배우자이다. 그런데 미(未) 중 정화(丁火)가 시간으로 표출하였으니, 시간의 정화(丁火)를 표출 육친의 배우자로 해석한다.

그 배우자가 시주의 자식 '궁'에 있으니, 항상 배우자가 자식 같고, 자식처럼 대한다. 또한 재성(財星)이 배우자이므로, 배우자의 자격 조건은 '돈'의 재물이 척도가 될 것이다.

결구(結句)

'육친론'의 핵심 사항은 '배우자'에 있다. 그 배우자를 찾는 핵심론은 '합신론(合神論)'이다. 실제 사람의 생활에서 배우자와의 인연법이 합신법(合神法)으로 이루어진다고 볼 수 있기 때문이다.

또한 운명의 육친성(六親星) 중에서 가장 중요한 인연이 배우자이기도 하다. 그러므로 운명에서 배우자를 정확히 찾는 일은 운명 해설의 핵심 사항이다.

따라서 합(合)을 중심으로 배우자를 찾는 관법은 매우 중요한 '신육친론'이 될 것이다. 이를 근거로 다른 육친성(六親星)도 분석하면 될 것이다. 이를테면 인수성(印綬星)의 모친은 보이는데, 재성(財星)인 부친이 보이지 않을 경우, 모친과 합(合)을 찾으면 그 합(合)이 부친이 된다.

그 밖에도 '궁성론(宮星論)' 등을 참고하여 '육친론'을 해설하면 될 것이다.

일곱, 통변론(通辯論)

명리 해설의 핵심 5단계는 '체-용-상-통-변(体-用-像-通-辯)'의 다음과 같다.

1단계 - 체(体)
4주 8자의 주체(主体)를 규정한다. 일간을 주체로 정하되, 일간이 주체적 능력이 없는 경우, 주체 대행자를 찾아 새로 규정하는 단계이다.

2단계 - 용(用)
주체를 정한 뒤, 4주 8자의 주체가 필요로 하는 용신(用神)을 정하는 단계이다.

3단계 - 상(像),
4주 8자의 운명지상(運命之像)을 파악하는 단계이다. 자연철학적 물상(物像) 등을 기초하여 명리 명도를 추상해 보는 것이다.

4단계 - 통(通),
4주 8자의 구조를 꿰뚫어 보고, 숙련된 명리관법과 신명으로 환하게 비춰보는 단계이다.

5단계 - 변(辯),
비로소 명리 해설의 말문을 여는 단계이다. 4주 8자의 주인공을 향해 법문(法文)을 설(說)하는 결론의 순간이다. 천기누설의 과정이며, 복음을 전파하는 엄중한 단계이다.

명리를 공부한 '역인(易人)'은 이의 과정을 제대로 정립하고, 모든 4주 8자 앞에 진중하게 마주 앉아야 할 것이다. 한사람의 운명을 파설한다는 자체가 한 사람 생명과 삶에 개입하는 엄중한 일이기 때문이다.

'명인(命人)은 득의야(得意也)라'

부디 '명인(命人)'은 부단한 노력과 정진으로 '체-용-상(体-用-像)'의 명리관법(命理觀法)을 증득하기 바란다. 모든 4주 8자를 논단 해석할 수 있는 명인(命人) 스스로의 정견(正見)이 선덕(善德)의 뜻을 얻어야만 한다.

특히 '통변(通辯)'은 명리의 칼을 긋는 결단 과정이다. 명인이 운명을 판단하고 해설을 전파하는 중요한 단계이다.

이때, 한 사람의 운명을 예단하는 명인(命人)의 통변은 말의 칼날임을 명심해야 한다. 약과 독이 있는 양날의 활인검을 휘두르는 것과 같음을 깊이 새겨야 한다.

지혜의 '명리 약수(命理 若水)'를 마시는 자가 '명인(命人)'이다. 그 명약수(命若水)를 소와 양이 마시면 생명의 젖을 내어준다. 그러나 사악한 뱀이 마시면 생명을 해하는 독을 풀어놓는 법.

명리(命理)의 씨줄 날줄을 통변(通辯) 하고 설(說)하는 고수(高手)의 활인검을 휘두르고자 하는가.

그렇다면, 선덕 득의 통변(先德 得意 通辯)부터 하라!

체용 통변법

4주 8자의 체용이 파악되면, 이에 따른 통변법을 말한다. 특히 체용의 용신을 중심으로 운명을 해설하는 기본 통변법이다.

이를테면, 용신을 근거로 한 '물상론(物像論)'이나, 체용의 '역할론'을 중심으로 운명을 해설하는 통변법을 말한다.

乙	癸	丁	庚	乾
卯	卯	亥	子	

59	49	39	29	19	9
癸	壬	辛	庚	己	戊
巳	辰	卯	寅	丑	子

해월(亥月) 계수(癸水) 일간이 주체가 되고, 시주 을묘(乙卯) 식신이 용신이 된다. 입동절 나무숲에 물을 주고 있는 물상이고, 초겨울의 삼림 숲을 키우는 역할이다.

그러므로 생명을 기르고 가꾸는 식신의 음식 관련 명도이고, 아랫사람이나 제자를 기르는 교육자 운명이다. 계묘(癸卯) 식신 문창을 일지에 놓았고, 시주의 내 안방에 잘생긴 제자들을 두었으니, 말하고 글 쓰며 컨설팅하는 체용 통변이 기본이다.

4주 8자의 중심점이 시주 을묘(乙卯)에 있으니, 입동절의 나무가 꽃(火) 피고 뿌리 내릴 땅(土)이 절실하다. 운명의 구조가 청귀하나, 결실의 재복이 약하고 대운이 발복하지 못하고 있는 형국이다. 따라서 사업은 불발이고, 제자를 키우는 식상(食傷)의 명도를 따라야 한다.

호텔 세프로 음식(食神)업에 종사하다가, 현재 지방 대학의 음식 관련 교수를 역임하고 있다. 외식 산업 관련 컨설팅으로 명성을 얻고 있다. 다음의 갑오(甲午) 대운의 발복을 기다리고 있는 명조이다.

십성(十星) 통변법

　체용(體用) 통변법의 핵심은 십성(十星)의 해설과 풀이에 묘리가 있다. 따라서 육신(六神)의 개념과 해설로 운명의 정곡을 찌르는 통변법이 중요한데, 이를 '십성 통변법'이라 칭한다.
　즉, 체용(體用)을 근거로 용신(用神)의 십성(十星)이 어떤 작용력으로 발현되는지를 간파하여 통변 해설하는 방법을 말한다.

● 인수성(印綬星)

인수성(印綬星): 부모, 스승, 어른, 공부, 체면, 명예, 자존심, 생각, 사상철학, 인덕, 자격증, 문서, 계약서, 증권, 서류 등

　인수의 정·편인은 기본적으로 본인의 뿌리와 같다. 지식 습득의 공부를 의미하며, 생각하는 힘이고, 남에게 도움을 받는 인덕을 뜻하기도 한다.
　인수는 관살(官殺)의 기운을 소통시키며(官印相生), 비겁(比劫)을 살찌게 돕고, 식상(食傷)을 통제 관리 조절한다.
　따라서 인수가 지나치면 생각이 많아 우둔하기 쉽고, 인수가 없으면 생각이 짧고 공부와 인덕이 없게 된다. 인수가 많고 식상이 부족하면, 생각만 많고 행동과 실천이 없게 된다. 여명은 자식을 잘 못 낳거나, 자식 인연이 박하다.

丙	己	辛	丙	坤
寅	卯	丑	申	

　섣달 추운 겨울 땅 기토(己土) 일간이 희망의 봄을 기다리며 나무를 키우는 역할이다. 그러므로 따뜻한 태양빛 병화(丙火) 인수성이 간절하다. 때마침 연·시간의 병화 인수가 떠 있다.
　그러나 연간 병화 인수는 월간 신금에 병신합수(丙辛合水)로 배임하고 있다. 부모 도움으로 공부할 수 없는 형국이다. 가정 형편이 그리 어렵지도 않았으나, 여자라는 이유로 공부 기회를 얻지 못하였다. 부모 반대를 무릅쓰고 자신의 의지로 겨우 여고를 졸업할 수 있었다.

결국 대운이 서·북방으로 흘러 인수의 공부와 자격증을 얻지 못하고 전전긍긍하며 살았다. 식상(食傷)이 발달하여 오지랖이 넓은데, 강원도 5일장의 도·소매 중간 상인을 하고 있다.

그러나 시간 병화(丙火) 인수성을 용신으로 쓰고 있으니, 공부에 대한 미련과 콤플렉스를 지닌 채 살아가고 있다. 만학을 두려워 말고 배우기를 도전하라 이르고, 재산은 문서화(印綬) 시키라는 '육신 통변법'이 주효한 운명이다.

● **비겁성**(比劫星)

비겁성(比劫星): 형제, 친구, 동료, 경쟁자, 동업자, 주체성, 자주성, 독립성, 탐욕성(겁재), 투기성 등등.

비겁의 비견, 겁재는 일간 주체와 같은 오행의 별이다. 일간 주체가 약할 때는 친구, 형제의 비겁이 도움이 되겠으나, 반대로 주체가 강할 때는 아주 나쁜 경쟁자가 된다. 그 경우 대체로 부친의 덕이 없고, 남명은 재복이나 배우자 복이 약하다. 특히 내 재성 위에 비겁이 있거나, 재성을 노리는 비겁은 도둑과 같다. 겁재는 투기성과 도박성, 승부욕인데 이를 다스리는 관성이 반드시 필요하다.

癸	癸	癸	壬	乾
丑	酉	丑	寅	

천간에 비겁이 중중하다. 당연히 부친 덕 없고 형제 덕을 보지 못하였다. 주체성이 강하고 승부욕이 심하다. 다행히 겁재 임수(壬水)가 희신(喜神)의 인목(寅木) 위에 앉아 있어, 그나마 타인과 조상의 음덕을 기대할 수 있다.

남의 일거리를 따라 건축 관련 일을 하였다. 대운이 동·남방으로 흘러 크게 흐트러지지 않고 운명을 지탱하였다. 4주가 음습하니, 당연히 목·화(木·火)가 절실히 필요하다.

己	乙	己	己	坤
卯	巳	巳	亥	

초여름 을목 일간이 때 이른 꽃을 피운 형국이다. 목화통명의 상관격으로 꽃 나무가 목도 마르고 뿌리도 약한 격이니, 시지 묘목(卯木)의 비견에 의지해야만 한다.

여명의 을사 일주는 '고란살'에 일지 상관(傷官)을 깔고 있으니, 일생의 남자가 평생 고민살이 된다.

임신(壬申) 대운에 혼전 임신으로 동거가 시작되었으니, 이 또한 을사 일주의 상관 자식과 사중 경금(巳中 庚金)의 관성이 동주한 까닭이었다.

결혼 후, 계유(癸酉) 대운까지 고난의 세월이었다. 배우자의 무능과 부부갈등이 극심하였다.

갑술(甲戌) 대운에 꽃집과 옷 가게를 차려 가정 경제를 책임져야 했다. 상관생재(傷官生財)로 먹을 것(己土)은 많은데, 입이 짧아 밥동무(比劫)가 필요한 형국이다.

약간의 재물 복은 있으나, 지지 전국이 공망에 빠져 늘 공허한 세월을 비켜가지 못하고 있다.

● **식상성**(食傷星)

식상성(食傷星): 여명의 자식. 남명의 장모, 조모, 수명줄, 총명, 표현력, 행동력, 자유분방, 예체능, 종교, 음식(식신), 언어(상관), 매설 등.

식상은 재물을 얻기 위한 행동이고, 자신의 존재를 알리는 표현력이며 활동적 총명함이다. 주체가 힘이 있고 식상이 뚜렷하면 총명 활달하나, 반대로 주체 약하고 식상 과다하면, 말만 앞서고 정이 헤프며, 지출이 심하고 오지랖만 넓다.

식신은 음식과 관련이 많고, 어린아이처럼 순수하며, 새로운 호기심이 많은 연구가이다. 반면 상관은 식신보다 한발 더 나아가는 형국인데, 감정 변화가 심하고, 억제에 크게 반발하며, 역마살이 강하다. 상관이 강하면, 함부로 억제하려 하지 말고, 재성의 일거리를 주어 감정을 순화시켜야 한다.

戊	甲	丙	甲
辰	午	寅	辰

인월 갑목 일간이 식상의 화려한 겹꽃을 피우고 있다. 주체가 강한 큰 나무 생목

이 화려한 꽃, 식상을 꽃 피우고, 넓은 땅(土)에 뿌리내리고자 한다.

그러나 초반 대운이 불발하여 뜻을 펴지 못하고 움츠리며 지냈다. 그 기세를 감당하지 못하고, 유(酉) 대운부터 음식업을 시작하였다. 대운 불길하여 횟집을 시작하였으나, 실패의 연속이었다. 이후로 한식업으로 전환하여 점차 발전하기 시작하였다.

53세 경신(庚申) 대운 역시 불길할 것 같으나, 연주의 비견이 재성(辰土) 위에 앉아있으니, 이를 제거하는 역할의 식상(食傷) 병·오(丙·午)를 발동(화극금-火克金)시켜 크게 발전하였다. 재물이 모이면 곧 부동산을 매입하여 축재하였다.

그러나 여명의 식상(食傷) 용신이라, 자식 위주의 삶이며, 남편 배우자 인연은 박하다. 배우자는 신(申) 대운 병신년(丙申年)에 득병을 이기지 못하고, 정유년(丁酉年)에 먼 길을 떠나보내야 했다.

식상성(食傷星)의 명도를 따라 음식업을 하였으니, 제 길에서 목화통명(木火通明)의 양팔통(陽八通)인 여걸 사업가로 살아가고 있다.

시주 안방에 무진(戊辰) 편재가 임하고 있고, 말년 대운 발복이라 큰 부자 소리 듣게 될 것이다.

● **재성**(財星)

재성(財星): 부친, 부친의 형제, 남명은 처, 여명은 시모, 돈(재물), 일거리, 몸(육신), 음식, 관리 능력, 지배력, 경제력, 목적, 돈 계산력 등등.

십신 통변의 핵심 요체는 재성(財星)과 관성(官星)이다. 인간 삶의 기본 욕구가 직장(官)과 일거리(財)를 통해 충족되기 때문이다.

그중 재성의 돈은 힘 있는 사람을 따르는 속성이 있다. 그러므로 재성과 합을 하거나, 월지 재격(財格) 8자는 신왕해야 좋은 것을 원칙으로 한다.

재성(財星)은 돈을 버는 일거리이고, 경제 활동의 결실이다. 자본주의 사회의 절대 가치이며, 생명을 유지하기 위한 경제적 자립심이다. 예컨대 현대 사회에서는 재물의 돈복 있는 8자가 좋은 팔자로 규정한다.

따라서 8자에 재성이 약하면 대체적으로 가난을 면하기 어렵게 된다. 남명의 재성은 처(妻)나 여자가 되므로, 신왕(身旺)에 재성과 합을 하거나 재성이 천을귀인으로 있으면 대체로 현모양처의 처복이 있게 된다.

시주에 재성이 있으면 대체로 부자이거나, 자식이 부자가 된다. 정재성 1위는 직장 생활이고, 재성이 2위 이상이거나 편재성은 사업으로 간다. 이의 재성이 일간 주체를 따르는 8자가 부자 운명이다.

甲	庚	乙	乙	乾
申	子	酉	酉	

　신왕 경금이 재합(財合) 중중하고 시간에 편재를 두었다. 따라서 이재에 뛰어나고, 돈을 버는 데 양날의 칼(酉金 兩刃)을 휘두르는 형국의 운명이다. 전생에 재물에 대한 한을 풀고 있으니, 돈에 대한 집착이 강하다.
　돈을 버는 활동의 식상을 넓히려고 해수(亥水)의 돼지 농장을 하면서 수많은 돈을 주무르고 있다.

　다만, 돈을 지키는 관성(官星)이 없어, 불운에 크게 돈을 잃기도 한다. 천간에 정, 편재가 발동하고 있으니, 내 돈 자랑이 크고, 그로 인해 재물 손재도 클 것이다.
　또한 도화 양인 위에 처(妻)의 을목 새 두 마리가 위태롭게 앉아 있으니, 그 인연이 절단(절지 유금 발동-絕地 酉金 發動)나는 형국이다. 재성의 돈으로 인한 풍운아의 운명을 벗어나기 어렵다.

● **관성(官星) 용신**

　관성(官星) : 여명은 남편, 남명은 자녀, 직장, 관직, 관청, 법률, 권력, 준법, 군인 경찰(편관), 귀신, 질병, 자제력, 법정계 등등.

　관성은 주체인 나를 순치시키고 통제 관리하는 직장이며, 관귀(官貴)라 하여 나를 드높이는 체면이고 권위이다. 그러므로 법률, 준법, 직장, 권력, 규칙 등을 뜻한다.
　관성은 비견, 겁재를 견제하여 재물 겁탈의 재성을 지키는 역할을 한다. 부자 운명이 크게 손재를 보는 경우가 관성이 없기 때문이다.
　이의 관성이 지나치게 많으면 일간 주체가 심하게 극을 받아, 독립성이나 주체성이 결여된다. 또한 주체가 심약해져 남의 눈치 보기에 급급하게 되고, 타인의 통제 관리에 종살이 객체로 전락하거나 질병에 시달리게 된다. 여명은 관살 혼잡이라 하여 여러 남자 혼란을 겪게 된다. 이럴 경우, 살인상생(殺印相生)의 인수성(印綬星)이 절대 필요하다.
　반대로 관성이 없으면 체면 체통을 못 지키고, 자신을 통제하지 못하며, 준법 정신이 결여된다. 직장에 인연 없고, 여명은 남자와의 인연이 박하다.

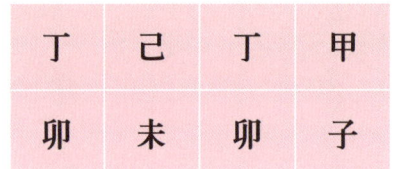

| 丁 | 己 | 丁 | 甲 | 坤 |
| 卯 | 未 | 卯 | 子 | |

기토(己土) 일간이 관성(官星)이 많다. 관성의 갑목(甲木)과 합을 하고, 묘미(卯未) 목국(木局)을 놓고 있기 때문이다. 형국은 관살 혼잡으로 보인다.

그러나 봄땅 기토(己土)로 합세해 오는 많은 나무들을 모두 내 아래(未-관고) 치마폭에 굴복시켜 통제 관리하고 있다. 그리고 그 나무들을 꽃(丁火) 피워 주는 역할을 하고 있다. 큰 나무 작은 나무 할 것 없이 내 아래로 굴복시켜 꽃을 피워주는 형국이다.

따라서 많은 남자들이 무리지어 나를 따르고 있고, 그 남자들을 통제 관리하는 능력이 뛰어난 여성이다. 봄 나무를 키우는 역할이라, 봄 나무를 헤치는 금(金) 운이 불리하다.

4주 속 4주 통변법

한 개인의 4주 8자 속에는 궁성(宮星)의 인연법이 있고, 십성(十星)의 육친법이 있다. 다시 말해 조상의 별이 있고, 부모, 자식과 배우자 등의 여러 인연들이 어우러져 있는 것이다.

따라서 내 4주 속에서 여러 인연법의 동태를 알아볼 수 있는데, 그 해당 육친을 중심으로 4주를 해석하는 통변법이 '4주 속 4주 통변법'이다.

이 통변법은 육친의 4주를 보지 않고도 해석하는 통변법으로서, 상당 부분 기묘한 운명 해설의 스-킬이 된다. 그 상대적 통변법으로서 내 운명에는 재복이 보이지 않으나, 배우자의 재물이 많은 경우도 풀이할 수 있게 된다.

| 戊 | 己 | 丙 | 甲 | 坤 |
| 辰 | 未 | 寅 | 申 | |

32	22	12	2
壬	癸	甲	乙
戌	亥	子	丑

　인월(寅月) 이른 봄의 기토(己土) 일간이다. 큰 나무(甲木)을 키우고자 하는 봄땅이다. 운명의 구심점이 월간 병화(丙火)인데, 육친의 어머니(印綬)가 봄날 아침 태양처럼 환하게 떠 있다.
　따라서 어머니는 봄 태양처럼 환하고 둥근 얼굴이며, 매우 매력적으로(丙寅-홍염살) 생긴 사람이다. 그리고 병화(丙火)의 식상 무기 토(戊己 土)가 발동하고 있으니, 말을 잘하고 오지랖 넓게 활동적인 사람이다.

　갑자(甲子) 대운은 아직 어린 청소년인데, 정관(正官)의 갑목(甲木) 남자 친구가 도화살 자수(子水)를 달고 왔으니, 남자 친구 문제 발생의 소지가 다분하다.
　그런 중에 기해년(己亥年)을 맞아 친구 관계의 여러 문제가 발생하게 되었다. 그로 인해 모친 병화(丙火)는 좋은 직장을 그만두게 되었다. 역시 병화(丙火)의 기토(己土-딸자식 문제)로 상관(傷官) 발동하였으니, 퇴직 시에 관재 구설이 발생하는 '4주 속 4주 통변법'이 적용되고 있다.
　이와 같이 해당 육친의 입장에서 또 다른 대상을 상대적으로 해석하는 방법이 '4주 속 4주 통변법'이다. 일련의 '육친 통변법'으로서, 실제 임상에서 더러 내담자를 깜짝 놀라게 하는 기묘한 통변법이다.

여덟, 의명론(醫命論)

　옛 성인은 '내가 길이요, 진리요, 생명이라'고 설하셨고, 또 한 분은 '천상천하유아독존(天上天下唯我獨尊-천지간에 오직 나는 홀로 고귀함'이라 했으니, 그 진리의 빛 말씀을 즉각 알아들어야 한다.
　그러니 오직 나를 통해 길(道)을 얻고, 나로부터 진리를 깨달아야 하며, 나를 통해 생명을 양생(養生)해야 한다.

　'몸 나'는 내가 찾는 '길(道)'이다. 대우주의 정기를 품수한 진리의 소우주이며 고귀한 생명이다.
　눈으로는 태양의 빛을 보고, 귀로는 달의 인력에 따른 파동을 청취한다. 코로는 하늘의 천기(天氣)를 마시고, 입으로는 땅의 곡식(穀食)과 자양분을 먹는다.

　'몸 나'의 머리는 하늘의 원만성을 품수하여 둥근 모양이며(天圓), 하늘 북두칠성과 생명력을 교환하고 있으니, 칠규(七竅)의 일곱 개 구멍이 있다. 머리통을 떠받치고 있는 목뼈 역시 일곱 마디이다. 그 구멍 굴로 사람의 얼이 굴러다니니 '얼굴'이라 하는 것이다.

　몸통은 땅의 사방을 품수하여 네모났고(地方), 하늘 오행성의 정기와 기운 교환을 하고 있으니, 몸통 속에 오장(간·심·비·폐·신-肝·心·脾·肺·腎)이 깃들어 있다. 5장을 부조하여 땅의 음식을 소화, 흡수, 배설시키는 6부가 있다. 대자연의 6기(풍·한·서·습·조·화-風·寒·署·濕·燥·火)를 품수한 육부(담·소장·위·대장·방광·삼초)가 생명을 자양시키고 있다.

　1년 12달인 땅의 정기를 품수 하였으니, 몸의 5장 6부(동의학은 6장 6부)의 12장부가 있으니, 그 정기가 손가락 발가락 끝으로 교류하는 12경락이 흐르고 있다. 또한 몸통을 떠받치는 흉추 역시 12개로 되어있고, 중요한 5장을 떠받치는 허리뼈는 다섯 마디로 되어 있다.
　달의 자전이 1년 12달 중에서 4계절 24절기로 돌아가고 있으니, 12개씩 좌우 갈비뼈가 24개이며, 인체 중심의 척추 뼈마디 역시 24마디의 소우주로 되어 있음이다.

　대자연이 1년 365일로 살아 움직이고 있으니, 어린아이의 뼈마디 역시 약 365마디이며, 몸통의 경락마다 혈정이 대사하고 있는, 생명 정류장의 경혈 역시 약 365개 혈로 되어 있다.

　머리는 하늘(天), 몸통이 땅(地)이라면, 천지(天地)가 본래 부모와 같으니, 몸통에 달려 있는 두 손은 아들과 딸과 같은 자식이요, 인간 사람(人)으로 비유되는 지체이다.

　이렇듯 '몸 나'는 '천·지·인' 삼신(三神)의 완전한 합작품이 틀림없다. 그러므로 나는 '천상천하유아독존(天上天下唯我獨尊-천지간에 홀로 고귀한 존재)인 것이다.

　오직 '한 나'의-고귀한 그 손으로 사람이 사람다운 옳은 일을 하고 살아가라고, 많이 쓰는 우측 손을 '오른(옳은) 손'이라 명명했으며, 바른 일을 하라고 '바른 손'이라고도 불렀다. 또 한 손은 외진(외쪽) 곳까지 보살피며 살아가라고 '왼손(외진 손)'이라 했음이다.

　두 발은 신(神)의 형상을 품수한 지체이니, 신의 발이라 하여 '신발(神發)'이 아니겠는가. 이는 '신발(神發-신이 가다)'을 신고 '신명을 펼치라'는 뜻이 틀림없음이다.

　그 '신의 발'이 잘못 내딛으면 '귀발(鬼發)'이 될 것이니, 한쪽 발은 '신발(神發)'이요, 또 한쪽 발은 '귀발(鬼發)'이 있음을 알아야 할 것이다. 오로지 '신발'을 신고 '신명(神明)'으로 걸어가야지, '귀발(鬼發)'에 끌려 '귀흉(鬼凶)'의 길을 가지 말아야 함을 깨우쳐주고 있다.

　그러므로 길(道)과 진리와 생명을 '몸 나'에게서 찾으러 가면 '신(神)의 발'이 될 것이요, 길(道)과 진리와 생명을 나에게서 구하지 아니하고, 나를 떠나 다른 곳을 찾아 헤매면 '귀(鬼)의 발'로 가게 될 것인 즉, 이렇듯 오묘한 소우주의 완성품이 곧 '몸 나'가 아닌가.

의명론

'의명론(醫命論)'은 '생명의 몸을 치료하는 법을 논한다'는 뜻과 '의학의 법을 사주 명리로 논한다'는 뜻을 내포하고 있다.

사주 명리는 대우주와 소우주의 운기(運)와 생명(命) 작용의 순환 진리이다. 즉 명리(命理-목숨 생명과 자연의 이치)는 보이지 않는 일련의 '운명' 공식인 것이다. 그 공식을 통해서 각자 타고난 목숨의 '운명'을 가늠하고 예지하는 진리의 척도이다.

이를 근거로, '명리 인문학'은 단순 명료한 실존 철학의 운명관을 제시하고 있다. '운명'의 운은 마음이요, 명은 몸이라는 보편 상식적 입장이 그것이다.

따라서 사주 명리의 '운'이 좋으면 '마음'이 평화로울 것이며, '운'이 나쁘면 '마음'의 균형이 깨어질 것이 자명한 이치다.

또한 사주의 강건한 '명'을 받고 태어났으면 '몸'이 강건할 것이며, '명'이 허약하게 태어났으면 '몸'이 빈약할 것이 틀림없다. 그리고 아무리 강건하게 타고난 '명(몸)'이라 해도 대운과 세운에서 불리하게 작용하면 '병'이나 사고로 크게 상하거나, 자칫 절명을 당하기도 한다. 그렇기 때문에 4주 8자의 운명 공식에서 '의명론'을 중요하게 거론하는 것이다.

부언하면, 사주의 연주는 해년의 태양을 좌표로 생명 활동을 하고 있고, 사주의 월주는 달을 좌표로 몸의 조화를 균형 잡고 살아간다.

또한 사주의 일주는 지구를 좌표로 매일 그날의 일진에 따라 생리 작용을 하고 있으며, 사주의 시주는 항성의 뭇별들과 기운을 호환하며 바이오리듬을 타고 있는 것이다.

그러므로 '의명론'의 이치로 '몸 나'의 존귀한 생명을 잘 관리하고 지혜롭게 지켜나가는 '양생법'을 터득하자는 것이다.

의명 장부론

'의명론'은 이의 자연과학적 근거로 타고난 사주 명리에서 장부의 허실 강약을 추론하는 것이다. 타고난 4주 8자는 음양(해와 달)과 오행(목·화·토·금·수)에서 품수한 대우주의 정기를 표시한 부호이다. 그렇기 때문에 마땅히 자연과학적인 진리에 기반한 오묘한 이치를 밝혀볼 수 있는 것이다.

사주 명리의 10간과 12지지는 하늘의 5행성과 땅의 6기를 음양으로 나누어 표시한 부호인데, 그것이 10천간 12지지의 상수이다. 그 간지에 장부를 배속시키면 5행 6기의 정기가 5장 6부의 물상으로 정확히 대입되었음을 확인할 수 있다. 아래의 도표와 같다.

5행성	10천간	장부	12지지	지장간
木	甲	간장	寅	戊·丙·甲
	乙	담	卯	甲·乙
火	丙	심장(심포)	巳	戊·庚·丙
	丁	소장(삼초)	午	丙·己·丁
土	戊	비장(췌장)	辰 戌	乙·癸·戊/辛·丁·戊
	己	위	丑 未	癸·辛·己/丁·乙·己
金	庚	폐장	申	戊·壬·庚
	辛	대장	酉	庚·辛
水	壬	신장	亥	甲·壬
	癸	방광	子	壬·癸

이와 같은 배속은 생명이 어머니 태중에서 음양(해와 달)과 5행성(목·화·토·금·수)이 정기를 품수하면서, 10달 동안 만들어지는 장부 형성 과정으로 보아도 무빙할 것이다.

5행성과 장부 관련 배속의 다음 사항도 '양생법(養生法)'으로 참고가 될 듯하여 아래에 제시하는 바이다.

5행성	상수(月)	장부	5味	5色	5食物	5方
수성	1, 6	신·방광	짠맛	흑색	해산물	북
화성	2, 7	심·소장	쓴맛	적색	화식	남
목성	3, 8	간·담	신맛	청색	과채식	동
금성	4, 9	폐·대장	매운맛	백색	견과열매	서
토성	5, 10	비·위장	단맛	황색	곡식	중앙

이를테면, 산모가 임신 3개월쯤에 신맛이 강하게 당긴다는 것은 태중의 아이가 간장(肝)을 만드는 과정으로 추정된다는 것이다.

이의 도표를 참고로 5행성과 장부의 연관성을 추론할 수 있고, 이와 관련된 수리와 맛과 색깔, 음식물, 방위 등 여러 가지를 참고하여, 장부의 조화와 균형을 유지하는데 지혜의 척도로 삼아야 할 것이다.

문제는 각자 타고난 장부의 허실을 파악하는 일이다. 동의학은 오랜 전통의 사상 체질론, 형상론 등으로 그 기준을 제시하고 있다. 그러나 그 구체성이나 객관성이 조금 미흡한 실정이다. 특히 언제 장부 허실의 문제가 드러날 것인가의 질병 예후를 추론하는 것은 거의 불가능하다.

'의명론'은 먼저 각자 타고난 생명력과 장부의 허실 강약을 능히 추론할 수 있다. 그 구체성과 객관성이 논리 정연하다. 그럼에도 불구하고 사주명리학이 잡술학으로 취급되고 뒷골목 문화로 오인되면서, 그 가치를 증명받지 못하고 있는 실정이다. 그나마 사계(斯界) 야인들에 의해 연구되고 발전되어 그 명맥이 비전된 것으로 본다.

앞서 제시한 도표를 근거로 각자 타고나 4주 8자의 천간 지지에 해당 장부를 배속시키면 된다. 다음의 예시에 따라 의명론의 장부 허실을 파악해 보기로 하자.

의명 장부 허실 분석 예시

甲(간)	己(위)	丙(심)	辛(대장)	乾
戌(비)	卯(담)	申(폐)	丑(위)	

첫째, 명리 체질력- 중약, 혹은 중강

예시의 본명을 살펴보면, 일간 기토를 기준으로 연·시지 토성이 있고, 월간 병화의 부조를 받고 있으나, 월지가 신금(辛金) 상관으로 극설하고 있어 '중약'이다. 다행히 갑기 합화 토(甲己 合化 土)와 묘술 합화(卯戌 合化 火)의 기가 부조하여 '중강'으로도 판단할 수 있다.

둘째, 장부의 허증- 신허(腎虛)

우선 장부의 '허(虛)'가 눈에 띤다. 수성(水星)에서 품수한 신장과 방광이 보이지 않는다. 그렇다고 해서 신·방광이 없다는 것이 아니라, 타고나기를 약하게 타고났다는 반증인 것이다.

셋째, 장부의 실증-폐실(肺實)

다음은 장부 허실 판단의 가장 중심이 되는 월건의 월지를 살핀다. 월지가 금성의 신금(申金)-폐로 놓여 있고, 연간의 신금(辛金)-대장이 강건하니, 이의 본명의 장부는 '폐·대장'이 '실(實)'하다. 더욱이 일간 기토와 축토·술토에게 생금(生金)을 받고 있으니 더욱 '실(實)'하다

의명-체질력 해설 지침

이와 같이 분석하고 나면, 먼저 타고난 체질적 정기에 따라 몸 관리의 기준을 제시할 수 있다. 즉, 정기가 약하면 몸의 정기를 무리하게 쓰거나 낭비하지 않도록 권면해야 한다. 대체적으로 정신노동이 유리한 경우이다.

반대로 정기가 강왕하면 그 정기를 설기하고 적극적으로 발설하도록 권면하면 된다. 몸을 많이 쓰고 에너지를 좀 과하게 써도 괜찮은 강건한 체질인 경우이다. 보통 육체노동의 삶이 유리한 편이다.

위의 기토 본명은 '중약 혹은 중강'이다. 그러므로 몸의 정기를 잘 간수하는 삶을 살아야 한다. 지나치게 정기를 소모하는 것은 건강과 양생에 불리한 경우이다.

육체를 많이 쓰는 것보다 정신을 많이 쓰는 직업과 생활환경이 체질적 적성에 부합하다.

의명-장부변증 해설 지침

'명리 장부 변증(辨證)'은 4주 8자를 통해 파악된 정보를 종합 분석하여 어떤 증(證) 인가를 판단하는 사유 과정이다. 사주 명리를 통해 타고난 장부 허실과 장부의 특성을 해설하여 관리 지침을 제시하는 것이다.

● **명리 장부 허증 관리**

먼저 위의 본명은 '신허(腎虛)'로 인한 신장, 방광의 허증에 따른 병증을 늘 유념해야 한다.

- 신음허-방로과다 주의
- 귀, 이명증-청각 계통
- 대, 소변 불리
- 신허 요통
- 전립선, 비뇨기 계통
- 방광 습열증(濕熱證)
- 혈액 여과 신사구체 계통
- 공포, 놀람 등의 심리 계통

● **명리 장부 실증 관리**

다음은 '폐실(肺實)'로 인한 폐, 대장 실증에 따른 병증 역시 유념 대상이다. 기본적으로 '허실(虛實)' 모두 문제를 안고 있는 것이다. 즉, 모자라도 병, 넘쳐도 병인 것이다.

- 호흡기 질환, 해수 천식 등
- 성대, 피부 계통
- 뼈와 치아 관련
- 변비 배설 계통
- 코-후각 계통
- 풍(風), 한(寒), 조(燥), 열(熱) 등의 사기 침습 및 담습증(痰濕證)
- 슬픔, 우울 등의 감성 계통

● 명리 장부 변증의 특성

다음은 '신허 폐실'의 경우, 장부 변증 상 유념해야 할 장부가 있다. '신허 폐실'은 목성의 장부인 간, 담을 잘 관리해야 한다. 장부 배속의 상리에 따라 '간, 담'도 약하게 타고나지만, 우선 '신허'로 인해 '수생목(水生木)'의 생조가 약하다. 거기에다 '폐실'로 인해 자칫 '금극목(金克木)'을 당하기 쉬운 까닭이다.

· 소화기 계통(지방질 소화 분해)
· 기름지고 단 음식 식습관 조심
· 해독 기능 저하(술, 담배 등)
· 근육, 신경 계통
· 눈, 안화(眼花), 시력 계통
· 간기울결(肝氣鬱結), 어지럼증, 발열증
· 간염, 담석증
· 분노 조절 장애 등

의명-명리변증 생활 지침

'의명론'은 각자 타고난 4주 8자를 통해 자신의 '몸 나'를 파악하는 명리의 전문 과정이다.
자신 삶과 생명의 주체가 '몸'이다. '몸'을 떠난 도(道)가 없으며, 몸이 없는 진리는 허구이고, 몸을 벗어난 생명은 존재하지 않는다. 그렇기 때문에 모든 '도(道)와 진리와 생명'은 자신의 '몸'으로부터 드러난다는 것을 확연히 깨달아야 한다.
그러므로 '의명론'을 통한 '몸 나'를 파악하는 일은 매우 중요한 가치 기준이 된다.
지금까지 살펴본 '의명론'의 명리 변증 분석에 따른 '양생법'의 생활 지침을 다음 도표와 같이 종합하여 제시하는 바이다.

명리 '몸나' 분석표 및 생활관리 지침서

이름		한 자	

생년월일시	1961년 7월 4일 20시	음/양력	성별	남자

甲(간)	己(위)	丙(심)	辛(대장)	乾
戌(비)	卯(담)	申(폐)	丑(위)	

丁	戊	己	庚	辛	壬	癸	甲	乙	大
亥	子	丑	寅	卯	辰	巳	午	未	運
82	72	62	52	42	32	22	12	2	

타고난 체질력 해설 지침

입추 절기에 토성의 정기를 받고 태어난 대지-땅의 덕성입니다. 자신의 에너지를 과하게 쓰는 기질적 특성으로 인해 중약(中弱)의 체질력입니다.

정력을 과도하게 소진하면 이를 바로 회복하는 체력 관리가 필요합니다.

몸을 많이 쓰는 육체노동보다는 두뇌를 활용하는 정신노동이 유리한 체질력입니다. 항상 100%의 힘을 80%로 조절하여 사용하는 생활 관리가 필요합니다. 생활 속에서 정기를 보존하는 꾸준한 운동과 수련을 권고합니다.

타고난 장부 허실 분석 지침

[장부 허증]-신허(신장 허증):

신, 방광의 정기가 약합니다. 대소변 배설 관리, 허리 요통, 방로과다(과색), 과식 등 주의, 걷기의 하체 관리, 귀의 질환 주의, 공포-놀람 주의

-흑색 활용, 해산물 식용, 짠맛 적정 취식, 매운맛 취식, 북방쪽 호흡 마시기, 1, 6수 활용 등을 생활 지침으로 권고합니다.

[장부 실증]-폐실(폐장 실증):

폐, 대장의 정기가 과합니다. 호흡기, 해수, 천식 등에 주의바랍니다. 피부 질환, 코-호흡 관리, 변비 관리, 건조, 습한 열기, 탁한 공기 등 노출 주의, 슬픔 감정 조절, 맑고 청명한 산소호흡 필요, 숲속길 걷기가 최고입니다.

[변증 특성]-간허(간장 허증):

　장부 허실 특성 상 간·담의 관리도 필요합니다. 달고 기름진 음식 주의, 과식 주의, 눈-시력 관리, 근육 강화 운동 필요, 통풍 공조 환경 생활 필요, 분노 감정 조절 주의-녹색, 청색 활용, 채식 권면, 동방 해 뜨는 쪽 호흡하기, 3, 8수리 활용 등을 권고합니다.

대운 분석 관리 지침

　본명의 대운은 '2'수 단위로 10년씩 변화가 옵니다. 전반적 운로에서 '52세-62세' 庚寅 대운을 지혜롭게 넘어가시기 바랍니다. 일주 己卯와 소용돌이 대운이라, 가정과 일신상의 변화가 다사다난 합니다. 월주 丙申과도 천충지충 하고, 金木이 교차 운행이라 일생의 큰 변화가 예고됩니다.

　모든 상황에 무리하지 말고 순응하며, 과욕을 경계하고, 단순한 삶을 지향하면서 미래를 준비하시기 바랍니다. 물론 건강관리에 각별히 노력하시고 휴식과 명상, 종교 활동 등의 수행적 삶이 필요합니다. 2018년 무술년까지 잘 넘어가기 바랍니다.

　글쓰기, 상담, 교육, 예술 활동 등으로 자신의 생활 철학을 확고히 다지는 전화위복의 계기로 삼기 바랍니다.

기타 면접 상담 지침

　본명의 체질은 열성의 뺄셈 체질입니다. 물을 충분히 섭취하고 땀을 흘려주시기 바랍니다. 매운 음식으로 열성을 발산시켜 주며, 걷고 뛰기를 즐겨 생활화 하십시오. 전생의 수행자적 정보를 계승(丑)하여 마침내 마무리 완성하고 이승을 벗어나는 (戌) 운명 공식입니다.

　글쓰기, 말하기, 고전철학, 상담하기, 서예, 그림 등의 일은 타고난 신명입니다.

　합정(合情)의 우유부단을 경계하는 습업을 끊고, 매사에 단백하게 결단하는 노력을 하시기 바랍니다. 미래 운로는 좋아 자신의 대원을 성취합니다. 자신의 지평 위에 큰 나무를 심고 키워가게 될 것입니다.

[해닮 운명 명리 의명론]

의명(醫命)의 명(命)과 몸

● **의명 식상론**(醫命 食傷論)

명리의 4주 8자에서 생명줄은 식상(食傷)과 재성(財星)이다. 엄밀히 식상은 명줄이고 재성은 몸에 해당한다.

식상의 식신(食神)은 말 그대로 '음식을 먹는 신'의 역할이다. 생명 유지의 관건이 식신의 섭생에 있기 때문에 매우 중요한 별이다. 또한 에너지를 발산하는 생명력이 명리의 식상에 해당한다. 그러므로 식상을 '명줄'로 보는 것이 타당하다.

특히 편인의 '효신(梟神)'이 식신을 상극하면 '도식(盜食-밥그릇 뒤엎음)'이라 하여 대흉으로 해설하는데, 이때 식상의 명줄을 상해시켜 거의 질병을 앓게 되는 상황이 초래된다. 이 역시 '식상'이 명줄이라는 반증이다.

따라서 4주 8자의 식상(食傷)이 충극(沖克)을 당하거나 합거(合去)를 당하는 운로를 예의 주시하여 긴밀히 살펴야 한다.

'**식상 충극 합거**(食傷 沖克 合去)' 상황은 나아갈 길이 없어진 것과 같아 거의 대부분 대흉인데, 이를 무방비로 방조하거나 무시하면 생명의 큰 화를 입거나 자칫 절명할 수도 있기 때문이다.

甲	戊	庚	戊	乾
寅	戌	申	午	배우

47	37	27	17	7
乙	甲	癸	壬	辛
丑	子	亥	戌	酉

신왕 무토 일간이 월주 식신으로 설기 하고 있다. 월주의 사회 대중을 향해 신왕한 정기를 깨끗하고 순수하게 수설(秀泄) 하고 있으니, 유명 배우의 삶을 살았다.

이런 경우 활짝 열린 대문이 고장이거나 폐쇄되는 것이 두렵기 짝이 없다. 식신이 용신이며 명줄이기 때문이다.

이 운명은 본래 재성이 없어 결실 부족인데, 대운의 운로에서 계해, 갑자(癸亥, 甲子) 재운이 결실해 주었으니, 대운에서 승승장구하였다. 유명세에 사업까지 번창하는 세월이었다.

문제는 47세의 '을축(乙丑)' 대운이었다. 식상 경금(庚金)을 합거(合去)하여 입묘(入墓)하고 있다.

무신년(戊申年) 계해월(癸亥月) 을사일(乙巳日)에 종명하였다. 원로 유명 배우 故 김승호의 명으로 알려져 있다.

이처럼 식상의 명줄이 충극(沖克) 합입 사·절·묘(合入 死·絶·墓)를 당하면 목숨이 위태롭게 된다.

● **식상 입묘**(入墓) **대운**

己	辛	丁	辛	乾
亥	亥	酉	丑	

63	53	43	33	23	13
庚	辛	壬	癸	甲	乙
寅	卯	辰	巳	午	未

일간 신금이 신왕하여 대문을 활짝 열고 나아가야 한다. 따라서 일·시지 해수(亥水) 상관으로 용신을 삼고 있다.

따라서 용신 해수(亥水)의 동태를 잘 살펴야 한다. 계사(癸巳) 대운의 사해 충(巳亥 沖)이 눈에 띤다. 사유축 삼합국으로 잠깐 보류를 하였으나, 사화(巳火)는 일간의 사지(死支)이면서 해수(亥水)의 절지(絶支)이므로, 심대한 충격을 견디고 넘겼을 것이다.

그러나 임진 대운의 진(辰) 대운은 피할 길이 없었다. 기축년(己丑年) 편인 효신(梟神)이 식상을 조이고, 대운 진(辰)으로 식상 입고(入庫)하였으니, 위암 선고를 받았다. 을축월(乙丑月)에 수술을 받고 투병하였다.

진(辰) 대운은 용신 해수의 입고(入庫) 운이지만, 일간 신금(辛金)의 묘지(墓支)이기도 하다.

금수쌍청(金水雙淸) 하여 청귀하나, 운칠기삼(運七氣三)의 운로를 거역할 수는 없었다.

● 의명 재성론(醫命 財星論)

'의명'의 재성(財星)은 몸으로 규정한다. 식상의 '명줄'로 생재(生財) 받는 자리가 재성(財星)이기 때문에 육체의 몸으로 보는 것이다.

또한 일간이 극(克)을 하며 관리하는 곳이 재성이며, 돈을 버는 기본 목적이 몸을 자양시키는 먹거리를 구하려는 본능의 욕구와 부합하기 때문이다. 즉, 재성(財星)은 육체 본능에 충실한 의식주를 해결하는데 쓰이기 때문에 마땅히 몸으로 규정하는 것이다.

따라서 4주 8자의 재성을 중요하게 살펴야 한다. 현대 자본주의 사회에서 절대 가치이기도 하지만, 몸의 건강을 관리하는데도 재성(財星)의 동태는 매우 중요한 사안이다.

재성(財星) 역시 식상과 마찬가지로 충극 합입거 사·묘·절(沖克 合入去 死·墓·絶)을 당하면 그 폐해가 심각해진다.

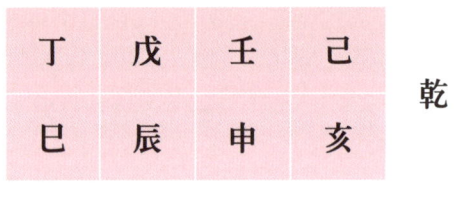

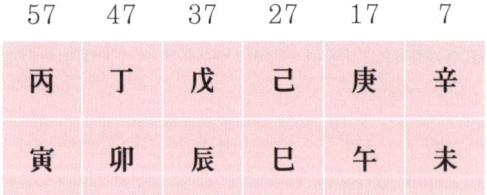

월간 임수 재성이 수기(秀氣)로 투간되어 있다. 그러나 일지 재고 진(辰)이 백호살로 놓여 있고, 무엇보다 시주 정사(丁巳)와 합입절(合入絶) 하며 발동하고 있는 것이 문제이다.

대운의 운로를 보면 그 발동의 위험시기가 눈에 들어온다. 47세 정묘 대운에는 정임 합입사(丁壬 合入死)로 죽을 고비를 넘어갔을 것이다. 그러나 병인(丙寅) 대운 임수 재성(壬水 財星)의 사화(巳火) 절신(絶神) 발동은 피하지 못하고 절명하고 말았다. 병인 대운 병오년(丙午年)에 종명하였다. 부통령을 지낸 故 장면 선생의 명조로 알려져 있다.

이와 같이 식상이나 재성이 천간으로 투간하여 노출되는 명조는 대운과 세운의 변화에서 사고와 건강을 각별히 조심해야 한다. 명줄과 몸의 상해를 위험하게 드러내놓고 있는 경우와 같기 때문이다.

이의 명조는 월간 임수(壬水)를 주체하는 수체국(水体局)으로 봐야 할 것이다. 신약 무토일간이 시주정사와 1급 '간지역행'이라 주체상실이다.

戊	甲	丙	戊	乾
辰	子	辰	申	

54	44	34	24	14	4
壬	辛	庚	己	戊	丁
戌	酉	申	未	午	巳

춘삼월의 큰 나무가 땅에 뿌리를 내리고 꽃을 피우고자 한다. 그러므로 일간 갑목은 생목(生木)이다.

생목은 태양빛의 화기(火氣)가 필요하고, 뿌리내릴 토성이 필요하다. 따라서 화토(火土)의 운로가 필요한 경우가 대부분이다.

초반 대운이 사·오·미(巳·午·未) 운으로 잘 흘러주어 승승장구하였고, 서울대 섬유공학 박사 학위까지 취득하였다.

그러나 34세 경신(庚申) 대운부터의 운로가 가을로 접어들었으니, 봄나무가 추풍낙엽의 형국으로 만사불성이 되고 말았다.

특히 신유(辛酉) 대운은 식신 병화를 합거(合去) 하였으니, 나아갈 길이 끊어진 형국이다. 더욱 문제는 병화 식신의 명줄이 병신 합사(丙辛 合死-丙火 酉金 死地) 하여, 의식과 판단이 흐려지는 정신적 병증으로 정상적 생활을 못 하고 있다.

타고난 '명'보다 변화하는 '운'이 훨씬 중요하다는 것을 확인하는 경우이다. 또한 식신 명줄과 합의 작용력을 직관하는 임상 사례이다.

운명의 구심점이 월주 병진(丙辰)인데, 신유(辛酉) 대운은 화, 토의 식상과 재성을 합입사(合入死) 시킨다.

일간 신금이 을목 새 두 마리를 향해 날을 세우고 있는 형국이다. 위태한 새 두 마리는 어디론가 날아가 도망쳐야 할 듯하다.

을목은 재성(財星)이다. 육친으로는 부친이거나 배우자이기도 하다. 인체의 장부로는 간, 담의 목(木) 장부에 해당한다. 그 을목이 유금(酉金) 절지(絶支)로 날아와 앉는 형국이고, 그 절신이 일간 신금(辛金)으로 발동하고 있다.

이런 경우 첫째, 부친의 유고(有故) 문제가 있을 수 있다. 둘째, 배우자의 별리 문제가 야기 된다. 셋째 자신의 간·담 건강 문제가 발생할 수 있다. 인과의 운명 공식에 의해 이와 같은 불미스러운 정보를 내포하고 있다.

문제의 발동 시기는 대운의 운로에서 유추한다. 눈에 확 보이는 대운이 신(辛) 대운과 경(庚) 대운이다. 특히 대운 지지가 일간 신금의 사지(死地) 사화(巳火)와 묘지(墓地) 진(辰)을 달고 왔다.

이 경우는 자신의 건강 문제를 주로 살펴야 한다. 이의 운명은 가는 길이 월주 을유(乙酉)로 사유 합(巳酉 合)하여 가고 있다. 따라서 편재의 날아가는 새를 쫓는 형상이다. 식상 자수(子水)의 문이 협소하여서인지 술을 폭음하였다. 자연히 간병의 문제가 발생하였다.

신금(辛金) 대운부터 간경화를 앓게 되었으며, 새 한 마리는 날아가고 말았다.

경진(庚辰) 대운 정유년(丁酉年)에 간 이식 수술 중, 끝내 재기를 못 하고 종명하고 말았다. 안타까운 명운(冥運)을 기원할 뿐이다.

● 의명 일지론(醫命 日支論)

사주 궁성론에서 일지는 자신의 몸이요, 배우자로 규정한다. 따라서 일지를 몸으로 본다는 차원에서 일지의 동태로 건강과 질병 관리를 유념해야 한다. 특히 일지에서 투간된 천간은 또 다른 자아(自我)이며 몸이기 때문에 예의 주시해야 한다. 일지에서 투간된 식상과 재성을 상하면 거의 큰 상해를 입게 된다.

乙	庚	甲	庚	乾
酉	辰	申	子	

56	46	36	26	16	6
庚	己	戊	丁	丙	乙
寅	丑	子	亥	戌	酉

G대학 철학과 교수를 역임하였다. 신왕 경금 일간이 시간 을목과 재합(財合) 하였다. 재성의 을목이 일지 진(辰)에서 투간하였다. 그러니 더욱 확실한 명줄이요, 몸이 된다. 그런데 그 을목이 절신(絕神) 유금(酉金) 위에 앉아 있으며, 그 유금은 연간과 일간 경금(庚金)으로 투간 되어있다.

이런 경우, 명줄의 절신(絕神)이 발동(發動)되었으니, 그야말로 명줄이 절단나는 흉화를 예고하고 있는 것이다. 천하에 철학자요, 교수라 할지라도 이러한 운명 공식의 업상을 스스로 깨닫고 발견하지 못한다면, 이를 어찌 피해갈 수 있겠는가. 뻔히 알고도 당하는 것이 운명의 인과인 것을.

무자(戊子) 대운까지는 지지가 식상으로 대문을 열어주니 무난하게 발전하였다. 그러나 기축 대운은 인과의 업장을 피할 길이 없었다. 식상의 출구 자수(子水)를 합거(合去) 하였고, 일지 진토(辰土)를 파(破)하니, 절신(絕神)이 발동하여 극해의 난동을 부리게 되어있다.

기축년(己丑年)부터 금목상전(金木相戰)하여, 경인년(庚寅年)에 위암 수술을 받고 투병하였다. 이와 같이 일지(몸)에서 을목 재성(육신)이 표출되면 명줄이 쉽게 상할 수 있음을 확인하는 사례이다. 명조의 행운을 기원한다.

乙	癸	丁	己	坤
卯	巳	丑	酉	

58	48	38	28	18	8
癸	壬	辛	庚	己	戊
未	午	巳	辰	卯	寅

축월 계수(癸水) 일간이 나무 키우는 역할로 보아야 할 것이다. 목·화의 세력이 많고 계수(癸水)의 시원지가 축중(丑中) 계수로 약하게 뿌리를 하고 있다.

이의 본명은 일주가 시주 을묘와 2급 간지 역행을 하고 있다. 경진(庚辰) 대운은 '간지 역행'과의 을경합(乙庚合) 합동(合動)으로 불미스러운 대운이다. 그런데다 진(辰) 대운은 일간 입고(入庫) 운이기도 하다.

그런 중에 정해년(丁亥年)은 일주와 천충지충을 당하고 있다. 특히 일지는 자신의 몸인데다, 사화(巳火) 재성(財星)은 더욱 몸이 확실하니, 이를 충하게 됨으로서 큰 신액을 당하게 되었다. 젊은 나이에 뇌출혈이 일어나 언어와 신체에 장애를 겪고 말았다.

丁	戊	丙	甲	坤
巳	申	寅	午	

21	11	1
癸	甲	乙
亥	子	丑

이른 봄의 큰 산에 우람한 나무들이 화려하게 꽃을 피우고 있으니 용모 수려하고 청귀해 보인다. 그러나 월·일·시지가 인·신·사(寅·申·巳)로 싸우는 형국이 불미스럽다.

특히 일지 신금(申金)은 식신의 명줄이고 몸에 해당하는데, 극형(克刑)을 받고 있으니 위태하기 짝이 없다. 신중(申中)의 경금(庚金) 식신은 월지 인목(寅木)이 절신(絕神)인데, 연간 갑목(甲木)으로 절신이 발동하고 있다.

또한 신중(申中) 임수(壬水) 재성(財星)의 몸은 시지 사화(巳火)가 절신(絕神)인데, 월간 병화(丙火)로 절신이 발동하고 있다.

운명이 이와 같으니, 그야말로 명줄이 바람 앞의 등불과 같은 형국이다. 계해(癸亥) 대운은 인·신·사·해(寅·申·巳·亥) 4맹지(四孟支)가 일제히 준동하여 치고받는다.

특히 일간 무토가 계해(癸亥)와 합입절(合入絕)하고 있다. 그로 인해 백혈병을 피할 길이 없었다.

甲	辛	丁	辛	坤
午	卯	酉	未	

57	47	37	27	17	7
癸	壬	辛	庚	己	戊
卯	寅	丑	子	亥	戌

일간 신금이 월지 유금(酉金)의 록(祿)을 놓았고, 연간 신미(辛未)의 부조를 받아 제법 좋은 운명처럼 보인다.

그러나 월·일지 묘유 충(卯酉 沖)에 오행이 서로 상극으로 쟁투를 벌이고 있어 불미스러운 형국이 되었다.

특히 일지는 몸이 되는데, 묘목(卯木)의 재성(財星)이 되므로, 더욱 확실한 몸신으로 규정된다. 그 몸신이 강력하게 충(沖)을 당하고 있다.

그리고 일간 신금(辛金) 입장에서는 묘목(卯木)이 절신(絕神)이 되는데, 그 절신이 시간 갑목(甲木)으로 발동하고 있다. 또 그 갑목(甲木)은 오화(午火) 사지(死支) 위에 있으며, 그 사신(死神) 오화(午火)가 월간 정화(丁火)로 발동하고 있다.

운명의 구조가 이와 같으니, 태어날 때부터 언어장애를 갖게 되었다. 예쁘고 총명하나 운명의 타고난 업장은 피할 길이 없었다. 저간의 5행 상해를 통관시키는 해수(亥水)로 비보해주면 좋다.

● 의명 체용 균열

명리의 4주 8자는 음양 조화와 5행의 균형을 통해 생명이 순환하는 이치를 논하는 학문이다. 이의 조화와 균형을 통해 주체와 객체를 구분 짓고, 주체와 용신을 따라 운로의 길흉화복을 예측하는 운명 공식이다.

따라서 4주 8자의 체용이 심각하게 깨져 천간 지지의 조화와 균형이 깨질 때도 질병이나 사고가 발생한다. 특히 용신이 충극의 상해를 당할 때 심대한 문제가 발생한다.

수화미제(水火未濟)라 하여 수화상쟁(水火相爭)이 불미스럽다. 일지 신중(申中) 임수는 사화(巳火) 절신(絶神)이 일간 병화(丙火)로 발동이고, 일간 병화의 절신(絶神) 해수(亥水)는 시간 임수로 발동하여 임병 충(壬丙 沖)을 하고 있다.

이처럼 오행이 상쟁하는 운명은 파란과 곡절을 많이 겪는다.

그러한 불길함이 경인년(庚寅年) 같은 해는 어김없이 발동하게 된다. 사해 충(巳亥 沖) 사신 형(巳申 形)이 일제히 일어나 난동을 부린다.

갑자기 폐암 말기 판정을 받게 되었다. 체용의 균열이 심대하게 무너진 경우이다.

庚	辛	庚	壬	乾
子	巳	戌	戌	

34	24	14	4
甲	癸	壬	辛
寅	丑	子	亥

조토(燥土)의 술월 신사(辛巳) 일주가 사지(死支)에 앉아 경술 괴강 임술 백호(庚戌 魁剛 壬戌 白虎) 지지로 입고하고 있으니, 참으로 고립무원이다.

이런 경우, 사중 경금이 월·시간으로 투간 하였으니, 차라리 경금(庚金)으로 주체를 이양하는 편이 조금 낫다. 월간 경금보다는 갈 길이 보이는 시간 경금으로 주체를 넘겨준다. 자수(子水)의 숨구멍이 시지에 있기 때문이다.

따라서 자수(子水)가 식상의 명줄로 판단하게 된다. 이의 자수(子水)의 숨통이 막히면 문제가 발생한다.

계(癸) 대운까지는 무난하게 지내왔다. 그런데 축(丑) 대운에 문제가 발동하고 말았다. 자축(子丑) 합으로 숨길이 막혀버린 것이다. 축(丑) 대운 기축년(己丑年)에 자축축(子丑丑)이 중첩되면서 뇌암 판정을 받고 말았다. 경인년(庚寅年)까지 힘겨운 사투를 벌였다.

식상 합거(合去)와 용신 합거(合去)로 명리의 균형이 깨어진 까닭이다.

● 의명 인수(印綬) 균열

庚	壬	丙	辛	坤
戌	寅	申	卯	

53	43	33	23	13	3
壬	辛	庚	己	戊	丁
寅	丑	子	亥	戌	酉

임수 일간이 신월(申月)에 착근하고 있는데, 4주 8자가 절반으로 쪼개져 5행이 상전을 하고 있다. 인신 충(寅申 沖)을 앞세워 목·화(木·火)와 금·수(金·水)가 항전을 벌이고 있는 형국이다.

이의 명조처럼 인수(印綬)의 인력(引力)에 일간이 의지하고 있을 때, 그 인수가 형·충·극·해(刑·沖·克·害)를 당해도 위험하다. 특히 본명처럼 일간 기반의 신금(申金) 인수와 또 다른 몸인 일지가 인신 충(寅申 沖)으로 싸우는 형국은 매우 좋지 않다.

다행히 대운의 운로가 서·북방으로 흐르면서 일간의 기세를 생조하여, 그럭저럭 견딜 수 있었다.

그러나 임인(壬寅) 대운은 문제 상황이 심각하게 드러나고 있다. 일주와 같은 복음(伏吟) 대운인데다가, 인(寅) 대운의 항전이 예고되기 때문이다. 그중 해운 경인년(庚寅年)에 임하게 되니, 인신 충(寅申 沖)이 중첩되면서 결사항전을 겪어야만 했다. 궁극은 수화상전(水火相戰)의 형국이라 신장과 심장의 문제가 심각하게 야기되었다.

이의 명조와 같이 인수에 의존하는 일간이 인수의 인력이 끊길 때, 몸 건강에 치명상을 입을 수 있다. 의명론에서 예의주시해야 한다.

● 의명 록 · 장생(祿·張生) 균열

천간의 건록(建祿)은 천간과 같은 정기를 받은 지지를 말한다. 따라서 일간의 록은 일간과 같은 몸으로 보아도 무방하다. 또 다른 자아의 분신이라고 보아도 틀리지 않은 말이다.

천간녹위(天干祿位)

甲	乙	丙	丁	戊	己	庚	辛	壬	癸
寅	卯	巳	午	巳	午	申	酉	亥	子

그러므로 4주 8자의 록위가 충·형·파(沖·刑·破)로 손상을 당하면 건강과 일신에 균열이 발생한다. 행운에서 녹위를 깨는 운에는 특히 건강 문제를 조심히 관리해야 한다.

辛	庚	壬	甲	乾
巳	申	申	申	

55	45	35	25	15	5
戊	丁	丙	乙	甲	癸
寅	丑	子	亥	戌	酉

일간 경금이 3위의 록(祿)을 놓아 청귀가 빛나는 명조이다. 특히 월간 임수(壬水)가 빼어난 수기(秀氣)로 건록 위에 앉아 있다. 그러나 시간의 신사(辛巳)가 옥에 티로 불미스럽다.

서울대 국악과를 나와 국립 국악원장을 역임하였다. 을해(乙亥) 대운부터 발복하여 병자(丙子) 대운까지 승승장구하였다.

그러나 정축(丁丑) 대운부터는 갈 길에 대한 진로 변경이 발동하게 된다. 정임 합거(丁壬 合去)의 상황이었다. 이때부터 신학을 하여 목회자가 되었다. 끊임없이 새로운 길을 개척하여 혁신을 이끄는 운명이라, 그 타고난 기세를 밀고 나갔다. 무리하게 교회를 개척하고 나아갔으나, IMF의 외환위기를 극복하지 못하고 모든 재산을 파산하고 말았다. 축(丑) 대운 때였다.

문제는 무인(戊寅) 대운이었다. 편인 무토가 갈 길 임수를 누르고 있고, 인목(寅木)이 3위의 건록(建祿)과 일전을 불사하고 있다. 건강과 일신상의 문제가 다사다난 하였다. 모든 의지를 꺾은 채, 은둔하며 세월에 의지하고 있다.

또 하나 '의명론'에서 주의 깊게 살펴야 할 지위(地位) 중에 하나가 '장생지(長生地)'이다. 일간의 '장생지'는 물론 식신(명줄)과 재성(몸)의 '장생지'도 예의 살펴볼 필요가 있다.

'장생(長生)'이란, 만유 생명이 새로 탄생하여 이제 생명 활동을 시작하는 어리고 순수한 묘목(苗木)과 같다. 그러므로 쉽게 손상을 받게 되며, 형·충·극·해(刑·沖·克·害)를 입게 되면 자상(自傷)이 깊게 된다.

천간장생위(天干長生位)

甲	乙	丙	丁	戊	己	庚	辛	壬	癸
亥	午	寅	酉	寅	酉	巳	子	申	卯

戊	壬	甲	乙	坤
申	申	申	未	

51	41	31	21	11	1
庚	己	戊	丁	丙	乙
寅	丑	子	亥	戌	酉

임수 일간이 월·일·시지에 신금(申金)의 장생지(長生地) 3위를 놓고 있다. 인수 장생이라 늘 새로운 생각과 창의적 발상으로 바쁘게 뛰고 있는 운명지상이다. 생명 활인과도 인연이 많은 운명이라 과채를 재배하는 농장주이다.

그러나 대운 운로가 금수의 서북방으로 흘러 크게 발전하지 못하였다. 문제는 3위의 장생지를 형·충(刑·沖-巳, 寅 運)하는 운로가 두렵다는 것이다.

문제의 대운 운로가 한 눈에 보인다. 51세 경인(庚寅) 대운이다. 인(寅)대운 56세 경인년(庚寅年)에 건강상 심대한 타격을 입게 되었다. 뚜렷한 병명도 없이 1년을 병원 신세를 져야만 했고, 교통사고도 빈발하였다. 다행히 큰 고비는 넘겼지만 그 여파로 시름시름 하였다.

이 운명의 공식은 월간 갑목(甲木)의 안위도 불미스럽다. 갑목 식신이 신금(申金) 절지(絶支) 위에 앉아 있고, 그 절신(絶神)이 일간 임수(壬水)로 절신 발동하였다. 육친의 자식 하나는 인연이 끊어지는 인과(因果)를 감내해야 한다.

이와 같이 일간과 식상, 재성 등의 건록과 장생지는 건강과 양생(養生)에서 중요하게 관리해야 하는 신위(神位)들이다. 이의 건록과 장생이 형·충·극·해(刑·沖·克·害)를 당하거나, 또는 합입거 사·묘·절(合入去 死·墓·絶) 등의 균열은 건강상 치명적 타격을 입을 수 있다. 그러므로 대운과 세운에서 이와 같은 운행이 일어날 때는 각별한 대비를 시키도록 상담 해설해 주어야 한다.

아홉, 역행론(逆行論)

4주 8자는 단순한 부호 문자가 아니다. 우주 자연과 한 사람의 운명을 연결 시키는 생체 정보의 'Q-R 코드'와 같다.

이는, 종이에 한 사람의 4주 8자를 적고, 그 운명 주인공에게 O-링 테스트를 해보면 확인되는 사실이다. 자신의 4주 8자로 O-링 테스트를 해보면 손가락 힘이 강해지는데, 그중 간지 한 자만 틀리게 써서 O-링 테스트를 해보면 손가락 힘이 금방 빠져버린다.

역시 과학적 검증 방법은 아니지만, 실제 O-링을 해보면 안 믿을 수도 없는 생체 파동의 작용을 확인할 수 있다. 간혹 생시(生時)를 찾을 때나, 불확실한 생일을 찾을 때, 나는 이와 같은 O-링 테스트를 사용하여 불확실한 운명 정보를 찾기도 한다.

이렇듯 4주 8자 간지가 생체 정보인지라, 4주의 8자가 각각의 생체 운동을 하고 있다는 가정으로 '간지 역행론'을 중시하는 것이다.

4주 8자는 천간 지지의 생극제화(生剋制化)와 합·충(合·沖) 등 각각의 향배를 따라 운명 활동을 하고 있다. 뿐만 아니라, 일주는 일주대로, 월주는 월주대로, 시주는 시주대로, 연주는 연주대로 제각각의 생체 운행을 하고 있다는 것이다.

이때, 간지(干支)는 10간 12지의 진행 순서를 따라 생체 운동을 하게 되는데, 그 10간 12지의 진행 순서를 다시 확인하면 다음과 같다.

10天干 = 甲 ⇨ 乙 ⇨ 丙 ⇨ 丁 ⇨ 戊 ⇨ 己 ⇨ 庚 ⇨ 辛 ⇨ 壬 ⇨ 癸
12地支 = 子 ⇨ 丑 ⇨ 寅 ⇨ 卯 ⇨ 辰 ⇨ 巳 ⇨ 午 ⇨ 未 ⇨ 申 ⇨ 酉 ⇨ 戌 ⇨ 亥

이와 같은 순서를 따라 각주의 간지(干支)가 똑같은 방향으로 진행하면 '간지 순행(干支 順行)'이라 한다. 이를테면 다음과 같은 경우이다.

1급 순행	2급 순행	3급 순행	4급 순행	5급 순행
甲 ➡ 乙	丙 ➡ 戊	己 ➡ 壬	癸 ➡ 丁	戊 ➡ 癸
寅 ➡ 卯	辰 ➡ 午	未 ➡ 戌	亥 ➡ 卯	辰 ➡ 酉

4주 8자에 이의 '순행'이 있으면 대부분 운명의 복덕으로 작용한다. 특히 일주를 향해 재관(財官)이 '순행'을 하고 따라오면 그 길(吉) 작용이 아주 크다.

그런데 연·월·일·시 각주의 간지(干支)가 서로 어긋나는 방향으로 진행을 하는 경우가 있다. 이런 진행을 '간지 역행(干支 逆行)'이라 한다. 예를 들면 다음과 같다.

1급 역행	2급 역행	3급 역행	4급 역행	5급 역행
甲 ➡ 乙	丙 ➡ 戊	己 ➡ 壬	癸 ➡ 丁	戊 ➡ 癸
寅 ⬅ 丑	辰 ⬅ 寅	未 ⬅ 辰	亥 ⬅ 未	辰 ⬅ 亥

4주 8사 명조에서 연·월·일·시 각수의 간지 진행 순서를 세밀히 살펴보면, 위의 경우처럼 '순행'과 '역행'을 하는 간지들이 있다. 1급은 작용력이 강하고, 점차 5급까지 그 작용력이 있는 것으로 간주한다. 이를 살펴 그 작용력에 따른 통변을 해야 한다.

'간지 순행'은 간지의 진행 방향을 따라 4주 8자 각주 간의 추동(따라가는 힘)과 견인(따라오는 힘)이 강하게 작용을 한다.
이의 '순행'은 생체 운동의 일관된 작용으로 별반 흉의(凶意)가 없다. 따라서 대부분 혼돈이 없는 긍정적 작용으로 발현된다.

그러나 이와는 반대로 '간지 역행'을 하면 운명의 심대한 흉의(凶意)가 작용을 한다. 이웃한 간지(干支)와의 '역행'에 따라 간지(干支)끼리의 엇갈린 운동 진행이 일어나면서, 간지의 힘이 분산되는 혼돈 상황이 일어나기 때문이다.
이의 '역행'은 생체 기운의 흐름이 잘 전달되지 못하는 등의 여러 혼돈으로 인해, 나쁜 운명 상황이 전개되는 흉화(凶禍)를 겪는다.

그로인한 혼돈이 운명의 갈등과 불화, 이별, 실패, 분열, 진로 갈등, 정체성 혼란

등의 여러 풍파와 사건 사고를 일으키는 원인 제공을 하게 된다.

즉, '간지 역행'은 '운명 역행'의 흉의(凶意)로 작용하는 심대한 작용이 일어난다는 뜻이다.

4주 원국과 대·세운에서 별다른 징조가 없는데도 실제에서 큰 사건 사고가 발생하는 경우가 있다. 그 대부분이 '간지 역행'의 작용력에 따른 흉의이다.

따라서 '간지 역행' 작용은 4주 8자에서 매우 중요한 정보 파악의 단초가 된다.

그러므로 간지(干支)의 진행 순서인 '순행'과 '역행'을 잘 파악하여 4주 8자의 길흉(吉凶) 작용을 분석하는 일은, 운명 명리 상담의 매우 중요한 방법론이 된다.

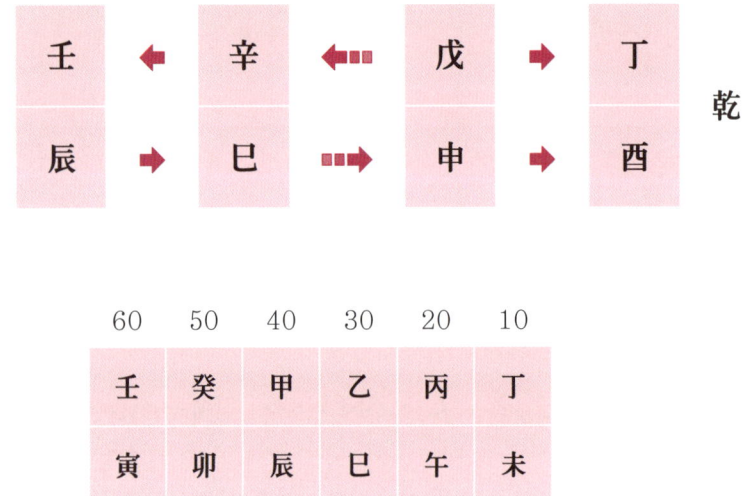

4주 구조가 火 ➡ 土 ➡ 金 ➡ 水로 청귀하게 배열하고 있다. 신왕 4주에 순식격의 좋은 운명으로 해설하게 된다.

그러나 '역행론'으로 보면 연·월·일·시 전국이 '간지 역행론'에 걸려 있다. 따라서 운명이 청귀하고 순조롭게 살기 어렵다. 그야말로 혼란과 풍파가 그칠 날이 없게 된다.

壬대운은 연간 정화와 정임합(丁壬合)하여, 연·월주 간의 소용돌이를 발동시키고 있다.

그런 중에 기해년은 일·시주 간의 충동을 강력하게 일으키고 있다. 그로 인해 그 해 경오월(庚午月)에 스스로 생을 마감하고 말았다. '역행론'이 아니고서는 그 흉의의 원인을 헤아리기 어렵다. 연·일지의 신유금(辛酉金)은 자살살이기도 하다.

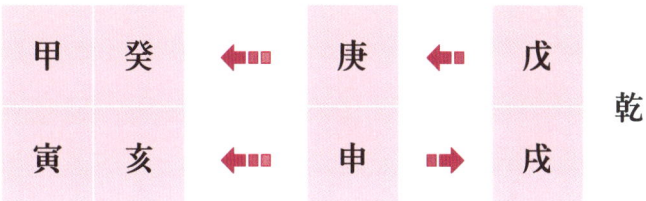

위의 명조는 연·월·일·시로 가는 5행 생극제화(生剋制化)의 진행 향배가 '土 ➡ 金 ➡ 水 ➡ 木'으로 매우 순조롭다. 이를 '순식격(順式格) 또는 연주격(連珠格)'이라 하여, 청귀(淸貴)한 운명으로 논하게 된다. 특히 월주 경신(庚申)의 인수(印綬)가 〈3급순행〉으로 일주 (나)를 따르는 작용력은 매우 길(吉)하다.

그러나 일간 계수(癸水)는 연간 무토(戊土)와 무계 합(戊癸 合)인데, 일지 해수(亥水)는 시지 인목(寅木)과 인해 합(寅亥 合)을 하고 있다. 일주의 향배가 정신(일간) 따로 몸(일지) 따로 진행하고 있는 형국이다.

그런데다 연주 무술(戊戌)과 월주 경신(庚申)은 〈2급 역행〉으로 혼돈을 겪고 있다.
이와 같은 5행의 향배와 간지의 진행을 중요하게 살펴보고, 운명정보를 종합 판단해야 하는 것이다. 그것이 4주 8자를 제대로 보는 것이다.

위의 명조는 土 ➡ 金 ➡ 水 ➡ 木으로 5행의 진행이 순조롭다. 다만, 5행 중 '火'가 부족하다. 그러므로 대운이 동·남방으로 진행되기를 기다리게 된다. 때마침 초반 유년부터 대운이 동·남방으로 진행되었다. 특히 '사·오·미(巳·午·未)' 남방 운에는 운명의 꽃이 활짝 피어나게 된다.

이 4주는 5행의 진행은 순리적이나, 간지 향배는 혼잡하다. '순행'과 '역행'이 뒤엉켜 4주 8자의 정기가 혼란스럽다.

그러나 월주 무인(戊寅)은 일주 기묘(己卯)에게 〈1급 순행〉으로 순조로운 진행이다. 이처럼 꼭 필요한 간지(干支)가 일주 (나)를 유정하게 따르게 되니, 좋은 운명의 최고 조건이 되었다. 특히 월주의 간지가 좋은 역할로 일주를 따르는 '순행'이 있으면 운명의 격이 높아지게 된다.

문제는 '간지 역행'이다. 이의 명조는 일주와 시주가 '戊 ➡ 己 / 卯 ⬅ 辰'으로 '1급 역행'을 하고 있고, 연지와 월주가 '戊 ➡ 庚 / 子 ⬅ 寅'으로 '2급 역행'을 하고 있다.

따라서 이에 따른 운명적 혼란을 감내해야 하는데, 자세한 이론은 차츰 밝히기로 한다.

이와 같은 '간지 역행'에도 불구하고, 위의 명조는 3선의 국회의원을 지내고 있다. 그 핵심 이유는 '인·묘·진(寅·卯·辰)' 방합 목국의 관성(官星) 나무가 '사·오·미(巳·午·未)'의 남방 운을 만나 크게 성장했기 때문이다. 봄의 나무를 키우는 무·기·무(戊·己·戊) 토(土)의 세력이 일주 기묘(己卯)를 중심으로 합세를 이룬 까닭이다.

이처럼 비록 '간지 역행'이 중중해도 5행이 화합하고, 연·월·일·시의 각주가 서로 유정하면 그 흉의는 훨씬 약해진다.

이의 '간지 역행론'은 신사주학의 '소용돌이' 이론으로 소개하고 있다. 대만 하건충 선생의 '선전' 이론을 단초로 하여, 수많은 임상 통계와 비교 검증을 통해 '소용돌이' 이론으로 발표하였음을 밝히고 있다.

이는 마치 운명의 '소용돌이'에 빠지게 된다는 운명 작용력에 근거한 이름일 텐데, 나도 실제 운명에서 상당한 파괴력으로 작용하는 경우를 누차 확인하였다. 그래서 나는 이를 '간지 역행론'이라고 다시 일러 중요하게 논급해 보는 것이다.

'간지 역행론'의 작용에 따른 다음의 사례들을 중심으로, 그 이론을 전개해 본다.

일주와 월주의 간지 역행

대부분 4주 8자의 주체는 일주이다. 그 일주를 이웃하여 월주와 시주가 있다. 따라서 4주 주체 일주의 '간지 역행'은 큰 힘의 세력인 월주와 '소용돌이'를 하거나, 역시 중요한 시주와 '간지 역행'을 하게 된다.

이중에, 일주와 월주의 '간지 역행'은 몇 가지 상황의 혼란과 사건을 일으키는 요인으로 작용한다.
첫째, 월주는 부모, 형제궁에 해당하므로, 부모, 형제와의 불화 갈등 이별 등의 인연 고통이 따른다.
둘째, 월주는 가정과 사회, 직장에도 해당하므로, 가정사와 직장 등에도 흉의로 작용한다.
셋째, 월주의 십성(十星)에 해당하는 육친성(六親星)과도 혼란과 갈등을 일으킨다.
이와 같이 월주와의 '간지 역행'은 일주 자신의 정체성 혼란은 물론, 그 밖의 여러 요인들과 불화 이별 등을 유발하게 된다. 특히 월주가 흉신이거나 일주와 무정하면 더욱 그 흉의가 크게 작용한다.

乙	甲	壬	丁	乾
丑	子	寅	亥	

73	63	53	43	33	23	13	3
甲	乙	丙	丁	戊	己	庚	辛
午	未	申	酉	戌	亥	子	丑

일주와 시주가 자축 합(子丑 合) 하고 있고, 연주와 월주가 정임 합(丁壬 合)으로 서로 다른 방향을 향해 등을 돌리고 있는 형국이다.
그런데다 일주와 월주는 갑자/임인(甲 ⬅ 壬/子 ➡ 寅)이 '2급 간지 역행'을 하고 있다.
4주 구조가 이와 같을 경우, 필시 가족 인연과의 불화, 갈등, 이별을 겪게 된다.

월주가 부모 형제궁이고, 가정이기도 하여, 이의 명조는 형님과의 갈등으로 평생을 불화하였다. 가까스로 평생 불화하였던 형제와의 갈등을 형님 임종 전에 화해하였다. 물론 가정과도 해로하지 못하였다.

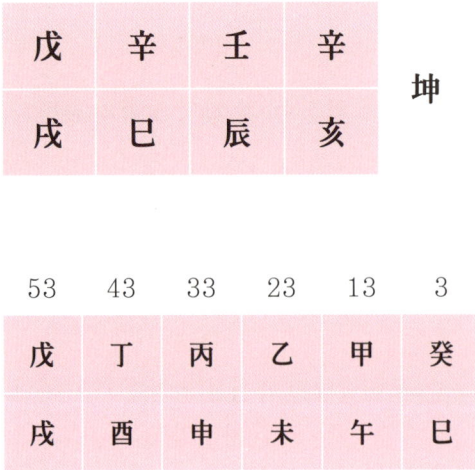

신사(辛巳) 일주가 월주 임진(壬辰)과 '1급 간지 역행'을 하고 있다. 이처럼 극심한 '소용돌이'에 있으면, 일주는 월주의 힘을 빌릴 수도 없다. 일지 신금이 신약하여 월지 진토(辰土)에 의지할 것 같으나, 간지 기운의 역행으로 '토생금(土生金)'을 할 수 없다.

따라서 이의 명조는 일지 신금(辛金)이 그 주체를 다른 오행에게 대행시켜야 하는 '일지 주체격'이다. 일지 사중 무토(巳中 戊土)가 시간(時干)으로 표출하였으니, 시간(時干) 무토(戊土)를 주체 삼는다.

무토(戊土)의 역할은 물을 관리하는 역할이다. 진월(辰月)의 봄땅이기는 하나, 키울만한 나무가 없으니, 재정 관리의 상관생재(傷官生財)로 가고 있다. 신금(辛金)의 상관이 빛을 발하고 있으니, 말로 먹고사는 상담업을 하고 있다.

그러나 월주와의 '1급 간지' 역행으로 심각한 정체성의 혼란을 겪고 있다. 지지 4지(四支)가 모두 귀문관살(辰亥 巳戌)이라 정신적 혼란이 더욱 극심하였다.

특히 이와 같이 '간지 역행'이 있을 때, 대·세운에서 합신 운이 오면 그 작용이 극에 달한다. 그런 고로 33세 병신(丙申-丙辛 합) 대운에 '간지 역행' 합신 발동이 되었다. 그 작용으로 배우자와 이별하였으며, 극단의 자살 기도로 2번의 임사체험을 겪기도 하였다.

정유(丁酉) 대운 역시, 정임 합(丁壬 合)의 '간지 역행'이 합신 작용으로 발동하고 있으니, 순탄하지 않은 세월이다.

일지 주체 대행 무토(戊土)에서 보면, 신·신·사중 경금(辛·辛·巳中 庚金)이 상관 식신(傷官 食神)이라, 아들 둘에 딸 아이 하나를 두었다. 당연히 자식 위주의 삶을 살아가고 있다.

이의 명조는 여러 연구 사례가 많은 4주 8자이다.

癸	戊	丁	甲	乾
丑	子	丑	午	

53	43	33	23	13	3
癸	壬	辛	庚	己	戊
未	午	巳	辰	卯	寅

일주 무자(戊子)가 월주 정축(丁丑)과 1급 간지 역행을 하고 있다. 일·월주 간에 급격한 소용돌이가 일어나고 있는 상황이다.

월주는 부모 형제궁인데, 월간 정화(丁火)가 정인(正印)의 어머니에 해당한다. 따라서 모친과의 이별이 예고되어 있다.

특히 월간 정축(丁丑)은 시간 계수(癸水)로 백호살 발동인데, 일간이 백호살과 합을 하고 있다. 그리고 축오 귀문 탕화(丑午 鬼門 湯火) 역시 준동하였는지라, 태어난 이듬해 을미년(乙未年)에 모친과 영영 하직하고 말았다. 그리고 인정과 사리는 분명하였으나, 매우 엄한 계모 밑에서 불우하게 성장하였다.

축월 무토(戊土)가 따뜻한 정화(丁火) 인성(印星)이 절실히 필요하였으나, 이와 같은 1급 간지 역행 탓으로 그 힘을 얻지 못하였다. 부모덕이 없었고, 공부 운마저 따르지 않았으니, 이는 일주와 월주의 1급 간지 역행이 인성(印星)의 월주와 무정(無情)하게 만든 탓이었다.

일주와 월주의 간지 역행 역시 자아 정체성에 대한 혼란이 큰데, 이의 본명은 도화합살(桃花合殺) 중중하여, 성(性) 정체성으로 혼란의 세월을 보냈다.

임오(壬午) 대운에는 월주 정축(丁丑) '간지 역행'과 합신 발동하여 혼란 가중하였다. 사교 집단의 유혹에 빠져 재산 탕진하였고, 정체성 혼란이 극심하여 방랑의 세월이었다. 계미(癸未) 대운 임진년(壬辰年)을 넘기지 못하고, 후천성 면역 결핍 질환으로 절명하고 말았다. 광명천도(光明天道)의 명복을 빈다.

癸	戊	辛	辛	乾
丑	辰	丑	卯	

56	46	36	26	16	6
乙	丙	丁	戊	己	庚
未	申	酉	戌	亥	子

위의 예시 명조의 친형님 4주 8자이다. 가정환경이 같은 상황이므로, 역시 일주와 월주가 3급 간지 역행을 하고 있다. 그런데다 인성(印星)이 보이지 않으니, 이 명조 역시 계모 슬하에서 모정을 전혀 받지 못하고 구박 덩어리로 자라게 되었다. 간지 역행의 작용력이 엄정하게 적용되는 사례인 것이다.

무술(戊戌) 대운의 일주 무진 백호(戊辰 白虎)가 형·충을 당하면서 교통사고로 생사의 고비를 겨우 넘겼다.

을미(乙未)백호 대운에는 일지 진토(日支 辰土) 몸신에서 투출한 을목(乙木)이 쌍칼날의 양 신금(辛金)에게 살극을 당하게 되니, 불행의 흉화를 극복하지 못하고 단명하고 말았다. 상관견관(傷官見官)의 살성이 강력하게 작용한 탓이다. 해원천도(解冤天道)의 명복을 빈다.

庚	壬	癸	癸	乾
戌	子	亥	亥	

丁	戊	己	庚	辛	壬
巳	午	未	申	酉	戌

　임자(壬子) 일주 양인에 계해(癸亥) 겁재가 연·월에 양립하고 있다. 해수(亥水) 록위(祿位)에 겁재가 올라 있으니, 탈록(奪祿)으로 부모, 조상 덕이 없다.

　그런데다 월주와 일주가 1급 간지 역행을 하고 있다. 결국 부모와의 불화와 갈등을 견디지 못하고 인연 단절을 하고 있다. 그뿐만 아니라, 매형과 사업을 키워놓고 모두 넘겨줄 수밖에 없는 상황에 처해 끝내 불화 이별하고 말았다. 연·월주가 무정(無情)한 흉신이고, 1급 간지 역행까지 걸려 있는 탓이었다.

　본인 역시 진로 및 정체성의 갈등을 심대하게 겪게 될 것이다.

일주와 시주의 간지 역행

일주는 자신과 배우자궁이고, 시주는 자식궁이다. 그런데 일주와 시주가 '간지 역행'을 하고 있으면, 자신과 배우자와 자식과의 불화 갈등 이별, 사건 사고 등을 겪게 된다.

庚	壬	丙	戊	乾
戌	申	辰	戌	

53	43	33	23	13	3
壬	辛	庚	己	戊	丁
戌	酉	申	未	午	巳

임수(壬水) 일간이 일지 신금(申金) 장생지에 유일하게 체근(体根)하고 있다. 따라서 일지에서 표출한 시간 경금(庚金)에게 겨우 의지해야 할 형편이다.

그런데 일주 임신(壬申)과 시주 경술(庚戌)은 1급 '간지 역행'으로 급격한 소용돌이에 휘말려 있다. 그런데다 의지처 경술(庚戌)은 공망까지 맞고 있으니, 약한 일간 임수(壬水)가 믿고 의지하기 힘들어진다.

무엇보다 임수(壬水)가 가야할 길인 합(合)도 없고, 식상(食傷)의 목기(木氣)도 미약한데다, 월주 병진(丙辰)과도 4급 간지 역행을 당하고 있다. 이쯤 되면 양팔통(陽八統)의 임수(壬水)라 할지라도 일간 주체 역할을 대신할 대행자를 찾게 된다.

이럴 경우, 일지 신금(申金)에서 표출한 시간 경금(庚金)을 일지 대행자로 위임하게 된다. 대행자 경금(庚金)도 주체가 강하진 않지만, 일간 임수(壬水)로 진행하여 경금(庚金) 대행의 가는 길이 보이기 때문이다.

만약 일주와 시주가 1급 간지 역행을 당하지 않았다면, 그냥 임수(壬水) 일간 그대로 주체를 정해야 한다. 하지만 이처럼 '간지 역행'을 1급으로 급속하게 당하면, 간지 오행이 상생의 기운을 받지 못하게 된다. 그렇게 되면 그 주체를 대행할 적임자를 찾게 되는 것이다.

이의 명조는 화·토가 중탁(重濁)하고, 화개성(華蓋星) 공망이 중중한데다, '간지 역행' 또한 중첩되어 있다. 그러니 세속과 인연이 박하게 되고 정체성 혼란이 가중되어 수도인의 길을 벗어날 길이 없었다.

일간 대행 경금(庚金)에서 일간 임수(壬水)의 식신을 쓰며, 진토(辰土)의 식상 고(食傷庫)가 당령하였으니, 중생을 제도하고 가르치는 일에 능하다. 그러나 목(木)의 결실이 박해 청빈한 수행자로 살아야 한다.

또한 일주와 시주가 '1급 간지 역행'을 하고 있으니, 처자와의 인연도 불화 갈등 이별을 벗어나기 어려웠을 것이다.

달변의 성직자적 사표의 길을 걷고 있으니, 임수(壬水) 일간을 주체로 해설하기에는 무리가 있다.

己	乙	辛	庚	坤
卯	未	巳	子	

50	40	30	20	10	0
乙	丙	丁	戊	己	庚
亥	子	丑	寅	卯	辰

일주 을미(乙未)와 시주 기묘(己卯)가 4급 간지 역행을 하고 있다. 이는 일지 배우자궁과 시지 자식궁의 불화 갈등 이별이 예고되어 있다. 물론 자신의 정체성 혼란도 내포되어 있다.

정축(丁丑) 백호(白虎) 대운은 일주 을미(乙未) 백호 발동운에 일지 축미 충(丑未 沖)을 당하고 있어, 일신의 신액과 배우자와의 불화로 힘든 시기였다.

병자(丙子) 대운에는 여름의 나무가 갈증 많으니, 물을 다루는 일에 종사하였다. 사하촌에서 다도 강의와 찻집을 운영하며 그럭저럭 좋은 세월이었다.

그러나 월지 상관 사화(巳火) 발동 대운인데, 월간 신금(辛金)이 합신하여 상관견관(傷官見官)을 피하는 중이었다.

그러나 정해년(丁亥年)에는 월주 신사(辛巳)를 천충지충(天沖地沖) 하며, 상관의 난동을 피할 수 없었다. 결국 배우자와의 파경을 맞고 말았다.

일주와 대·세운(大·世運)의 간지 역행

일주는 자신의 자리이고 배우자궁이기도 하다. 그런데 이의 일주가 대운이나 세운에서 오는 간지가 서로 역행을 하게 되면, 자신이나 배우자 문제로 소용돌이를 겪게 된다.

辛	庚	辛	丙	乾
巳	寅	丑	申	

56	46	36	26	16	6
丁	丙	乙	甲	癸	壬
未	午	巳	辰	卯	寅

위의 예시 명조의 배우자 명조이다.

우선 일주 경인(庚寅)과 월주 신축(辛丑)이 1급 간지 역행을 하고 있다. 이렇게 되면 부모 형제와의 불화 갈등이 예정되어 있는데, 일지 인목(寅木)에서 표출한 시간 병화(丙火)마저 빼앗아 가는 월간 신금(辛金)이 무정하다.

일지 투출의 갑진(甲辰) 대운에 결혼하였다. 갑목(甲木) 편재 대운에 임하니, 전기 관련 사업을 하였다. 그러나 을사(乙巳) 대운에 신금(辛金) 겁재 난동으로 파산하고 말았다.

그 후, 배우자와 함께 사하촌에서 찻집을 운영하며 화가의 길을 걸었다. 병오(丙午) 대운이 좋은 듯하나, 겁재 신금(辛金)을 합동(合動)하게 하여, 신변과 관계 인연의 불화 갈등 이별은 비켜갈 수 없었다.

특히 일주 경인(庚寅)과 대운 병오(丙午)가 4급 간지 역행을 하고 있다. 그러니 병오(丙午) 대운 정해년(丁亥年)에는 배우자와 이혼의 파경을 맞이하고 말았다. 본인의 외도 행각이 드러나는 인해 합(寅亥 合), 사해 충(巳亥 沖)의 합·충 발동의 결과인 것이다.

丙	庚	甲	癸	坤
子	寅	子	丑	

46	36	26	16	6
己	戊	丁	丙	乙
巳	辰	卯	寅	丑

금수상관(金水傷官)에 불의 화기(火氣)가 절실하다. 연·월주에 1급 간지 역행이 있다. 절실하게 필요한 화(火)의 관성이 배우자이니, 남자 지향적 삶을 살아간다.

정묘(丁卯) 대운에 정관 정화(丁火)가 묘(卯) 도화를 달고 왔으니 결혼하였다. 아들 셋, 딸 하나를 두었으며, 배우자는 공무원이었다.

무진(戊辰) 대운은 일주 경인(庚寅)과 2급 간지 역행에 걸린다. 그리고 연주의 계축(癸丑) 1급 간지 역행을 합동(合動)시키고 있다.

이처럼 일주와 간지 역행의 내·세운이 오면 자신과 배우자 문제에 심한 갈등, 불화, 이별을 겪게 된다. 그리고 간지 역행 중인 간지와 합동을 하게 되면 이 역시 심한 혼란을 겪게 된다.

그리하여 경인년(庚寅年)에 배우자와 이혼을 하고 말았다. 기사(己巳) 대운에는 이혼 남편과 합가는 하였으나, 다시 혼인 신고는 하지 않은 채, 갈등하면서 동거 중이다.

간지 역행과 대·세운(大·世運)의 합

4주 8자 원국에 '간지 역행'이 있는데, 그 '역행'의 간지로 대·세운(大·世運)이 합을 해올 경우, 그로 인한 '간지 역행'의 작용이 크게 발동을 한다.

다만, 원국에서 '간지 역행'을 하고 있는 간지가 좋은 글자이거나, 일간과 유정(有情)하면, 그 흉의가 미미하다. 그러나 그 반대 상황이 되면, 여러 가지 혼란과 불화, 사건 사고 등을 겪게 된다.

乙	壬	己	辛	坤
巳	申	亥	亥	

41	31	21	11	1
甲	癸	壬	辛	庚
辰	卯	寅	丑	子

　　신왕하고 청귀해 보이는 임수(壬水) 일간이 우선 한습(寒濕)을 막아야 한다. 따라서 사중 병화(巳中 丙火)도 필요하고, 월지 해수(亥水) 록위(祿位)에 있는 기토(己土)도 아쉬운 대로 쓰고 싶다.

　　문제는 월주와 일주가 '3급 간지 역행'을 하고 있는데, 일주와 시주 또한 '3급 간지 역행'에 휘말려 있다.

　　사정이 이와 같으면, 큰물에 소용돌이가 휘몰아치는 형국이 되어, 인연과의 풍파가 심하고, 정체성에 대한 혼란이 중중하게 된다.

　　이처럼 원국에서 '간지 역행'을 당하고 있는 상황에서, 대운이나 세운이 '간지 역행'으로 간지 합(干支 合)을 하게 되면 극심한 소용돌이가 발생한다. 그 '간지 역행'이 일으킬 수 있는 여러 상황이 발동하게 된다.

　　41세 갑진(甲辰) 대운에 '간지 역행'의 월주 기해(己亥)와 갑기 합(甲己 合)을 하였다. 따라서 안정된 직장을 사직하는 소용돌이를 겪게 되었다. 기토(己土)는 정관(正官)의 직장이라, 이에 따른 상황임을 확인할 수 있는 사례이다.

癸	己	乙	戊	坤
酉	亥	卯	戌	

56	46	36	26	16	6
己	庚	辛	壬	癸	甲
酉	戌	亥	子	丑	寅

  일간 기토(己土)의 뿌리가 될만한 연주 무술(戊戌)은 월주 을묘(乙卯)에게 빼앗기고 말았다. 그리고 공망까지 당하고 있는 연주를 믿을 수가 없다.
  따라서 자신의 주체를 월주 을묘에게 넘겨야 하는 5행체국의 목체국(木体局)으로 삼아야 한다.

  일간 대행 주체 을묘(乙卯)는 자신이 뿌리내릴 땅은 넉넉하다. 그 토가 재물(財物)이 되니, 흉운에도 재산이 궁하지는 않았다.
  그러나 일주 대행 월주 을묘(乙卯)와 일주 기해(己亥)가 4급 간지 역행을 당하고 있다. 따라서 배우자와의 문제, 자신 일신상의 사건 사고, 인연과의 불화 등은 피할 길이 없었다.

  특히 46세 경술(庚戌) 대운은 간지 역행의 을묘와 합동(合動) 대운인데다, 일주 기해(己亥)와는 1급 간지 역행에 걸리고 말았다. 그로 인해 다사다난한 사건 사고와 신액, 배우자와의 불화 갈등을 겪어야 했다.
  봄의 나무가 동·남방 대운으로 향배해야 발운하게 되는데, 곤명의 명조인지라 대운이 북·서방으로 흘러 신명나는 세월을 실지 못하였다. 술해 천문(戌亥 天文)에 해묘 목국(亥卯 木局)의 확인이 있어, 그 끼가 내적으로만 충만했을 뿐, 화국(火局)의 꽃이 피지 못 해 주변과 다정하지 못했다.

간지 역행과 대·세운(大·世運)의 중복 역행

신왕한 경금 일간이 을경 합(乙庚 合)으로 재성(財星)의 나무를 재단하여 생업하고 있다. 그런 고로 목재업을 하였다.

그런데 재성(財星)인 월주 을축(乙丑)과 연주 계묘(癸卯)가 '2급 간지 역행'을 하고 있다. 이는 조부·모와 부모 사이의 불화 갈등이 있었음을 나타낸다.
뿐만 아니라, 을목(乙木)의 배우자(관성이 없으므로 합신이 배우자)와 계수(癸水) 상관의 자식과 심한 갈등 불화가 예고되고 있음을 알 수 있다.
이처럼 4주 원국에 '간지 역행'이 있을 때, 대운이나 세운에서 또다시 '간지 역행'이 닥치게 되면, 아주 좋지 않은 혼란과 사건 사고 등이 일어나게 된다.

이의 명조는 기사(己巳) 대운 신사년(辛巳年)에 혹독한 죽을 고비를 겨우 넘기는 사건이 일어났다. 운영하던 목재소에 불이 나서 겨우 목숨을 건졌다 한다.
본명의 대운 기사(己巳)는 시주 경진(庚辰)과 '1급 간지 역행'을 하고 있다. 그런 상황에서 세운 신사년(辛巳年)은 원국의 연·월주 '간지 역행'인 계묘(癸卯)와 다시 '2급 간지 역행'이고, 시주 경진(庚辰)과는 '1급 간지 역행'을 일으키고 있다.
이와 같이 '간지 역행'이 있는데, 대운이나 세운에서 '간지 역행'이 중복되어 전국이 혼돈의 회오리를 일으킬 경우, 그 흉의가 더욱 큰 소용돌이를 일으키게 된다.
특히 계수(癸水)의 상관이나, 묘목(卯木)의 재성(財星)으로 '간지 역행'이 닥쳤으니, 더욱 목숨이 위태로운 상황이었을 것이다.

이 운명은 재물욕이 지나치게 많은 사람이다. 돈벌이 활동인 상관 계수(癸水)와 벌어놓은 재물 을목(乙木)은 시주 경진(庚辰)의 타인 것이다. 그런데 그 돈을 내 것으로 탐합(貪合)하려는 경·경·을 쟁합(庚·庚·乙 爭合)을 하고 있으니, 남의 노력의 돈을 내 것으로 만들려는 탐욕스러운 운명이다.

열, 작명론(作名論)

내가 그의 이름을 불러주기 전에는
그는 다만
하나의 몸짓에 지나지 않았다.
······
나의 이 빛깔과 향기에 알맞는
누가 나의 이름을 불러다오.

〈김춘수 - 꽃 중에서〉

3신의 이름 철학

한국인은 전통적으로 천·인·지(天·人·地)의 3신 사상을 근거로 3글자의 이름을 짓는다.

천(天)의 성(姓)은 하늘로부터 부여받은 뿌리를 의미하는데, 그 '성'은 한자 '여자(女)에게서 생(生)겨났다'는 성(姓=女+生)이라 부르고 있다. 그것은 본래 한국인은 모계 중심의 생명 사상을 근원으로 삼았다는 것임을 증명하고 있다.

그다음의 가운데 이름은 인(人=사람)의 정기를 받고 태어났음을 상징한다. 따라서 이름의 주도음이 되며, 하늘과 땅의 중심점을 의미한다.

그다음의 끝 이름은 지(地=땅)의 덕성으로 생육하고 있음을 상징한다. 이와 같은 3신의 세 자 이름은 하늘로부터 받은 성(姓)의 뿌리를 따라 이어받는다. 그리고 사람과 땅으로부터 지어 부른 이름은 남자를 상징하는 '씨(氏)'를 붙여 불렀던 것이다.

```
     天     人    地
    한    국    인  씨
     성    이    름
```

'이름'과 작명

'하늘은 복록이 없는 생명을 낳지 않고, 땅은 이름이 없는 생명을 기르지 않는다.' 하였다.

따라서 모든 존재는 저마다 고유의 이름을 지닌다. 만물의 존재 이유에 알맞은 이름이 부여되고, 그 이름의 빛깔과 향기에 걸맞는 존재 가치를 지니게 된다.

호랑이는 죽어 가죽을 남기고 사람은 죽어 이름을 남긴다 하였으니, 한 사람의 이름이 담고 있는 의미 가치는 엄중하지 않을 수 없다.

'이름'은 '이르다'의 명사 형태 어원에서 비롯된 단어이다. 즉, 그 존재는 '무엇이라고 이름'의 뜻이며, 그 이름에는 '그러한 뜻과 기운이 이른다'는 의미를 내포하고 있다.

이를테면, '한조국'이라는 이름에는 '선조 때부터 살아온 나라'라는 뜻과 '나라 사랑의 애국심' 등의 기운이 이른다는 의미이다.

그러므로 그 사람의 타고난 빛깔과 향기에 잘 맞는 좋은 이름을 지어 불러야 한다. 이름을 부를 때마다, 그 이름의 뜻과 기운이 이름의 주인공과 공명하고 발동하기 때문이다.

한국인의 명리작명론

한국인의 전통적 작명법은 태어난 4주 8자를 바탕 근거한다. 즉, 태어난 연·월·일시로 부여받은 10간 12지의 4주 8자를 간파하여, 타고난 운명의 허실을 보완하는 작명법을 계승해 왔다. 이를 '명리 작명론'이라 칭한다.

이는 타고난 운명의 단점을 보완해주는 지혜의 방편으로서, 운명 비보(裨補)에 이름 찬명 원리의 최고 가치를 두었던 것이다.

이를테면, 타고난 운명이 너무 음한(陰寒)하면, 이름의 한자에 양열(陽熱)을 넣어 찬명한다든지, 한글의 초성 자음을 양성 화음(火音-ㄴ, ㄷ, ㅌ, ㄹ)이나, 양성 모음(ㅏ, ㅗ) 등으로, 밝고 환한 뜻 의미의 이름을 지어 부르게 했던 것이다.

따라서 타고난 4주 8자가 사람의 몸체라면, 작명은 그 몸체에 잘 맞는 옷을 지어 입히는 경우로 볼 수 있다. 운명의 타고난 몸체에 허술한 부분을 찾아, 잘 맞는 옷으로 보완해주는 작명론이다.

이를 '명리 작명론'이라 지칭하는데, 그 근거로 지어진 좋은 이름은 부를 때마다 운명을 보완해주는 '개운법'이 된다. 이와 같은 '한국인의 명리 작명론'은 그 운명의 복록을 더욱 돋보이게 하려는 '작명철학'의 본뜻이 담겨 있는 것이다.

명리작명론 실기

1) 이름이 운명을 지배하지 않는다.

이름이 '운명을 좌우한다'는 어불성설로 혹세무민에 빠지기 쉽다. 그저 '운명에게 입혀 주는 옷'에 지나지 않는다. 잘 맞는 멋진 옷을 입으면 기분이 좋고 자신감이 충만해지듯, 좋은 이름 역시 자신 운명에게 그 기분과 자신감을 불어넣어 줄 것이다.
반대로 나쁜 이름은 그 운명에게 불편함과 어색함을 가져다주고, 매사 자신감이 결여될 것이다.

문제는 옷을 짓 듯, 어디에 맞춰 잘 맞는 이름을 지을 것인가에 달려 있다. 그 근거 주체가 4주 8자에 있다.

2) 명리작명법은 4주 8자를 정확히 분석해야 한다.

세간에 4주 8자를 근거로 찬명하는 작명가들이 많다. 그런데 4주 8자를 정확히 분석하지 않고, 이름을 짓는 경우가 있다. 즉, 명조 중에서 5행의 개수만 세어 허실을 보완하는 이름을 찬명한다든지, 5행의 상생 음령만 맞추어 찬명하는 경우가 허다한 듯하다. 그런 이름은 주인공에게 실제적 에너지를 주지 못한다.

명리작명 이론의 핵심은 주인공의 4주 8자를 정확히 파악하는데 있다. 운명의 허실을 확실히 분석해야, 작명의 이름으로 보완해줄 수 있기 때문이다. 그러므로 최고의 작명가는 '명리 고수'의 실력이 겸비되었을 때 가능하다.

● 신생아 찬명

다음의 신생아 찬명 실기를 예시한다.

1) 出生(음력) 2014년 7월 17일 卯時 女命

己	乙	壬	甲
卯	卯	申	午

　　　　　　한자5행　　　　　　　　　　　　　　　　한글5행
　　　天 － 金 －金 ············· 성씨　　[김] －木
　　　人 － 夷 －金 ············· 어진 사람[이] －土
　　　地 － 潭 －水 ············· 깊을　　[담] －火

초가을 예쁜 꽃나무가 꽃도 피고 결실도 하고 있다. 5행을 다 갖추고 있고, 일록(日祿)에 귀록(貴祿)을 두어 행복한 복록을 타고난 운명이다. 더러는 관인상생(官印相生)도 쓰고, 경우에 따라서 식신생재(食神生財)도 쓴다.

따라서 한자5행은 금수쌍청(金水雙淸)으로, 한글5행은 목화통명(木火通明)으로 찬명하였다. 가운데 이름 주도음을 동이족의 크게 완성된 사람이 되라는 뜻으로 '이-夷'의 찬명 의지를 담았다.

2) 出生(음력) 2015년 4월 23일 巳時 男命

癸	丙	壬	乙
巳	辰	午	未

　　　　　　한자5행　　　　　　　　　　　　　　한글5행

　　　天 － 方 － 土 ‧‧‧‧‧‧‧‧ 성씨　[방] －土
　　　人 － 世 －　 ‧‧‧‧‧‧‧‧ 세상　[세] －金
　　　地 － 澯 － 水 ‧‧‧‧‧‧‧‧ 맑을　[찬] －金

　한여름 태양(丙)이 뜨겁게 작열하고 있다. 일지 저수지(辰) 물 창고를 두고 타는 목마름을 해갈시켜 주는 활인성(巳)이 록(祿)이다. 그 위에 정관 계수(癸水)를 쓰고 있는 명조이다.
　따라서 세상을 맑게 씻어주고 목마른 사람에게 물을 주는 활인의 관료를 지향하라는 찬명 의지를 담았다. 한금5행은 부족한 금성(金星)을 보완해 주었다. 세찬 기운을 힘 있게 밀고 나가고, 물이 세차게 흘러가라는 뜻 의미의 작명이다. 역시 운명의 핵심을 직관한 이름이다.

3) 出生(양력) 2015년 2월 10일 戌時 女命

庚	丁	戊	乙
戌	巳	寅	未

　　　　　　한자5행　　　　　　　　　　　　　　한글5행

　　　天 － 金 － 金 ‧‧‧‧‧‧‧‧ 성씨　[김] －木
　　　人 － 禮 － 火 ‧‧‧‧‧‧‧‧ 예절　[예] －土
　　　地 － 潭 － 水 ‧‧‧‧‧‧‧‧ 깊을　[담] －火

봄 나무를 키우는 빛의 역할이다. 이른 봄 저녁에 환한 빛을 밝히고 있으니, 빛의 정령과 같은 운명지상이다. 쌍귀문(双鬼門-동북 간방)에 상관생재(傷官生財)로 나아가니, 예절을 중시하게 해주었고, 영성의 성직자적 성향을 간파해 신명을 열어주었다.

따라서 이름의 가운데 주도음을 '예절 예, 제례 예'로 찬명 의지를 담아준 이름이다. 없는 수기(水氣)는 '깊을 潭'으로 조열(燥熱)함을 해갈시켜 주었고, 한글5행은 화토의 식상생재(食傷生財)를 더욱 북돋우었다. 영성의 표상을 빛나게 해준 작명이 될 것이다.

4) 出生(양력) 2018년 5월 29일 辰時 男命

壬	辛	丁	戊
辰	酉	巳	戌

한자5행 　　　　　　　　　　　　　　　　　　　한글5행

天 － 金 － 金 ‥‥‥‥ 성씨　　[김] －木
人 － 濽 － 水 ‥‥‥‥ 맑을　　[찬] －金
地 － 彬 － 木 ‥‥‥‥ 빛날　　[빈] －水

초여름 태양 빛으로 빛나는 보석이다. 맑고 청귀하게 물에 씻기기도 한다. 살인상생(殺印相生)이 합사(合巳)로 권위가 나를 따르고, 흑룡(黑龍)이 여의주를 물고 나를 따르는 운명의 형상이다.

이름 가운데 주도음은 '물맑을 濽'으로 꼭 필요한 물을 담아주었고, 보조음으로 역시 부족한 '나무나무-彬'를 보완해 주었다. 20대부터 대기만성(大器晚成)할 것이다.

5) 出生(양력) 2019년 2월 12일 申時 男命

甲	庚	丙	己
申	辰	寅	亥

　　　　　　　　한자5행　　　　　　　　　　　　　　　한글5행

　　　　　天 – 金 – 金 ········· 성씨　　[김] – 木
　　　　　人 – 雪 – 水 ········· 눈　　　[설] – 金
　　　　　地 – 旲 – 火 ········· 하늘　　[민] – 水

　이름 봄날 큰 나무를 관리하고자 한다. 시지 귀록(貴祿-귀한 복록) 위의 편재 갑목(甲木)을 잘 살려주고자 한다. 따라서 이른 봄을 '눈-雪'처럼 맑고 깨끗하게 흐르라고 찬명하였다.

　일간 경금(庚金)의 담금질과 풀무질을 염두해서, '하늘 旲'의 보조음도 작명해 주었다. 귀문(鬼門-동북 간방)의 하늘 공부가 밝은 빛으로 발현하라는 찬명 의지가 담겨 있다.

● **상호⟨naming⟩ 찬명**

　상호와 상품 등 브랜드 이름을 찬명하는 것을 말한다. 최근의 문화 시대의 상호나 브랜드 이미지는, 기업이나 상품의 가치를 결정짓는 중차대한 역할을 한다.

　따라서 좋은 상호나 브랜드 등은 경영주나 기업주, 또는 개발 제조 유통하는 사람의 4주 8자를 근거로 찬명해야 발복을 이룬다.

● 상호 찬명-하나

癸	戊	庚	己
丑	子	午	亥

sci-休 man
미르 흔 숲 원

　대전 과학단지 내의 나무 숲이 있는 과학인의 휴식처 이름 찬명을 의뢰받았다.
　오월 무토 일간이 물과 나무를 한없이 필요로 하는 기업주의 명식에 찬명 의지를 담아 준 상호이다.
　'sci-休 man'은 '과학과 휴식과 사람'을 패러디한 이미지이다. '미르'는 미리내(하늘강)의 은하수 물을 상징하고, 또한 물속의 용을 상징한다.
　'흔 숲 원'은 '대전 흔밭에 있는 큰 숲 정원'을 이미지화하는 '네이밍' 찬명이다. 부를 때마다 기업주에게 큰물과 큰 나무숲의 기운을 북돋아 주는 상호이다. 큰물은 큰돈이고, 큰 나무숲은 재물을 지켜주는 권위의 관록에 해당한다.

● 상호 찬명-둘

壬	戊	丙	癸
子	子	辰	卯

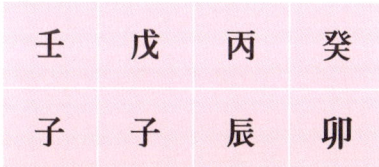

한빛가득 조경

　상호 주인공 운명을 보면, 봄 산에 나무를 키우고자 하나, 비가 너무 많이 내리고 있어 힘들다. 따라서 밝고 환한 태양빛이 간절한 운명지상이다.

　상호 '한빛가득'은 비가 그치고 '큰 태양빛이 한가득 비추라'는 찬명 의지를 담았다. 이와 같은 찬명 근거는 오로지 타고난 4주 8자를 정확히 간파해야만 가능한 상호 찬명이다.

● 상호 찬명-셋

丁	丁	己	丁
未	亥	酉	未

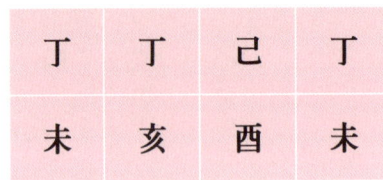

다솜차반 **소 서 노**

상호 창업주는 가을 들판에서 낱알 하나도 결실로 수확하는 알뜰살뜰한 운명지상이다.

식신생재(食神生財)로 타고난 음식 사업가이며, 연주의 남이 내 사업을 돕기 위해 나를 따르고, 동이족의 천을귀인(天乙貴人-酉亥)이 재관(財官)의 쌍귀(双貴)로 사업을 돕는 형국이다.

특히 일지 해수(亥水)가 핵(核)이고, 핵심(核心)이니 시주 정미(丁未)로 부활하고 있다.

'다솜차반'은 순우리말 '사랑으로 차린 차와 음식'이고, '소 서 노'는 한민족 최초 여성 창업자인 백제의 어머니 존호이다. 재격(財格) 운명이긴 하나, 종내는 인수고(印綬庫)인 해미 목국(亥未 木局)으로 향하고 있다.

따라서 '한류 문화'의 본류인 **부여의 딸, 고구려의 아내, 백제의 어머니**'를 닮는 여성창업가로 발전하라는 찬명 의지를 담은 상호이다.

● 상호 찬명-넷

戊	庚	丁	壬
寅	戌	未	戌

치과 **아리**-水

　시간 무토를 주체 삼고, 일간 경금(庚金) 식신을 용신으로 식신생재(食神生財)가 필요하다. 화·토가 조열하니 물의 재원(財源)이 한없이 필요한 형국이다.

　따라서 상호에 큰물을 상징하는 '한강수'를 나타내는 '아리(ㅎ)-수'로 상호를 찬명하였다. '아리-水'는 맑고 큰물의 기운을 보완해 주는 찬명이다.

열하나, 결론(끝맺는 말)

- **운명 명리, 스스로 공부하라.**

운명은 바꿀 수 있는가, 없는가?
그 답은 '바꿀 수 있다'는 결단이다. 만약 바꿀 수 없다면 운명을 알아야 할 필요는 단 1점도 없다. 바꿀 수 없다면 그대로 살아가면 되지, 애써 운명을 알아야 이유가 없다.

운명을 알고자 하는 절대 이유는 딱 한 가지다. 내 운명의 키를 내가 붙잡고 내 의지대로 운전하기 위해서다. 망망대해에 떠 있는 운명의 배를 내 의지대로 끌고 가기 위해서다.

삶의 바다에 떠 있는 거대한 운명의 배에서 키를 못 잡고 떠 있는 사람은 내 운명을 모르는 사람이다. 수시로 불어 닥치는 풍파에 속수무책 당하는 사람이다. 운명을 알면 한겨울 추위에도 난방 하우스를 치고서 딸기 농사를 짓는 '사람 주인'의 시대를 살고 있지 않은가.

그렇게 내 운명의 때를 스스로 알고, 그 키를 붙잡고 있는 사람은 거센 세파에도 운명의 좌표를 잃지 않게 된다. 조금씩이라도 운명의 방향을 스스로 바꿔나갈 수 있기 때문이다. 종내는 자신이 가고자 하는 목적지를 향해 운명의 방향타를 이끌게 될 것이다.

그렇게 내 의지대로, 내 운명의 주인이 되기 위해, 내 운명을 알아야 한다. 내 운명을 내가 바꾸기 위해서다. 그래서 내 운명은 내가 공부해야 한다.

명리학은 과거처럼 특정인이나 공부하는 비밀스럽고 어려운 학문이 아니다. 밝은 이 시대의 누구나 조금의 관심과 노력이면, 자신의 운명 정도는 환히 알 수 있게 된다.

고전 학문이나, 한자를 많이 알아야 공부하는 특별한 학문으로 고정관념 짖지 말기 바란다. 한자는 간지 22자 외에 몇몇 글자만 익히면 그만이다. 다만, 훌륭한 스승이나, 좋은 인연으로 운명학을 공부하면 그 길이 쉽고 빠르다.

특히 요즘 젊은이들이 명리학을 공부하기를 권면한다. 자신 운명을 뒷골목 천박한 술사들에게 묻고 의지해서 되겠는가. 내 운명을 심심풀이 점술로 마주해서도 안 된다. 인문학적 철학을 정립한다는 자세로, 스스로 공부하여 자신의 운명 공식을 파악하기 바란다. 명리학은 그럴만한 충분한 가치가 있고, 또 관념처럼 그다지 난해한 학문이 아니기 때문에 적극 권면하는 것이다.

그리고, '명(命)'대로 살자. 아니 '명(命)'보다 빛나고 신나게 살자.
운명 명리 4주 8자를 보다보면 각자 타고난 운명보다도 훨씬 못사는 경우가 많다. 특히 운(運) 8자의 겨울을 지나온 명(命) 4주들이 그렇다.

운(運) 8자는 명(命) 4주가 맞이하는 4계절과 같다. 그 4계절 중, 한 계절이 약 30년 세월이다. 보통 1년 4계절 중, 한 계절이 3개월이 되는 자연 철리와 같은 이치다. 만생명이 1년 4계절 12달을 사는 것처럼, 운(運) 8자 역시도 한 계절 30년을 맞이하게 된다. 운명의 4계절 120년을 산다는 논리가 명운(命運)의 경위(經緯)다.

그 운명의 4계절 중, 명(命) 4주의 운(運) 8자가 30년 세월의 한겨울을 살게 될 때, 그 운명 역시 혹한의 겨울나기를 하게 된다. 세속의 부귀공명과는 거리가 멀어지고, 모든 인연들이 등을 돌리며, 세상은 나를 몰라주는 고난의 세월을 맞이한다.

이때 생기는 고된 습관에서 못 깨어나는 운명들이 많다. 운(運) 8자의 계절이 봄이 왔는데도 오랜 겨울잠에서 깨어나지 못하는 경우가 그렇다. 그러한 명(命) 4주들이 대부분 자신이 타고난 품격보다 못살게 된다. 참으로 안타까운 운명의 상황이 아닐 수 없다.

운명 4주 8자는 전생 습업의 결과다. 그 습업을 해결하려는 것이 각자 타고난 운명의 미션이다. 그 운명의 미션을 정확히 알기 위해 '명리(命理)'를 알고자 하는 것이다. 저마다의 '명리'에 길흉화복의 미션이 프로그램화되어 있기 때문이다.
즉, 각자의 명도(命道)를 따라 부귀공명(富貴功名)의 한(恨)풀이도 해야 하고, 합·형·충·파·해(合·刑·沖·破·害)의 신살(神殺)을 직시하여, 인연과의 척(斥)풀이도 해야 한다. 그 모든 것이 운명 명리의 미션일 것이다.

결국 명리(命理)의 실용 가치는 4주 8자로 타고난 전생의 습업을 명료하게 해결하자는 데에 있다고 해도 과언이 아니다.
그럼에도 불구하고 현생의 습업을 자신의 운명에 덧씌우는 것은 곤란하다. 그런 운명이 바로 자신이 타고난 명(命) 4주보다 못사는 경우이다.

　삶의 정답은 없다. 그러나 진리는 있다. 생명 처처(處處)의 숨소리가 진리이다. 하여, 내 숨소리가 진리요, 내 숨길이 명도(命道)다.
　또한 내 숨소리의 시작처가 4주요, 내 숨길의 출발점이 8자이다. 그 명리 4주 8자는 그러므로, 내 숨소리와 숨길이 끝날 때까지의 내 생명 정보다. 따라서 누구나 내 운명 명리를 제대로 알아야 한다.

　저마다 타고난 '운명 명리'를 공부해야 하는 당위(當爲)다. 내 명리(命理)를 바로 알아 전생의 내 습업을 탈탈 털어내자. 세속의 한풀이도 마감하고, 인연과의 척풀이도 끝내자.
　그리고 내 운명 명리의 주인이 되자. 그리하여 내 '명(命)' 4주보다 빛나게 살고, '운(運)' 8자보다 신나게 살아가자.

　그대의 '운명 명리'에게 전하는 진리의 숨결이요, 운명 명리 명도(命道)의 빛 소리다.

● **돌아가자, 웃으며**

'내가 세상에 올 때, 나는 울고 세상은 웃는다.
　내가 세상을 떠날 때, 나는 웃고 세상은 운다.'

　인디언 잠언서 한 구절이다. 사람 삶의 생과 사가 찰나인데, 한 생의 결과가 웃으며 이 세상을 떠나는 것이 전부가 아닐까.
　이의 잠언서 교훈처럼 내가 세상을 떠날 때, 환하게 웃어야 한다. 그러기 위해서 내 영혼의 결실을 필요로 한다.

　각자 생의 가을걷이 그 결실은 우주 그물망에 매달린 과실과 같다. 그러므로 저마다의 영혼은 인생 봄날의 비바람을 견뎌야 한다. 그리고 삶의 여름날 무더위와 갈증, 장마와 태풍을 참고 이겨내야 한다. 또한 생의 초가을 뙤약볕을 기꺼이 받아내며 야무지고 단단하게 영글어 익어야 한다.

　마치 자연의 이치처럼, 인간 영혼의 결실도 마찬가지로 익어간다. 각자 인생의 간난신고(艱難辛苦)를 견디고 이겨낼 때, 비로소 튼실하게 가실걷이 할 수 있게 된다. 따라서 삶의 모든 고초는 영혼의 결실을 위한 당연한 과정이다.

어쩌면 영혼은 세속에 매몰되는 의식의 나(맘나)를 각성시킬 때, 삶의 고통을 초래하는지도 모른다. 그 극단의 고난을 통해 의식의 껍질을 깨고, 내 영혼의 빛을 발아하기 위한 본능의 몸부림일 수 있다. 그렇게 극단의 고통 끝에서 만나는 지극한 평화와 안식에서 내 영혼은 진화하기 때문이다. 그러므로 인생의 고난은 내 영혼의 흔나를 만나고 성장시키려는 무의식의 생활수행일 것이다.

내 영혼의 거대한 '흔나'를 운전하는 자가 내 생각의 '맘나'이다. 영혼의 '흔나'가 위대하기는 하나, 내 생각의 '맘나(마음)'가 이를 알아차리지 못하면 무용지물이다. 그렇게 '흔나'와 '맘나'의 합일과 소통이 중요하다.

즉, 내 '몸나'에서 '흔나, 몸나, 맘나'가 삼위일체를 이루어야 한다.

따라서 삶에서 다가오는 무수한 고통과 시련은 내 영혼이 살찔 수 있는 위험한 기회이다. 문제는 내 의식이 그것을 알아차림 하는가, 아니면 그저 삶의 괴로움과 고통으로만 받아들일 것인가에 달려 있다.

인생의 고난을 전화위복(轉禍爲福)하는 자는 그 영혼의 결실을 단단하게 여무는 과정으로 승화될 것이다. 그러나 인생의 고초에 휘말리고 끝나는 자는 그저 세상과 하늘을 원망하는 퇴화만 남고 말 것이다.

눈물 젖은 빵을 먹어보지 못한 영혼은 그 결실이 무르다. 세속의 부귀공명에 취한 인생은 영혼의 야무진 결실을 기대하기 어렵다. 결코 그 영혼의 결실이 달콤하지 못할 것이다.

그러나 삶의 온갖 역경을 이겨내며, 인생의 쓰고 매운맛을 받아들인 자는 그 영혼이 풍요롭다. 삶의 고난을 받아들여 한 생을 숙성시킨 결과(結果) 아니겠는가. 그렇게 키운 영혼의 결실이 훨씬 풍성하고 달콤한 법이다.

삶의 간난신고(艱難辛苦)를 일부러 초대할 수야 있겠는가마는. 그렇지만 우리가 살아내는 생의 고난을 짊어지고 저 죽음의 강, 그 하늘 우주로 기꺼이 나아가자. 인생의 모든 고초는 내 영혼이 결실하려는 위험한 기회니까.

우리 온실 속의 과실로 살지 말자. 저 야생으로 나아가 노지(露地)에서 불볕과 바람과 태풍을 견디며 익어가도록 하자. 우주의 그물망에서 절대 낙과하지 말고, 끝까지 매달려 풍성히 익어가는 영혼의 열매가 되자. 그렇게 되어지자.! 되지자., 죽자!

'왜? 한 생을 떠날 때, 활짝 웃기 위해서, .!'

'최후에 누가 나를 심판하는가?
 내 영혼(혼나)이다. 내 의식(맘나)이 이번 생을 판가름한다.
 내가 나를 심판하는 것이다.'

그러니까 그때, 우리 웃자. 크게 웃으며 돌아가자.

해닮 金鉉洙 약력

· 1961년 전북 임실 출생
· 제16회 '自由文學' 신인상 민조시부 당선 登林
· 제78회 '자유문학' 신인상 시부 추천 완료 登林
· 제77회 '自由文學' 신인상 문학 평론부 민조시 평론 초회 추천
· 제1회 '民調詩學' 창간호 신인상 문학평론부 민조시 평론 2회 추천 완료 登林.
· 한국 문인협회 민조시분과 이사 역임
· 현 · 한국 문인협회 회원 · 한국 현대시인협회 회원 · 국제 PEN 클럽 회원
· 한국 民調詩人協會 회장
· '民調詩'동인 · 한국 自由文人協會 이사 · '民調詩學' 편집 동인 · '흔시붉마루' 本主
· 詩集 '생명'/ '흔놈 묘역에서 푸른 모과를 줍다'/易書 '부자 되는 사주비결'
· 제5회 '自由文學賞' 수상.
· 제1회 '한국 民調詩協會賞', 제3회 '한국 民調詩學賞' 수상

주소

충남 공주시 월송동현로 86-5
(010-3910-1166 Ⓕ 041-852-2272)
전자우편 : kimdhksf@hanmail.net
블로그 : https://blog.naver.com/kimdhksf

참고문헌

· 한밝 신사주학-김용길
· 심명철학-최봉수
· 체용사주대강-김영진
· 넝리-상헌
· 三易 해인의 신비-精山 王義善

나를 알고 운명을 바꾼다
운명 명리
초판1쇄 인쇄 2019년 11월 8일
초판1쇄 발행 2019년 11월 15일

지은이 해닮 김현수 · 흔님 방승옥

펴낸이 심세은
펴낸곳 ㈜세영출판
브랜드 G-BOOK

주소 서울 종로구 필운대로56 1층
대표전화 (02)737-5252 팩스 (02)359-5885
전자우편 g-book@naver.com
등록번호 제300-2015-27호
ISBN 979-11-86641-53-8(03180)

ⓒ 김현수

책값은 뒤표지에 있습니다
파본이나 잘못 인쇄된 책은 구입하신 서점에서 교환해드립니다.